拉美研究经典译丛

巴西的强国抱负

一个新兴大国崛起之路的成功与挫折

ASPIRATIONAL

POWER

Brazil on the Long Road to
Global Influence

[美]戴维·R.马拉斯（David R.Mares）

[美]哈罗德·A.特林库纳斯（Harold A.Trinkunas）　著

熊芳华　蔡　蕾　译　张森根　审校

ZHEJIANG UNIVERSITY PRESS
浙江大学出版社

图书在版编目(CIP)数据

巴西的强国抱负：一个新兴大国崛起之路的成功与挫折/（美）戴维·R. 马拉斯（David R. Mares），（美）哈罗德·A. 特林库纳斯（Harold A. Trinkunas）著；熊芳华，蔡蕾译. —杭州：浙江大学出版社，2018.12
（拉美研究经典译丛）
书名原文：Aspirational Power：Brazil on the Long Road to Global Influence
ISBN 978-7-308-18663-6

Ⅰ.①巴… Ⅱ.①戴… ②哈… ③熊… ④蔡…
Ⅲ.①发展战略—研究—巴西 Ⅳ.①D777.709

中国版本图书馆 CIP 数据核字（2018）第 225211 号

ASPIRATIONAL POWER：BRAZIL ON THE LONG ROAD TO GLOBAL INFLUENCE
By David R. Mares and Harold A. Trinkunas
Licensed by The Brookings Institution Press，Washington，DC. U.S.A.
Aspirational Power：Brazil on the Long Road to Global Influence © 2016，
The Brookings Institution Press
Chinese Simplified translation copyright © 2018 by Zhejiang University Press

浙江省版权局著作权合同登记图字：11-2018-506

巴西的强国抱负
——一个新兴大国崛起之路的成功与挫折

[美]戴维·R.马拉斯(David R. Mares)
[美]哈罗德·A.特林库纳斯(Harold A. Trinkunas)　　　著
熊芳华　蔡　蕾　译
张森根　审校

责任编辑	罗人智
责任校对	闻晓虹
封面设计	黄晓意
出版发行	浙江大学出版社
	（杭州市天目山路 148 号　邮政编码 310007）
	（网址：http://www.zjupress.com）
排　　版	杭州林智广告有限公司
印　　刷	杭州钱江彩色印务有限公司
开　　本	710mm×1000mm　1/16
印　　张	15.5
字　　数	200 千
版 印 次	2018 年 12 月第 1 版　2018 年 12 月第 1 次印刷
书　　号	ISBN 978-7-308-18663-6
定　　价	52.00 元

中文版序言

巴西的强国梦：回顾与展望

戴维·马拉斯(David R. Mares)和哈罗德·特林库纳斯(Harold Trinkunas)是美国颇有影响力的学者。本书是他们从世界政治和国际关系视角研究巴西强国梦的一部合著。通过对巴西为实现强国抱负所做的种种尝试进行分析,作者阐述了巴西为实现目标而目前重点偏向的软实力路径。巴西被视为一个新兴大国,尽管其多次努力均宣告失败,但本书表明巴西将继续其谋求全球影响之路,并且期盼在打下坚实良好的国内基础后再通过软实力路径来取得成功。在本书的结尾处,作者就巴西该如何改善其战略给出了具体建议,并说明了为什么包括美国在内的大国应该对巴西的崛起做出积极的回应。

戴维·马拉斯是中国拉美学界的老朋友,他的专著《拉丁美洲与和平幻象》(当代中国出版社,2015年4月)引起了中国读者的关注。他曾多次访问中国,和中国社会科学院拉美研究所、中国现代国际关系研究院拉美研究所、南开大学拉美研究中心和湖北大学巴西研究中心以及教育部区域和国别研究培育基地西南科技大学(绵阳)拉美研究中心等机构的学者进行过深入交流;2017 年春季和夏季,他还分别在外交学院和中国对外经贸大学进行短期讲学。戴维教授所在的美国加州大学圣迭戈分校(UCSD)的伊比利亚和拉美研究中心先后接待了 15 名以上的中国学者进行长达一年的访问与培训。他本人还与清华大学合作培养了三名拉美研究方面的博士。

本书共分七章,观点鲜明,思路清晰,论述细致,对于中国读者深入了解巴西颇有裨益。

第一章,"巴西、新兴大国和国际秩序的未来"。

作者指出:无论是帝国或共和国时期、独裁或民主,还是左派、右派或中间派执政,巴西历任政府都怀有实现全球影响力的远大抱负。由于巴西在地缘战略上处于特殊状态,故其采取淡化硬实力而倚重软实力的策略,力图通过在全球南方国家中占据外交领导席位以实现崛起。软实力实际上是建立在国内模式吸引力的基础之上的。这意味着,像巴西这样的国家只有实现了长期稳定的、有吸引力的国内政治、经济和社会秩序模式,才可以采取软实力策略,否则其软实力途径将受制于国内局势的盛衰循环。结果是,最近几十年巴西对于现有强国的战略重要性却未曾因此而得到提高。

第二章,"从历史的视角解读巴西的崛起尝试"。

作者回顾了巴西在 20 世纪施展其强国抱负的经历。"一战"后的全球外交,为巴西所倡导的全球政治理念——不干涉主义和平等的国家关系——搭建了平台。巴西先后为跻身世界强国俱乐部做过三次尝试:(1)"一战"后试图获得国际联盟常任理事国席位;(2)"二战"后希望谋取联合国安理会常任理事国席位;(3)20 世纪 70 年代,希望获得核技术和导弹技术,以便与其他强国比肩。虽然巴西所做的这些尝试横跨不同时期,经历了不同国家体制,并采用了不同战略,但每次尝试都以失败告终。在这三次尝试中,巴西的国内政治秩序(或者说国内动荡)是其强国崛起之路上的持久障碍。尽管巴西在 20 世纪没能实现其强国抱负,但通过由与美国等主要国家的结盟转向寻求自主权,巴西逐渐将自己定位为自由国际秩序中对强权政治的批评者。

第三章,"推销巴西之崛起:从卡多佐到罗塞夫的巴西外交政策"。

作者就卡多佐、卢拉和罗塞夫三位巴西总统的外交成就和不足进行了比较研究。他们指出:卡多佐就任总统(1995 年)后,巴西所取得的进步足以令人称奇。卡多佐增强了总统在外交政策中的作用,超越了以往总统的外交参与程度。卢拉则将巴西外交的全球影响力扩大到前所未有的水平。到 2015 年,巴西已一跃成为世界第七大经济体,派遣部队参加了远在黎巴嫩和刚果民主共和国的维和行动,还在一系列关键的全球治理辩论中扮演了重要角色,从气候变化到核扩散,其涉足范围广泛。就其国内状况而言,民主体制得以加强,中产阶级规模急剧扩张,极端贫困几近消除。巴西在与国际地位相关的一些重要指标排名上均有所上升:人口、经济规模、制造业增加值、国际储备货币持有、国防开支和科学生产。巴西政府采取了一种"独立的态度——无畏而不鲁莽——与巴西的规模和抱负相称"。由于面临诸多制约因素,罗塞夫领导下的巴西国际竞争力逐步下降。这不仅是因为其软实力不断削弱,政府开支的限制也使得一系列国际活动受到影响。巴西停止向联合国、美洲国家组织和国际原子能机构等主要国际组织缴纳全额会费。与此同时,它还减少了海外发展活动,已无法实现卢拉在八年前绘制出来的崛起蓝图。

在接下来的三章中,作者探讨了巴西在三个关键领域(国际安全、全球经济治理和全球公域的监管)的影响力,以及南方国家和西方发达国家的反应。

第四章,"巴西、秩序制定和国际安全"。

作者分析了巴西关注的三大重点问题:大规模杀伤性武器的扩散;联合国维和部队及加强国际安全合作;强国在使用硬实力解决国际危机时(尤其是以联合国名义行事时),如何承担克制的责任。巴西领导人发现,以色列发展核能力并未受到美国制裁,而印度的核武器促使美国认可了印度在发展中国家的重要地位,并将其作为联合国安理会常任理事的首要候选国。从巴西的角度来看,自己结束了秘密核武器计划并建立了巴西—阿根廷核材料衡算和控制机构(ABACC)制度,为推动全球核不扩散做出了切实的贡献。而美国对以色列和印度的做法实际上削弱了全球核不扩散机制。这表明美国关心的不是核扩散本身,而是核扩散者是谁。

第五章,"巴西与经济全球化的多边结构"。

作者指出:南方共同市场(简称"南共市")作为一个经济一体化项目是失败的。2011年,"南共市"区域内出口量占总出口的份额已经低于1997年单个"南共市"成员国的出口额。"南共市"与其说是经济一体化的手段,不如说它已成为各国政治合作和文化一体化的重点。它们设法为"南共市"注入新的活力:与欧盟谈判达成贸易协定;扩大其委员会规模,将委内瑞拉(2013年)和玻利维亚(2015年)纳入其中。委内瑞拉的加入几乎毫无裨益。这是因为不仅委内瑞拉的市场与其他"南共市"国家实际上毫无联系,而且其经济互补性也很小。巴西和阿根廷各自通过开发其盐下层和页岩油储量均有可能成为主要的石油生产国,这一事实进一步降低了委内瑞拉的经济互补性。在贸易方面,巴西的市场比中国、俄罗斯和印度更加封闭。巴西2010年的平均关税水平为13.4%,而其他三国分别为7.7%、8.1%和11.5%。此外,其他"金砖国家"在过去十年中市场变得更加开放,而巴西却变化甚微。其贸易结构与中国和印度也不同,2000年至2011年间,其制成品出口下降了50%以上,仅占出口总额的33%。

巴西第一个获得国际认可的国内政策是家庭补助金计划(Bolsa Família),其开创了向有需要的家庭提供小额现金转移的先河。该计划使这些家庭得以保证子女入学并参加预防性医疗保健。这项计划使巴西约25%的人口(近1400万户家庭)受益,在该方案执行的第一个十年间(2003—2012年),巴西的极端贫困人口数减少了一半(从占全国人口的9.7%降到4.3%),而且巴西的基尼系数(在2012年为0.527)也同期下降了15%。对于巴西这个历史上曾是世界上社会最不平等的国家之一而言,这些进步确实是成就斐然。

第六章,"巴西与全球公域"。

在全球气候变化谈判中,巴西逐步把自身定位为发达世界和发展中国家之间的桥梁,希望在此过程中最大限度地发挥作用。巴西的参与成为1997年《京都议定书》协议达成的关键。巴西是温室气体排放历史责任概念的主要倡导者,这意味着发达国家必须承担减排的大部分成本,不仅是在本国经济体内实现减排,还需要对发展中国家实施援助。直至2015年召开巴黎气候变化大会,巴西的战略才取得成功,其成功主要源于其强调与现任强国搭建沟通的桥梁,而非与金砖国家和南方国家结盟。

互联网治理综合了巴西国家政策三方面的关注焦点:实现技术发展、谋求有影响力的国际地位、制约美国在全球秩序中的统治地位。巴西作为主要参与者之一,在主要的互联网治理论坛上继续与俄罗斯和中国保持合作,与主要强国在互联网治理问题上分庭抗争。这些新兴大国主张国际电联在互联网政策领域中应发挥更大的作用,与美国和欧洲国家的倾向存在明显冲突。直至斯诺登事件之后,巴西才远离俄罗斯和中国,转而支持全球互联网自由议程和多方利益攸关者模式。巴西的互联网行动者在全球互联网治理中居于领导地位,巴西影响全球互联网治理的软实力随之得到加强。

第七章,"崛起之路:巴西缘何失败又该何去何从"。

巴西作为发展中国家榜样的光环因其内部的经济和政治问题黯然失色。此外,暴力犯罪严重、与警察拘押和杀戮有关的侵犯人权行为以及对以前军政府所犯暴行的不作为,这些问题都使巴西作为全球领先的民主国家的名誉蒙受阴影。由此,巴西自1907年签署《海牙公约》一个多世纪以来第四次与成为世界主要强国的梦想擦肩而过。在罗塞夫总统的第二任期间,巴西迅速跌下神坛,形象尽毁。巴西人被这一猝不及防的变化弄得晕头转向。2015年巴西经济陷入严重衰退,国际资本市场对巴西丧失信心,巴西的信贷评级随之被下调。社会包容和减贫进展停滞不前,甚至出现倒退。诸如巴西石油公司这样的大型国企曾经是巴西的骄傲,却被爆出其合约签订存在问题,接连卷入重大腐败丑闻,继而导致部分巨商被捕入狱,而包括国会领袖在内的政府高官也被牵连其中且遭指控。巴西因而爆发了大规模抗议活动,罗塞夫总统的民意支持率也降至个位数。2015 年 12 月,对罗塞夫总统的弹劾诉讼正式启动,直至翌年 5 月由副总统特梅尔代理总统职务。

读罢全书,我觉得作者对巴西强国梦的剖析,至少有以下四点启示值得广大读者进一步思索。

第一,强国的定位。

何谓强国? 也许有不同的含义,可以分为一般意义上的富强之国和世界性强国。但凡发达国家,不论其幅员大小和人口多少,现在都被称为富强之国,其中西方七强和安理会常任理事国则属于世界性强国,而巴西和印度等新兴大国当下谋求的强国地位则介于两者之间,最后结果如何要看几十年后的历史进程才能判定。世界性强国,不仅拥有庞大的经济和市场规模、内部稳定的政治体制和权力结构、卓有成效的科技创新和知识生产能力,还拥有相当规模的军事实力和文化影响力,以及在国际体系中拥有显著的话语权。总而言之,综合国力的强盛是世界性强国的首要条件,只有这样它们才能为世界经济增长做出贡献,同时在解决若干重大全球性问题,包括热点难点问题上拥有重要影响力,在推动世界共识的形成乃至引领世界发展方向上发挥独特作用。美国自第二次世界大战结束以来,一直在世界性强国中保持着领先地位。冷战结束之后,作为天字第一号守成强国的美国,绝不轻易允许他人挑战其一强超霸的地位,因而对另外两个世界性强国(中国和俄罗斯)的存在与崛起,就显得坐卧不安并虎视眈眈。

巴西在 20 世纪和本世纪初谋求的强国地位,显然不是中、俄那样的强国地位,它只是为了争取自身利益和话语权创造空间,以图对全球秩序规则产生影响,并保护自身不为强权所逼迫。巴西全方位地参与了全球治理,涉足范围广泛,从伊朗核谈判到应对 2008 年全球金融危机、气候变化、贸易和社会包容等,通过这些努力,它一直致力于对现有秩序做出某些修订——绝非试图颠覆、挑战现存的国际关系总体格局。从"一战"和国际联盟、"二战"和联合国,到 20 世纪 70 年代的"巴西奇迹"和追求核电,以及卡多佐、卢拉和罗塞夫的执政期的不懈努力中,我们会发现,巴西本质上仍然是一个"规则接受者"。也许几十年后,当巴西具备足够的综合国力来解决全球性问题时,它才能够对国际规则、规范和制度产生巨大的影响,从而真正地由地区性大国转变成世界性强国。显而易见,巴西强国圆梦之路难免会长路迢迢。

第二,用倚重软实力的路径来谋求强国地位,实出于巴西自身捉襟见肘的境况,绝非万全的求胜之策。

软实力指的是国内制度、政策和模式具有吸引力,从而使其在影响全球规则的谈判桌上占有一席之地。但巴西只能部分地、间歇性地发挥这方面的优势。人所共知,强国的首要条件是强盛的综合国力,而综合国力离不开硬实力,尤其是与经济总量的多寡关系重大。据国际货币基金组织(IMF)2017年7月更新的数据,以2017年的GDP计算,巴西在世界十强(美国、中国、日本、德国、英国、印度、法国、意大利、巴西和加拿大)中排名第九,约为17592.67亿美元,在新兴经济体中,与排名第二的中国(131735.85亿美元)和排名第六的印度(26074.09亿美元)相比,尚有相当差距。根据世界银行的数据,2016年中国全年GDP一共增长了2万亿美元,增长部分的数值已经超过2017年排名第八的意大利全年GDP(19329.38亿美元)和巴西全年GDP的总额。1991年巴西的GDP(4057亿美元)超过中国(3721亿美元);可到了2005年,中国的GDP(22289亿美元)已大大地超过了巴西(7941亿美元)。2017年以GDP计算,巴西的经济总量只有中国的1/7左右。与此同时,巴西在全球经济十强中的排名已从2010年前后的第七位降至2017年的第九位。巴西在现代化和经济全球化的大潮中明显落伍了,因此只能借重软实力的策略以实现强国之梦。

当然GDP总量的多寡与强国地位的关系也不是绝对的,如俄罗斯近几年已被排除在世界经济十强之外,且2013—2017年经济平均增长率仅为−0.5%(世界平均值为2.6%),2017年俄罗斯居民实际收入还低于2010年,但以它当前的军事力量、资源潜力和外交影响力而论,仍被视为世界第三大强国。从印度的硬实力、地域优势和外交影响力来看，其综合国力也在巴西之上。巴西和印度从地区大国走向世界性大国采用了不同的路径，前者是偏重于发挥软实力，印度代表的则是借助硬实力/地缘政治重要性的路线。后冷战时代，世界正在步入一个以硬实力为主导（超强的经济实力、公开的军事力量、威慑战略和经济制裁与反制裁手段）的时代。在"金砖国家"中，巴西当下没有足够的全方位实力来实现其愿望并保持崛起进程。在实现世界性强国的目标方面，巴西可能比印度更不易。

正如本书作者在书中的观点，软实力经常被政府误解为外交，实际上它是建立在国内模式吸引力的基础之上的。这意味着，像巴西这样的国家只有实现了长期稳定的而非周期性的有吸引力的国内政治、经济和社会秩序模式，才可以采取软实力途径，否则其软实力途径将受制于国内局势的盛衰循环。

第三，巴西的强国宏图缺乏周密的计划和连贯性。

巴西渴望在国际秩序中实现崛起的愿望，从20世纪初算起共有四次高潮，但由于它国力不强盛，加之为实现这一目标所采取的战略不牢靠，因此接连落空。它预先并没有一个总体的强国方案，只是跟随国际形势的变动而在外交层面上进行多方周旋，这为巴西在全球事务中赢得了良好的声誉和威信，但这些成果也只是间歇性的，更没有反过来应用于促进国内政治经济体制的积极变化。众所周知，但凡强国总要经历一段奋斗不息的自强过程。从历史上看，美国从19世纪末和20世纪初起经济上就超过了当时最强大的英国，到第二次世界大战结束之后才被公认为世界第一强国，一直保持到今天。由于其国内政治制度和权力结构的稳定，不管哪个政党上台执政，美国的强国宏图与地位，有目共睹，决非过眼云烟。再以俄罗斯为例。普京自出任总统后就提出："给我20年，还你一个强大的俄罗斯。"尽管国际上对4.0版的普京有各种不同的看法，也敌视俄罗斯的外交路线，但俄罗斯的强国宏图与地位，依然是世所公认，因为它保持了历史传统的连贯性。从20世纪50年代起，尼赫鲁就力图发挥印度在全球的领导作用。再以中国为例，从20世纪70

年代的四个现代化计划到后来的"两个一百年"的宏伟目标,然后正式确定2020年全面实现"小康"、2035年基本实现社会主义现代化和2050年前后把中国建设为富强、民主、文明、和谐、美丽的现代化强国,中国的强国梦有鲜明的计划性和连贯性。

毫无疑义,强国宏图首先要立足于国内,要依靠稳定的政治制度和权力结构,通过连续几代人的锐意进取和埋头苦干才能实现。巴西由于国内基础不牢固,其强国宏图实现的难度非同小可。进入21世纪后,巴西在实行市场经济与政治民主化方面虽有长足的进步,但在治理方面缺陷甚多,发展模式严重依赖高昂的商品价格,因而经济增速减缓,其制造业和服务业在全球市场上都不具备竞争力,这导致巴西在南方国家中的吸引力下降,不再是它们效仿和追随的对象。再则,国内政治权力高度集中又过度干预市场,以至于贪污之风盛行,民主制度又十分脆弱,加之多党政治剑拔弩张、气势汹汹,党派之间睚眦必报,民族主义和民粹主义潮起潮落,时局眼花缭乱,能干的前总统卢拉已被定罪入狱,他的继承者罗塞夫至今仍陷于多种罪名的司法诉讼之中,连现任总统特梅尔也被司法调查。巴西2018年10月将举行总统大选,无论结果如何,巴西的下一步发展前程必然充满了不确定性和不稳定性。卢拉当年以市场与社会计划相结合的"巴西利亚共识"(人称"卢拉主义"),不知何年才能重新展现。简言之,巴西在迈向现代化与适应全球化的道路上,毕竟走得不太顺畅,尚祈后来者有所借鉴。

第四,巴西在国际社会与列强之间协调、斡旋和谈判的过程中常常处在进退两难、心余力绌的地位,难以大有作为。尽管它敢于发声,但囿于自身综合实力和国际影响力之不足,巴西积极的倡议发挥空间有限。

当今世界格局中,美国仍处于头号强国的地位,但凡涉及全球事务与国际规则,没有它的首肯什么事也难以办成。最明显的是,巴西在达成1997年《京都议定书》协议和2015年召开巴黎气候变化大会起了关键作用。但特朗普上台后,就立刻废除了巴西提出的"温室气体排放历史责任"的概念,不愿意承担美国对发展中国家实施减排的义务。特朗普一意孤行,连欧洲盟国的劝阻也满不在乎。再如,在联合国,巴西代表提出了"保护中的责任"(RwP)的概念,入情入理地应对北方国家提倡的"保护的责任"(R2P)。"保护中的责任"不仅可以对硬实力的多边运用施以软实力的约束,也有利于巴西摆脱在国际维和行动中受到强权国家摆布的困境。巴西对国家主权的关切使得它始终不愿实施干预之外的制裁,它提出在担负人道主义责任的同时必须限制强国的单边行动。巴西抓住了这个机会展示其领导地位。但美国和一些北约国家对 RWP 提出批评,认为这非但不能改进 R2P,反而会成为障碍。如今联合国已将 RWP 搁置一旁,一心致力于改进 R2P。这表明,巴西试图在国际维和领域维护正义立场又一次遭遇失败。显而易见,只要美国在世界现存秩序中继续保持超级霸权地位,巴西想在发达国家与发展中国家之间发挥桥梁作用,尽管符合天理人情,也难以遂愿。对世界强国排名第二、第三的中国和俄罗斯,美国事实上施行的就是军事上围堵、政治上压制、外交上牵制、经济上限制,遑论巴西的诉求和崛起。

事实证明,巴西在国际现存秩序上要想获取影响力,往往受制于其无法控制的情况。当它好不容易在强国谈判桌上占据一席之位时,却常常发现列强早已转移了阵地,而它也无力阻止现任强国做出这一转变。比如,国际贸易谈判的主要场所从世贸组织(WTO)转至跨太平洋伙伴关系(TTP)和跨大西洋贸易与投资伙伴关系(TTIP),它始终跟不上谈判主场转移的步伐。巴西相对轻松地渡过了 2008 年全球金融危机,它的复苏实际上基本是依靠美国的量化宽松政策和中国经济的持续繁荣。巴西在全球互联网治理中发挥的主要作用体现了它在打破美国与俄罗斯及中国的僵局方面的重要性。但只有当现任强国同意将巴西等新兴大国列入贵宾席时,它借助软实力崛起的路径才能取得成功。国内体制的弱点证明,巴西需要一个稳定且合法的政府、多元化和有竞争力的经济体系以及为其领导者地位支付成本的实力。

巴西作为现存国际秩序中对强权政治的批评者,将一直发挥其独特的作用。正如本书作者所说："由于软实力路径对其崛起具有重要意义,巴西在未来十年能否恢复并再次崛起在很大程度上取决于它是否愿意解决当前模式中的结构性政治和经济短板。这意味着要通过改善基础设施、教育和创新来重振旗鼓,发展经济。这也意味着要解决政府腐败和效率低下的问题,以避免不良政策选择和民众不满。"

　　巴西和中国相隔万里,可谓"一在天之涯,一在地之角",彼此之间有许多相似性和共同的利益诉求,但是无论是中国走进巴西或巴西走进中国,均需要相互间的深入了解。庆幸的是双方没有历史上的纠葛,相互间关系十分友好,虽是远邻,感情上不逊于近亲。1912 年 1 月 1 日中华民国成立后,国际承认拖了一年多,直至 1913 年 4 月 8 日召开民国国会时,巴西第一个承认了中华民国。接着,秘鲁、美国、古巴和墨西哥等另外四个美洲国家先后都承认了中华民国。为庆贺巴西带头承认,民国政府教育部曾通令全国公立学校 4 月 12 日特放假一天,并悬旗以志友谊而表谢忱。从 20 世纪 50 年代中期起,中巴之间的交往才日益展开。1974 年中巴正式建交。湖北大学的巴西研究和教学工作发轫于 1964 年,迄今已逾 50 年。1978 年"湖北大学巴西研究室"正式挂牌成立。进入新时期后,中国社科院拉丁美洲研究所也成立了巴西研究中心。当然,我国对巴西和拉美的研究尚处于初始后的成长阶段。要了解一个国家和地区的政治和经济,不能不深入到他们的文化和历史根源,包括哲学、文学、民族学和宗教等领域。这方面的工作需要我们几代人做出贡献。但愿本书中文版的出版,能为当代中国人了解巴西提供一点点帮助。

　　最后,我要感谢湖北大学巴西研究中心为本书的出版提供了资金支持。两位青年学者熊芳华和蔡蕾女士在繁重的教学工作中挤出时间,认真而辛勤地投入笔译。戴维博士为本书中文版权的顺利转让起到了重要的协调作用。

张森根

2018 年 4 月 1 日,于北京拂林园寓所

英文版说明

巴西的强国抱负：全球影响，长路漫漫

一直以来，巴西始终渴望成为世界大国，谋求跻身强国之列，以拥有影响和重构世界秩序的能力。除联合国安理会的常任理事国外，巴西是驻联合国安理会时间最长的国家。因此，谋求常任理事国席位也是巴西长期以来的主要目标。联合国自1945年建立以来共组织过65次维和行动，巴西参与了其中的46次，目前尚在三个国家主持维和行动。2008年全球金融危机期间，巴西借助其"二十国集团"成员国的身份，积极推进国际货币基金组织的改革。同时，巴西还联合"金砖国家集团"的其他伙伴国一起倡导全球秩序管理的新模式，如建立新开发银行等。

鉴于其历史经验和战略构想，巴西强调诉诸软实力手段建立基于各国主权平等的民主化国际秩序。2000年至2012年间，巴西向世界呈现了一个成功发展的案例：该国一跃成为世界第七大经济体，中产阶级增长50%，极端贫困人口减少一半。

　　然而自 2015 年以来,巴西开始深陷巴西国家石油公司腐败案丑闻,经济一蹶不振,跌入八年来的谷底。2016 年,时任巴西总统迪尔玛·罗塞夫遭弹劾下台。巴西的强国梦转眼间化为泡影。《巴西的强国抱负》一书分析了作用于巴西国际影响力的国内因素,描述了该国如何利用自身独特力量试图重构国际秩序的历程。该书阐释了巴西的强国梦如何在周期性国内危机的重荷下一步步走向幻灭,同时也就巴西该如何充分发展并利用其优势实现梦想提出了对策。

目 录

第一章

巴西、新兴大国和国际秩序的未来

　　2016 年,巴西人好景不再,他们因本国国际排名攀升而产生的乐观情绪已荡然无存。作为全球国土面积和人口数量第五大国,巴西曾经在大宗商品出口的繁荣时期一跃成为世界第七大经济体,并赢得了 2014 年世界杯和 2016 年夏季奥运会的主办权。与此同时,巴西加强了其外交政策的影响力,先后在非洲和加勒比海地区开设大使馆,在海地和刚果民主共和国的维和行动以及联合国海军部队撤离黎巴嫩海岸的军事行动中担任指挥,并积极寻求和平方案以解决伊朗核计划所产生的国际争端。巴西还主办了 2012 年联合国可持续发展大会(又名"里约＋20"峰会),以及 2014 年全球互联网治理大会(或称巴西会议)等重要国际会议。此外,巴西与"金砖国家集团"(巴西、俄罗斯、印度、中国和南非)成员国共同倡导建立了新型多边机构,如金砖国家开发银行和金砖国家应急储备安排(其作用类似于国际货币基金组织),旨在为全球南方国家(发展中国家)谋求更大权益。2009 年,《经济学人》杂志(*The Economist*)曾有一期封面设计颇具争议:科尔科瓦多(Corcovado)山上的基督雕塑如火箭一般自里约热内卢湾发射而出,其标题为"巴西腾飞"①。由此可见,巴西多年来渴望跻身世界强国的夙愿在这一阶段已几近梦想成真。②

然而,自 2015 年起巴西就深陷经济动荡和总统面临弹劾的泥沼之中。2015 年 12 月,在时任巴西总统迪尔玛·罗塞夫连任后的第二年,针对她的弹劾诉讼开始启动。同一时期,国有的巴西石油公司(Petrobras)此前爆出重大腐败丑闻,该公司多名高官因牵涉其中而银铛入狱。该公司对巴西国内生产总值的贡献率超过 10%,因此该丑闻随即导致整个行业陷入瘫痪。由于巴西经济陷入长期衰退,财政赤字居高不下,通货膨胀持续高涨,巴西的主权信用评级被降至"垃圾级"。根据《世界经济论坛 2015 年全球竞争力报告》,当年巴西的竞争力排名下滑 18 名,跌至第 75 名(共 140 个国家)③。此时巴西发现自己已逐步被排除在当今重要国际问题争论的话语圈之外,无论是关于俄罗斯吞并克里米亚问题,还是叙利亚内战等问题的争论,它都已无力参与。面临如此严重的国内政治动荡和经济危机,巴西近年来的强国愿景似乎迅速被封存为历史记忆。

尽管深陷困境,巴西依然没有放弃成为具有全球影响力强国的抱负。其他强国也认同它的重要潜力,并认为巴西可能是解决全球治理重大危机的关键所在。2015 年 6 月,美国总统奥巴马在与巴西总统罗塞夫联合举行的记者招待会上强有力地阐述了这一观点。奥巴马指出,美国认为巴西是一个世界

---

① 《巴西腾飞》("Brazil Takes Off"),《经济学人》(*The Economist*),2009 年 11 月 12 日,www.economist .com/node/14845197。

② 安德烈·赫瑞尔(Andrew Hurrell),《巴西和世界新秩序》("Brazil and the New Global Order"),《当代历史》(*Current History*),2010 年第 109 卷 714 期,第 60—68 页;见辛西娅·阿伦森(Cynthia Aronson)和保罗·索特罗(Paulo Sotero)的采访:《身为地区强国的巴西:基于半球的视角》,华盛顿特区:伍德罗·威尔逊国际学者中心(Woodrow Wilson International Center for Scholars),2010 年。

③ 克劳斯·施瓦布(Klaus Schwab)编:《2015—2016 年度全球竞争力报告》("The Global Competitiveness Report 2015—2016"),世界经济论坛(World Economic Forum),日内瓦,2015 年,reports. weforum. org/global-competitiveness-report – 2015—2016/competitiveness-rankings。

强国,而非巴西记者所称的地域强国。[1] 尽管这种说法可能是为博得来访外国领导人好感的外交辞令,但也反映出美国对巴西在全球治理中发挥建设性作用的期许。

　　当今国际政治波谲云诡,巴西施展其强国抱负的努力尤为重要。过去十年间,随着中国经济和军事实力的崛起以及俄罗斯在其边境地区与美国竞争的意愿升级,冷战之后的世界单极局面似乎正在消失。在这一背景下,一些发展中国家如巴西和印度纷纷增强了其军事、经济和政治力量,它们似乎正处于由中等大国迈入世界强国第二梯队的边缘。

　　尽管我们通常会用"上升的国家"指代这些新兴大国,然而新兴大国的重要性并不仅仅在于它们积累了较多的物质资源或军事力量,同时也在于它们渴望影响全球治理方式的抱负。作为新兴大国,巴西和印度显然比韩国、印度尼西亚、墨西哥这些地域大国更具国际影响力,但它们仍不足以被称为真正意义上的世界强国。

　　这些新兴大国希望在全球政治中发挥更大的作用的呼声日益高涨。它们提出,世界体系的治理结构调整应充分考虑它们的利益。它们还通过加入一些重要的国际机构参与全球经济、政治和安全治理,并希望自身的经济实力和政治影响力得到这些机构的认可。值得一提的是,虽然巴西、印度等国努力寻求更大的话语权,但它们并没有推翻现有秩序的意图[2]——巴西尤其

---

[1]　《美国—巴西关系》("U.S.-Brazil Relations"),美国 C-SPAN 国会广播电台,2015 年 6 月 30 日,www.c-span.org/video/? 326870 - 1/news-conference-presidents-obama-rousseff.

[2]　见安德烈·赫瑞尔和阿里塔·纳里卡(Amrita Narlikar):《对峙的新政治:多边贸易谈判中的巴西和印度》("A New Politics of Confrontation: Brazil and India in Multilateral Trade Negotiations"),《全球社会》(Global Society),2006 年第 20 期,第 415—433 页;瓦赫格鲁·帕尔·辛格·思胡(Waheguru Pal Singh Sidhu)、普拉塔普·巴努·梅赫塔(Pratap Bhanu Mehta)和布鲁斯·D.琼斯(Bruce D. Jones):《犹豫不决的规则塑造者?》("A Hesitant Rule Shaper?"),见瓦赫格鲁·帕尔·辛格·思胡、普拉塔普·巴努·梅赫塔和布鲁斯·D.琼斯编:《塑造新兴世界:印度和多边秩序》(Shaping the Emerging World: India and the Multilateral Order),布鲁金斯学会出版社(Brookings Institution Press),2013 年。

如此。无论是出于自身强国发展路径还是出于对国际秩序稳定的考虑，改革和修订现有的国际秩序都是切实可行并大有裨益的。

对于美国领导人而言，以下这些问题很关键：新兴大国想要什么？它们的意图对全球秩序总体而言有利还是有害？美国必须考虑是否可以将新兴大国的利益纳入现有的国际治理结构，且不会对二战后所建立的全球秩序造成长期破坏。印度和巴西等新兴大国日益增长的经济、军事和外交力量对国际秩序的运行产生了客观影响，但这些力量将作用于何处却很难预测。

下一个我们应该提出的重要问题是：为什么当今的新兴大国迄今为止都没有尝试推翻它们时常批评的现行制度？要回答这个问题，我们必须了解潜在的现象，这种现象决定了如巴西这类新兴大国在全球治理领域中的行为方式。在本书中，我们以巴西作为研究案例，来了解新兴大国如何寻求重构国际秩序的能力。我们认为，作为一股新兴力量，巴西寻求的是被纳入，而不是推翻全球治理结构[①]。但是，作为一个有影响力的参与者，纳入并不意味着简单地接受现有国际秩序的规则。目前，这些新兴大国的力量还不够强大，尚无法成为传统意义上的"规则制定者"。坦率地说，即便是美国也不再可能无视其他国家而单独制定规则。然而，新兴大国也不再希望成为"规则接受者"。相反，它们寻求机会想要加入世界强国俱乐部，成为"规则重构者"[②]。

第三组问题聚焦于新兴大国在强国间战争极其罕见的背景下所具有的重构国际秩序的能力。通过积累"硬"军事和经济力量来影响全球治理不再是新兴大国的唯一选择。我们分析了巴西如何运用软实力和硬实力相结合

---

① 与索尔斯·德里马(Maria Regina Soares de Lima)和赫斯特(Monica Hirst)的见解不同，我们认为，就巴西的经济和政治分量而言，该国并非是中等强国——许多作者曾将加拿大、澳大利亚、墨西哥、土耳其等国均纳入该类别——而应被视作国际体系中的上层成员之一。见索尔斯·德里马和莫妮卡·赫斯特：《身为中等国国家和地区强国的巴西：行动、选择和责任》("Brazil as an Intermediate State and Regional Power: Action, Choice and Responsibilities")，《国际事务》(*International Affairs*)，2006 年 1 月第 82 卷第 1 期，第 21—40 页。

② 思胡(Sidhu)、梅赫塔(Mehta)和琼斯(Jones)：《塑造新兴世界：印度和多边秩序》(*Shaping the Emerging World*)。

的手段重构自由国际秩序及治理结构。这些组合的国内外决定性因素存在差异,因此我们将具体说明这些因素不断发生变化的过程及原因。

为解答上述问题,本书将重点探讨各国对当前国际秩序施加影响力的关键领域——安全、经济和全球公域治理,随后就巴西对每个领域的影响程度进行评估。我们力图了解为何巴西对现有的秩序持批评态度(尽管它并无推翻该秩序的意图)。巴西在对全球治理进行深度修订和改革的过程中一再遭遇挫败,我们认为,其根本原因在于巴西无法通过硬实力与软实力的有机结合实现崛起。巴西对软实力过度依赖,这是用以研究新兴大国试图平衡不同类别实力的良好案例。软实力建立在一个国家制度成功的基础之上,要获取全球影响力需要同时具备有利的国际环境和良好的国内治理。迄今为止,国际关系理论中尚未囊括发展中国家主要借助软实力手段参与全球治理并发挥领先作用的理论可能性。[①]

在本章中,我们首先分析当前自由国际秩序的基本原则。我们注意到,在新兴大国中,巴西对大多数自由国际秩序基本原则的遵循程度最高,但同时它对主要强国充分遵循其所倡导基本原则的神话也持批判态度。第二部分探讨了新兴大国对国际秩序有何期许。我们认为新兴大国既不是追随者也不是革命者,而是改革者、修订主义者(revisionist)或两者的结合。即便某一新兴大国的"权力上升"改变了世界权力分配的格局,它仍有可能谋求当前秩序的变化以稳定现有的治理安排。又或者它们可能更倾向于修订主义(revision)的战略,寻求改变国际秩序下潜在的原则。在第三部分我们将对硬实力和软实力展开讨论,推测为何巴西会在不否认将硬实力作为最后依赖手段的前提下更倾向于诉诸软实力。在第四部分中,我们将论证为何以巴西为案例来思考新兴大国的兴起,说明它们如何才能成功晋位为真正意义上的强国。最后一部分梳理了本书的整体论证结构,对巴西提升其国际排名的努力尝试进行评价,从而进一步阐释关于使用软实力手段的选择和挑战的观点。

---

① 20 世纪 80 年代的讨论认为,日本作为一个发达国家,可能通过软实力方式成为第一强国。

新兴大国与全球秩序：四项基本原则与一个神话

新兴大国意味着其他国家和非政府行为体承认该国重构国际秩序的合法性。这一方面是因为它们不断增长的能力具有潜在的破坏性，另一方面则是因为它们有可能对当前秩序的成功运行做出贡献。[①] 我们避免使用曾经流行的术语——"上升"来描述诸如巴西和印度等国家。"上升"意味着一个国家各方面能力的积极变化——国内生产总值、军事力量、技术发展；而"新兴"意味着这些国家重构国际秩序的合法性。这种合法性包括纵向和横向两个维度。纵向合法性来自政治精英或民众对该国影响国际治理努力的支持。横向合法性则通过当前世界强国对新兴大国国际治理影响力的认可而得以延展。这种认可主要取决于两个因素：不容忽视的硬实力或是足以有力应对国际治理主要挑战的软实力。其表现在于强国在全球治理过程中会考虑新兴大国的意见或调整治理策略以适应新兴大国的需求。因此，新兴的过程如何作用于外交政策（不同于"上升"，此处"新兴"既包括客观因素也包括主观因素）就成了问题的关键。

当新兴大国面对由其他国家先期制定的国际秩序时，他们需要思考是选择改革还是修正。改革侧重于对全球治理结构及国际秩序实施程序进行设计，如在联合国安理会获得常任理事国席位，或在制订国际行为评判标准的多边机构中产生举足轻重的影响。修正则需要推进治理结构的改革，同时修订秩序的基本原则。虽然国际关系学中的学术文献倾向于将"修正主义国家"视为那些致力于缔造全新秩序的国家，我们却认为将这些国家归类为"革

---

① 在多边机构中担任领导职位对主要强国治理国际秩序的行为影响微乎其微，例如某国总统当选为不结盟运动组织的主席，这并不意味着该国跨入新兴大国之列。

命者"更为合适。之所以如此归类,一是要洞悉新兴大国外交政策的修正主义策略,二是这一概念蕴含着具有革新精神的主要强国推翻国际秩序的可能性,如同拿破仑时期的法国、纳粹德国和苏联曾经采取的行为一样。

国际体系具有无政府主义特性,缺乏中央政府的强制约束力。在此前提下,国际治理原则的作用尤为重要。原则可以用来评判国家行为的合法性,[1]也可以为创造这些原则的强国所采取的行为提供合法化的辩护。[2] 基本原则定义了正当和不正当的国家行为,也定义了何种行为会受到国际秩序中的主导性国家的惩罚。这些原则可能为体系中的其他行为者接受抑或不接受,即使这些原则并不一定对当前的秩序提出挑战。一个国家或许不认同潜在的根本原则,但仍有可能选择接受现行的国际秩序。这可能是出于现行秩序对自身有利的考虑,也可能是因为不愿承担反对现行秩序的风险。在当前的国际秩序中,有四项基本原则地位超群。其中两项源自早期的西方秩序体系,另外两项则由美国领导下的后"二战"时期自由主义国际秩序发展而来。

第一项基本原则

第一项基本原则定义了全球秩序成员的性质。所有现代国际秩序的基本出发点——通常指"威斯特伐利亚合约"范畴下系列条约的产物——该体系内的国家均为主权国家,即一个政治单位的政府对该单位拥有治理权。虽然主权并不代表这个国家可以为所欲为,但这一概念意味着应该由政府决定它们的国家将如何应对国内外形势所带来的机会和限制。当一国以另一国的名义做出决定或取代另一国政府时,其主权就受到了侵犯。在实践中,主

---

[1]　雷蒙德·盖伊斯(Raymond Geuss):《哲学和真实政治学》(*Philosophy and Real Politics*),普林斯顿大学出版社,2008年,第34—36页。

[2]　玛莎·费尼莫(Martha Finnemore):《发明的意义:改变力量使用的信念》(*The Purpose of Intervention: Changing Beliefs about the Use of Force*),康奈尔大学出版社,2003年,第1—15页。

权一直都是一个相对概念。尽管小国感觉自身权利受限,强国却从不认为其内部事务受到外部干预。①

第二项基本原则

尽管 18 世纪时主权原则就已成为国际关系讨论的重要组成部分②,但直至 1907 年第二次海牙国际和平会议,西方国际秩序成员才接受所有国家都享有同等主权这一基本原则。然而,各国主权平等的主张自那时起就备受挑战,这并非是因为各国企图影响其他国家领导人所作的选择,而是因为有些国家不断试图(有时成功地)胁迫或推翻那些与其意愿相左的国家的政府。③

第三、四项基本原则

除了关于主权和主权平等的基本原则,"二战"后的现代自由主义国际秩序还受另外两项基本原则的支配。第三项基本原则主要是保障全球体系免遭军事侵袭,特别是核战争的侵袭。联合国安理会和《核不扩散条约》是这一

---

① 关于 1648 条约中所提出主权概念的传统观点有一处重要更正。尽管该概念在 1648 年前即被提出,但当时并未使用"主权"一词。而该条约的确约定了一些可成为外部干预理由的特定内部行为的类别。然而,条约的主要缔结方或并未在自己的核心领土范围内遵守该条约规定(如斯堪的纳维亚的丹麦和维也纳的神圣罗马帝国),或只在部分强国有异议的边缘地区实行(如德国国土境内)。见安德烈亚斯·奥西安德(Andreas Osiander):《主权、国际关系和威斯特伐利亚神话》("Sovereignty, International Relations, and the Westphalian Myth"),《国际组织》(International Organization),2001 年春第 55 卷第 2 期,第 251—287 页;卢克·格兰维尔(Luke Glanville):《"传统"主权的神话》("The Myth of 'Traditional' Sovereignty"),《国际研究季刊》(International Studies Quarterly),2013 年 3 月第 57 卷第 1 期,第 79—90 页。

② 见爱默·德·瓦戴(Emer de Vattel),《国际法》(The Law of Nations),1758;又见史蒂芬·D.克拉斯纳(Stephen D. Krasner):《主权:有组织的虚伪》(Sovereignty: Organized Hypocrisy),普林斯顿大学出版社,1999 年。

③ 见戴维·R.马拉斯(David R. Mares):《地区霸权之下的中等强国:面对霸权实施是挑战还是默许》("Middle Powers under Regional Hegemony: To Challenge or Acquiesce in Hegemonic Enforcement"),《国际研究季刊》,1988 年 12 月第 32 卷第 4 期,第 453—471 页。

体系制度的关键要素。自由国际秩序的第四项原则旨在促进建立基于市场的全球经济秩序，其范围不仅涵盖贸易，还包括金融和发展援助。自由市场原则被视为全球经济的基础，特别是在冷战结束后，强调自由市场原则的作用更被认为是所有国家发展和繁荣的最佳途径。

除此之外，国际秩序还建立在一个神话之上，即所有国家，不论大小，均遵循这些基本原则。新兴大国曾对这一神话提出质疑，认为在联合国安理会拥有否决权的五个国家——美国、俄罗斯、英国、法国和中国——在恰当使用军事力量方面的行为并不完全受安全理事会决议的约束。它们也不完全遵守《核不扩散条约》中关于核裁军的承诺，亦不支持对它们认定为重要伙伴的核扩散行为的制裁，例如 20 世纪 70 年代的印度之于苏联，今天的印度和以色列之于美国，朝鲜之于中国。同样，诸如巴西这样的国家经常指控一些强国违反全球市场经济原则，通过使用非关税壁垒或为国内产业提供优惠待遇的方式来提高其国民经济竞争力（其中欧洲和美国农业在这方面的做法已臭名昭著）。从发展中国家角度来看，在促进全球资本自由市场发展的同时却控制劳动力的跨国流动，定期阻碍劳动力外流至发达经济体，这似乎是矛盾的。作为生产要素资本，没有任何理由限制劳动力在基于自由市场原则的全球经济中自由流动。同样，对于历史上被迫同意国际货币基金组织（IMF）的条件以换取财政援助的巴西等国而言，以美元作为事实上全球储备货币的现状令其愤慨不已。因为美元的特殊地位，美国常常对国际金融机构为确保全球资本市场顺利运作而提出的建议视而不见，但其他国家却被迫接纳这些建议。

强国行为与国际秩序基本原则之间的不一致在"二战"后才完全显现出来。在此之前，全球国际体系一直在制度化薄弱的治理结构下运作。该体系主要由 19 世纪欧洲帝国主义而形成，因此其运转需维系全球主要发达国家之间的权力平衡。平行治理结构横跨国际体系的认同者：国际联盟与一些国家相关联；欧洲帝国主义操纵其他国家；而在西半球，美国的领先力量在不同程度上构架了不同国家之间的关系。欧洲帝国主义国家不接受非洲、中东和亚洲政治主权平等的概念。而当美国以危害本国利益为由对地区政府实施干预时,包括拉丁美洲国家在内的泛美联盟却无力应对,无法令其付出较高代价。[①]

由于 20 世纪中叶的去殖民化进程,民族国家取代帝国国家成为国际秩序的基本组成部分,国际体系就此实现了真正意义上的全球化。要解决强国行为与主权原则之间的不一致,我们需借助由美国及其欧洲盟国在"二战"后所建立的自由国际秩序。对强国而言,并非所有的国家均具有平等的地位;而随着殖民化解除而迅速增加的中等国家和小国却更青睐主权和主权平等原则。然而,这种不一致性对苏联而言不称其为问题,其国际秩序的基本原则是:苏联对马克思主义提供正确的诠释且有责任在必要的时候通过领导或干预的手段维护社会主义。而美国则不然,即便它了解实现全人类安全和繁荣的最佳途径,却从未声称拥有将其解释强加于朋友和敌人的固有权利。[②]

[①] 麦克斯·保罗·弗里德曼(Max Paul Friedman)和汤姆·龙(Tom Long)提出,美国之所以由公开干预转为隐蔽干预,其中一个原因是拉丁美洲国家的柔性平衡作用。见弗里德曼和汤姆·龙:《美洲的柔性平衡:拉丁美洲对美国干预的抵制,1898—1936 年》("Soft Balancing in the Americas: Latin American Opposition to U.S.Intervention,1898 - 1936"),《国际安全》(*International Security*),2015 年夏第 40 卷第 1 期,第 120—156 页。而在我们看来,这仅限于 1936 年至 1940 年间这一短暂时期。当时美国正着力迫使拉丁美洲国家政府接受美在欧亚地区接连爆发的战争中所采取的中立立场,故在干预拉丁美洲国家政府的国内外事务方面有所收敛。

[②] 见迪克·切尼(Dick Cheney)和里兹·切尼(Liz Cheney):《例外:为什么世界需要强大的美国》(*Exceptional:Why the World Needs a Powerful America*),纽约:门槛出版社(Threshold Editions),2015 年;及史蒂芬·M.华特(Stephen M.Walt):《美国例外的神话》("The Myth of American Exceptionalism"),《外交政策》(*Foreign Policy*),2011 年 10 月 11 日,http://foreignpolicy.com/2011/10/11/the-myth-of-american-exceptionalism。

基本神话

因此,美国需要一个基本神话,为其偶尔违反自由国际秩序基本原则的行为提供辩护。这一神话还需要向其他主要强国表明,美国违背基本原则的行为是为了提供公共产品,如国际安全或国际贸易,却无意推翻全球秩序。这个神话在许多方面被提及——所有这些都强调了美国的"特殊性",及其为全世界提供公共产品的能力和意愿,如自由、安全和民主等。它认为,在面对违反规范者时,美国有必要(因而有权)采取单边行动维护现行秩序,而这一行动在短期内与主权平等制度中所能接受的行为相悖。[①]

我们将此标记为神话而非原则,其原因在于,许多国家,包括巴西等新兴大国在内,并不认同美国偶尔违反国际秩序原则行为的合法性。然而,考虑到反对这种单方面行为的代价超过其利益,因此它们选择实际上接受该行为却不承认其合法性。[②] 例如,2003 年美国入侵伊拉克的决定未得到联合国安理会的许可,但事后也并未受到其谴责。这并不表明其他国家接受并认同美国行为的正确性,只是它们无力阻止而已。1989 年,美国以巴拿马违反美国单边界定的毒品贸易规则为由入侵该国,当时拉美国家并不认可美国实施惩罚的合法权利。美洲国家组织(美国为成员国)谴责该入侵行为违反了国际法,但拉美成员国并未采取进一步行动迫

---

① 史蒂芬·华特:《驯服美国强权:美国第一思想的全球反应》(*Taming American Power: The Global Response to U.S. Primacy*),纽约:W.W.诺顿出版社,2005 年;迈克道格尔(Walter McDougall):《应许之地、十字军之国:1776 年后美国与世界的对抗》(*Promised Land, Crusader State: The American Encounter with the World since 1776*),波士顿:米夫林出版公司(Houghton Mifflin),1997 年 。

② 见戴维·R.马拉斯的分析:《中等强国墨西哥的外交政策:尼加拉瓜关系,1884—1986》("Mexico's Foreign Policy as a Middle Power: The Nicaragua Connection, 1884 - 1986"),《拉美研究评论》(*Latin American Research Review*),1988 年第 23 卷第 3 期,第 81—107 页;马拉斯:《地区霸权之下的中等强国》。

使美国停止入侵。①这种对美国单边行为的公开批评意味着反对,而非对其行为合法性的认同。

大量的国际关系聚焦于强国维持全球秩序的决策行为。长期以来其关注的重点集中于当一个领先力量被一个上升力量赶超时可能发生的局势变化,例如德国两次试图成为霸权时的局势。最近关于中国崛起对自由国际秩序影响的讨论也属于此类。②

相比而言,本书的关注焦点是新兴大国,即第二梯队大国如何决策。这些国家拥有对国际体系产生潜在影响的资源:与中等大国相比,它们拥有的资源更多,却不足以与该体系中的强国相抗衡。在此阶段,新兴大国可能成为追随者,也可能选择修订和改革现有秩序的基本神话和原则。在本书中,我们将揭示巴西如何寻求修订和改革国际秩序的四项基本原则,希望通过凸显并有效发挥其作用全面约束美国的单边行为。美国等领先国家对巴西等新兴大国的作用则心存疑问:它们能否在支持当前全球秩序方面发挥建设性作用?如果它们的利益得以满足,其作用会否更加突出?又或者,这些国家的要求和行为是否会损害全球治理?

新兴大国:是谁? 怎么做? 为什么?

新兴大国的地位由其军事、经济、政治和社会领域的力量积累所决定。例如,朝鲜或许拥有一支大型军队和少量核武器,但由于其经济衰弱、极权主

---

① 《1989 年 12 月 20 日:美国入侵巴拿马》("December 20, 1989: The U. S. Invades Panama"),《历史频道·历史上的今天》,2015 年 10 月 22 日访问,www.history.com/this-day-in-history/the-u-s-invades-panama。

② 约翰·伊肯伯里(G.John Ikenberry):《中国的崛起和西方的未来》("The Rise of China and the Future of the West"),《外交事务》(*Foreign Affairs*),2008 年第 87 卷第 1 期,第 23—37 页。

义统治以及排斥性的社会政策,因此并不具备影响除其自身安全以外的任何事务的能力;朝鲜政府对此也心知肚明,从未打算参与未来全球秩序的讨论。我们认为,当一些国家发展与当前全球秩序治理相关领域的力量并积累至一定程度时,这些国家就会谋求"兴起"至领导席位。新兴大国就属于此类国家,它们逐渐由中等国家发展为超级强国。一个小国发展为中等国家往往不会引起特别的注意(除非是邻国),但那些崛起为超级强国的国家却时刻被密切关注。

事关国际行为的所有决定都必然产生一些国内和国际成本,而国际行为的后果则要求各国为合作或对抗的选择支付成本。[1] 这些成本与能力负相关,因此弱国所支付的成本要高于强国,其选择范围也往往更加有限。目前,所有的国际关系理论都论述了成本如何影响选择的观点,甚至有些理论推测,那些成本并未经过理性的计算。[2]

新兴大国面临一系列可以用来指导其国际行为的选择,而中小国家则不具备该条件。这些选择能够为提升它们的利益提供机会,我们期待它们能够寻找到这些机会。因此,我们可以假定,一个新兴大国要在国际秩序中实现崛起有三个目标:获取影响力;降低不同外交政策本身的成本;在国际体系中开创新机会。实现这些目标的基本手段是积聚硬实力和软实力资源并保

---

[1]　见基欧汉(Keohane)有关合作成本的论著《霸权之后:世界政治经济的合作与纷争》(*After Hegemony: Cooperation and Discord in the World Political Economy*),普林斯顿出版社,1984 年;以及布鲁斯·布埃诺·德·梅斯基塔(Bruce Bueno de Mesquita):《国际政治的原则(第 5 版)》(*Principles of International Politics*),华盛顿特区:国会季刊出版社(Congressional Quarterly Press),2013 年。

[2]　艾斯库德(Escudé)曾提出,现实主义意味着一个国家在不考虑自身能力的情况下部署力量。而这一批评是出于对现实主义的误读(卡洛斯·艾斯库德[Carlos Escudé]:《梅内姆执政下的阿根廷外交政策理论》[Foreign Policy Theory in Menem's Argentina],佛罗里达大学出版社,1997 年)。现实主义提倡任何国家,包括世界强国在内,采取行动均需谨慎,这恰恰是因为在无政府的体制背景下采取任何行动均需承担一定的代价(对比美国 2003 年干预伊拉克和几乎一致持反对态度的现实主义立场)。现实主义者并不认为萨达姆·侯赛因政府能够转而遵守美国提倡的行为规范,且该政府并不对美国构成威胁。相反,现实主义者认为,可以通过比政权更迭更低代价的手段对伊拉克实施震慑。

持二者的平衡,使之与国际秩序中主要强国的利益相呼应,同时还需在中长期内保持国内的可持续发展。

新兴大国与其他国家有相同的利益——捍卫其主权并以最低的成本追求国家目标。而捍卫主权则意味着抵抗入侵或胁迫以保障自身安全。发展国家经济也是捍卫主权的战略之一,因为一个国家越富有,经济越多元化,它抗衡制裁的能力就越强,在谋求利益方面可承受的代价就越高,拥有的选择也越多。

但是,这些国家的行为从根本上受到自身属于新兴大国这一事实的影响——该地位既增加了其脆弱性也为其提供了更多的机会。如果它们公然挑战现行秩序,必然面临高昂的代价,因为它们的软硬实力水平尚不足以与强国抗衡,容易受到报复。① 值得我们注意的是,巴西也是如此。即使经常批评一些强国违反规则的行事方式,它也并不主张取消联合国安理会的常任理事国席位或货币基金组织中的加权投票。巴西的观点是,某些国家在制定国际秩序方面相较于其他国家地位更加重要,但一旦规则确定,所有国家,即使是现行秩序的领导者都必须遵守。巴西反对影响力的不平等分布,但它提出,如果将目前被排除在外的国家的代表纳入主要决策圈,则有助于缓解不平等现象。

那么,一个新兴大国在积累新生影响力时会采取何种实际行为方式?人们不指望它是一个"规则追随者",因为决定行为成本和利益的规则由领导者制定,成本和利益必会向其倾斜。因此,一个新的参与者至少会调整规则,以更多地考虑自身的具体情况。

因此,新兴大国试图修订或改革国际秩序以获取国际社会对其经济和政治重要性的更大认可,并努力增加自身在全球治理重要国际组织中的影响

---

① 关于和"权利转移"相关的挑战,见罗纳德·L.塔门(Ronald L.Tammen)等:《权力转移:21世纪的战略》(*Power Transitions:Strategies for the 21st Century*),纽约:Chatham House Publishers of Seven Bridges Press,2000 年。

力。然而,只有当一个国家具备了发展为超级强国的潜力且足以与美国抗衡时,它才能设想取代现有的国际秩序。或许有那么一天,如果中国认为值得付出代价来换取期望利益时,会做如此尝试。现今所有的其他新兴大国至多(仅仅)只能向往主要强国的地位。对于新兴大国而言,无论是作为"追随者"还是"革命者"均非良策。它们的目标是要么改革现有秩序的管理结构,要么修订其基本神话,抑或二者皆有。我们预计,具体目标的选择取决于新兴大国分别从不同途径中获取利益的程度。我们认为,巴西将改革和修订均视作可实现的目标,且认为二者均有利于其在强国崛起之路上的持续发展。

寻求影响力:硬实力和软实力

约瑟夫·奈认为获取国际影响力的关键在于同时使用硬实力——军事、政治和经济胁迫或购买忠诚的财富——和软实力,"通过吸引力获得你想要的东西的能力,而非依赖胁迫和事后补偿"。[①]我们认为,由于新兴大国对国际秩序的地缘战略意义不同,它们为寻求全球治理影响力所采用的软硬实力组合方式也有所差异。对于那些被领先强国视为具有重要战略价值且与其相关的新兴大国而言,硬实力无疑更具吸引力。例如,印度同时与中国和巴基斯坦接壤,前者是美国的对手之一,后者拥有核武器,是美国关于国际伊斯兰

---

① 约瑟芬·S.奈(Joseph S.Nye):《软实力:世界政治的成功之道》(*Soft Power:The Means to Success in World Politics*),纽约:Public Affairs,2004 年,第 x 页;巴西军队精英对软实力的定义与文人领导不同,后者认同奈的定义。这一概念为许多学者、分析家和决策者所接受,不过大多数人所使用的概念与奈的定义关联薄弱。与之相反,巴西陆军参谋长乔吉姆·席瓦(Joaquim Silva)和卢娜(Luna)将军把软实力定义为劝阻的力量,却不以威胁的方式施加。见《军队新领导的欢迎辞》("Saudação aos novos o ciais-generais do Exército"),2012 年 5 月,www.adesg.net.br/noticias/saudacao-aos-novos-oficiais-generais-do-exercito。

恐怖主义安全问题的重点关注对象。土耳其的战略地位也使得其硬实力在领先强国看来极其重要。对于美国而言，土耳其的战略价值在于它与欧亚大陆和中东接壤，这种地缘战略地位使其具备了沿边界向这些地区施加硬实力的能力。相比之下，各强国对土耳其软实力的影响则看法不一，相对模糊，无论是其对中亚土耳其族人民的文化影响，还是对伊斯兰世界的宗教影响。

诸如巴西和南非这样的新兴大国，却不具备这种传统地缘战略资本，因此它们有必要说服现有的强国相信，它们的崛起将有助于稳定现有的国际秩序，因为它们有能力发挥其软实力。这一方法有可能说服处于领导地位的强国将新兴大国纳入现有秩序，因为它们有能力降低秩序维护的成本。发展软实力是巴西和南非这类新兴大国的首选，因为此途径所导致的自上而来的阻力比追求硬实力要少的多。除非对其有利，否则强国不会愿意接受硬实力的扩散。这类新兴大国对强国缺乏战略价值，自然也无法为其扩散硬实力提供合理解释。

然而，无论是新兴大国的硬实力还是软实力都不可能对国际秩序创造者的安全造成有意义的或生存性的影响。新兴大国的目标选择——主要是其他新兴大国或发展中国家——反映了这样一个事实，即这些新兴大国缺乏足够的资源支撑其与制定国际秩序的强国相抗衡的抱负。对这些国家来说，同时使用硬实力和软实力是从领先强国处获得"买入"的一种手段，有助于它们在国际体系治理中增强影响力。

尽管如此，拥有足够的军事力量以获取强国对新兴大国的目标和抱负的尊重和谨慎态度仍然很重要。巴西在核武力方面就抱有此观点：它们希望与日本和德国一样获得生产核武器的能力，尽管它们承诺绝不在正常情况下开发它们。[①]

---

① 巴西宪法明令禁止制造核武器，但宪法可以被修改甚至取代。巴西自 1889 年成为共和国以来已有六部宪法。

因此,新兴大国软硬实力最成功的结合往往取决于强国的需要。新兴大国使用硬实力是可以接受的,如果它旨在以较低成本抵制国际体系的挑战者。从强国的角度来看,新兴大国声称自己代表全球南方国家中的无代表国家,因此它们的软实力应聚焦于这些国家,帮助强国以成本较低的手段来约束轻度的破坏规则行为,并扩展国际秩序的范围。

过去十年间,分析师们对各国是否可以通过软硬实力兼施来实现崛起的可能性进行了分析。印度和巴西似乎代表了在国际秩序中谋求领导地位的不同路径,尽管两国都对现行国际秩序的某些方面进行了批评。印度已具备较强的硬实力,包括发展核武器和远程打击能力。此外,加速的经济发展和广泛的全球文化影响力也提升了印度的硬实力和软实力,使其得以逐步与美国步调一致。但印度也时刻警惕着中国力量的崛起。相比之下,巴西在地缘战略上处于安全状态,故采取淡化硬实力而倚重软实力的策略,力图通过在全球南方国家中占据外交领导席位以实现崛起。①

分析师、决策者和公众都熟悉通过硬实力实现崛起和增强竞争力的路径,印度似乎正沿此路径实现其强国抱负。但巴西采取的软实力路线依然是未知的领域。日本在 20 世纪 80 年代末未能如愿成为"第一强国"的失败案例也增加了人们对软实力是否具备最终潜力的怀疑。软实力研究专家乔纳森·麦考利(Jonathan McClory)对软实力支持论的研究议程进行了总结:

> 一个国家是否能在 21 世纪推动国际事务变革将取决于以下能力:塑造叙事、制订国际准则、调动跨国网络、赢得全球舆论战争。这并不意味着单靠软实力就总能获胜——事实也远非如此——但它的相对战略重要性将继续增长。

---

① 简要概述见罗伊特·罗埃蒂(Riordan Roett):《新巴西》(*The New Brazil*),布鲁金斯学会出版社,2010 年。

他还指出：

> 更多的研究需要从个别国家的视角来理解和判断软实力，着眼于分析该国如何部署。这可以帮助研究人员从软实力的使用推断出其结果归因。未来的研究需要更好地了解如何调整软实力来实现目标，如何评估软实力策略，以及如何建立软实力和政策结果之间的因果关系。[①]

巴西在软实力方面的广泛经验及其强国抱负屡次失败的教训使其成为本研究议程中一个特别有用的案例。

为什么是巴西？

本文以巴西为案例来探讨通过追求软实力路径实现崛起的可能性。巴西的发展过程中存在一些历史常量，这使得我们在讨论其强国抱负时没有特别关注其国内政策或政治的变量。然而，这并不意味着该国内部是一个黑盒子：国内政治在发展巴西的硬实力和软实力方面发挥着关键作用，当国内政治引起内部混乱时，它们将从根本上破坏巴西的国际影响力。

无论是帝国或共和国、独裁或民主，还是左派、右派或中间派，巴西历任政府都怀有实现重要全球影响力的远大抱负。即使本国公民对此缺乏兴趣或持反对态度，它们都坚定不移地坚持这一抱负。历史上最近的典型例子就

---

① 乔纳森·麦考利（Jonathan McClory）：《新说服者（三）：2012 年度世界软实力排行榜》（*The New Persuaders III：A 2012 Global Ranking of Soft Power*），伦敦：Institute for Government，2012 年，第 13—14 页。

是迪尔玛·罗塞夫总统在 2013 年联合国大会上的开幕辞。她在演讲中宣布了巴西在全球互联网自由议程的领导地位,并炮轰美国滥用权利,通过因特网监视对其不构成威胁的国家政府和公民。而就在罗塞夫总统发表演讲之前的那个夏天,巴西民怨载道,举国抗议政府支出大笔金钱用于国际面子工程,如 2014 年的世界足球杯和 2016 年的夏季奥运会。①

　　本文用巴西作为案例研究的另一个原因是,一个多世纪以来巴西一直渴望实现其强国抱负,鉴于此情况我们可以观察巴西如何运用其软硬实力,以及现任强国如何应对其努力和设想。巴西在其上升时期一直支持自由主义现状,并在与试图推翻当前全球秩序革命力量的主要对抗中(第一次世界大战、第二次世界大战以及冷战时期)始终站在获胜方这边。巴西认为自己应该被纳入领导委员会。这主要是出于以下因素考虑:其地理和经济规模;和平负责的国际行为(从其自身观点来看),如其在重要国际危机时刻对自由主义国际秩序的一贯支持;此外,巴西没有煽动过任何重要国际危机,并愿意寻求外交途径解决冲突。②

　　即使外部对巴西的制约阻碍了其国际目标的实现,它也并未因此破坏国际体系。例如,1926 年国际联盟将常任理事国席位让给了"一战"中的战败国德国,而不是战胜国巴西。巴西为此退出该组织以示抗议,但并未采取挑衅性的外交政策来示威。同样,联合国创立之时,巴西作为盟军在意大利获胜的一方,希望获得安理会的常任理事国席位,但遭到苏联和英国的否决。然而,巴西接受了其作为重要但非主要国际体系成员的地位,反而确立

---

① 朱利安·博格尔(Julian Borger):《巴西总统:美国监视"违反国际法"》("Brazilian President: US Surveillance a 'Breach of International Law'"),《卫报》(The Guardian),2013 年 9 月 24 日。

② 塞尔索·拉斐尔(Celso Lafer):《巴西:外交政策的困境与挑战》("Brasil: dilemas e desafios da política externa"),《高级研究》(Estudos Avançados),2000 年第 14 卷第 38 期。

了巴西作为每年联合国大会一般性辩论首个发言国的传统。① 巴西和日本一样，都是被选为联合国安理会非常任理事国次数最多的国家，二者均当选十次之多。

这种方法加强了软实力在巴西重构全球秩序努力进程中的作用，但最近几十年巴西对于现任强国的战略重要性却未曾因此得到提高。巴西认为这些努力反映了它对政治民主和资本主义主体世界的承诺。然而，它的资本主义愿景更多的是沿袭欧洲社会民主的路线，而非美国倡导的自由市场经济。事实上，巴西不仅追求欧洲人的福利制度状态，而且比西欧人更能接受国家对经济更大程度的"指导"。

巴西是分析软实力的重要案例。由政府研究所和 *Monocle* 杂志发布的软实力指数显示，2012 年巴西的潜在影响力排名第 17 位，位于发展中国家之首，而土耳其排名第 20 位，南非第 34 位，印度第 36 位，中国第 22 位。该研究的作者警告说："许多国家经常做出有损自己软实力的行为，如糟糕的政策设想、缺乏远见的支出决定、不当的国内行动以及笨拙的信息传递。"② 巴西容易受国内动荡的影响，如 20 世纪 80 年代军政府当政时无法控制通货膨胀一样，现今的巴西也深陷同样的泥淖。因此巴西成为了解软实力的典型：一个国家既需要适当的国际环境发挥作用，也需要成功的国内环境发挥软实力。

这一历史并不意味着巴西忽视硬实力的作用。虽然巴西与其邻国没有大的领土争端，③但巴西政府始终防范任何人以保护生物多样性或环境为由

① 杰森·穆勒(Gerson Moura)：《1939—1950 年间巴西的外交关系：二战前后巴美关系的多变性》(*Brazilian Foreign Relations 1939–1950: The Changing Nature of Brazil-United States Relations during and after the Second World War*)，巴西利亚：Fundação Alexandre de Gusmão，2013 年，第 244—245 页。

② 麦考利：《新说服者(三)》。该指数使用了"一套宽泛的数据统计度量标准和主观数据(共 50 个度量标准)，比较了各国的政府质量、外交基础设施、文化输出、教育水平及商业吸引力。我们对该数据进行了标准化处理，将之切分成不同的次指数，且根据我们的综合指数公式进行计算，从而得出了本研究中每个所涉国的分数"(第 11 页)。

③ 巴西与乌拉圭存在一个小的边界问题，但这不会成为一个重大争端。

抢占亚马逊,或染指巴西大西洋沿岸的盐下烃盆地(the pre-salt hydrocarbon basins)。① 该国还认为,拥有现代化和高效的军队将大大提升其威望和声誉,国际影响力也会随之增强。1902 年至 1910 年间时任巴西外交部长、巴西外交之父里奥·布朗科男爵 1903 年在其国际仲裁中的唯一一次失败后表达了该观点。② 他的这一观点在 2012 年得到了一位海军上将的呼应。这位海军上将在海军战争学院第七次国家安全年会上提出,"装备精良、训练有素、人民信任"的军备力量有助于树立一个国家行使软实力所必需的良好形象。③

　　尽管现行的全球体系为巴西实现其国际目标设置了障碍,但它还是接受了该体系的制约,并力图在不推翻全球秩序的情况下对该体系实施改革以适应自身实力增长的需求。巴西表示应修订全球秩序的某些方面,以更充分地反映发展中国家的利益。为了更明确地支持发展中国家,它还试图修订目前的准则,如强化主权平等规则或要求强国遵守规则。因此,巴西外交政策所倡导的修正主义对现任强国的优先权提出了挑战。很显然,现任强国并不都同样忠于自由安全、政治、经济和社会原则,这一点从美国、法国、英国和中国迥然各异的表现即可看出。但是它们对巴西将主权平等视为有效而非象征性的规则这一主张均持反对态度。在下面的章节中我们将看到,现任强国的反对如何影响巴西的行为,以及强国的反对和巴西战略错误的综合因素如何导致它在崛起之路上屡次失败且依然面临困难。

---

① 《国防战略》(*Estratégia Nacional de Defesa*),见 www.infodefensa.com/wp-content/uploads/EstrategiaNacionalDefensa_Brasil1.pdf。
② 小约翰·保罗·阿森纳(João Paulo Alsina Jr.):《白河、大战略和海军实力》("Rio Branco, Grand Strategy and Naval Power"),《巴西国际政治》(*Revista Brasileira de Política Internacional*),2014 年第 57 卷第 2 期,第 9—28 页。
③ 海军少将格莱美·马托斯·德·阿波若(Guilherme Mattos de Abreu),海军战争学校(第 7 届国防学术会议),www.mar.mil.br/en/REVISTA_VILLEGAGNON_2010_Suplemento_Ano_V.pdf。

绘制巴西的崛起之路

　　2016 年,巴西在过去 20 多年中试图崛起成为强国的努力再次陷入停滞。[①] 在这 20 多年间,巴西谋求在现行国际秩序旨在调控的各关键领域中发挥作用:如国际安全、国际经济和全球公域。巴西期望在国际安全中扮演更有影响力的重要角色,然而该抱负却因无法在联合国安理会获得常任理事国席位而受阻。即使巴西在全球贸易等问题的强国谈判桌上占据一席之位,也不足以阻止其他强国将话题讨论转移到完全不同的机构范畴中,例如,将话题由巴西起领导作用的世贸组织转至将巴西排除在外的跨太平洋伙伴关系以及跨大西洋贸易和投资伙伴关系。

　　正如我们在本书中所揭示的,巴西在 21 世纪初试图崛起却遭遇失败的经历反映了一种历史模式:周期性有利的国际条件和/或国内条件的综合作用使巴西领导人希望并相信巴西的强国抱负是可能实现的。巴西希望在自由国际秩序面临巨大挑战的时候——如"一战"和"二战"——之后实现崛起,当时它认为其软硬实力所产生的边际贡献对这些全球斗争的获胜者具有外在重要性。它还试图在自由国际秩序似乎敞开大门迎接改革和修订之际崛起,如 20 世纪 70 年代美国越战失败之后以及 21 世纪初美国从伊拉克撤军之后。

---

① 奥莉薇·施廷克尔(Oliver Stuenkel)和马修·M.泰勒(Matthew M.Taylor):《国际舞台上的巴西:力量,观点和自由化国际秩序》(*Brazil on the Global Stage:Power,Ideas,and the Liberal International Order*),伦敦:帕尔格雷夫(Palgrave)/麦克米伦(MacMillan)出版社,2015 年。他们的研究指出了巴西在兴起过程中出现的反复及挑战,而我们的分析结论是巴西所具备的影响小于该文集中大多数作者所声称的程度(即便是在当前经济政治衰退之前)。我们还认为,巴西的失败对全球秩序的消极影响比这些作者的想象更甚。

然而巴西领导人却屡次发现自身实力不足,甚至缺乏平衡软硬实力的恰当策略,以至于无法迫使和吸引现有的强国将其纳入强国圈,或在新的国际秩序中采纳其修订建议。例如,20世纪70年代巴西通过发展大型国防工业和秘密核计划来提升硬实力,这些举动遭到了来自美国的反对和敌视。21世纪初巴西运用软实力干预全球安全和经济领域,甚至采取与其他新兴大国——如中国和印度——合作的方式,然而这些努力也劳而无功。国际环境不再有利于巴西,因易受经济和政治危机影响,其国内制度的弊端显得更为突出,这些因素进一步削弱了其崛起所需的软硬实力。

现如今,国际体系正在发生变化,使用软实力的环境不再"友好"。这一点从俄罗斯与格鲁吉亚和乌克兰的军事冲突中就可见一斑。此外,巴西自己的软实力也面临风险——过去十年的巨大经济成就促成了不平等及贫困的显著减少和中产阶级规模的扩张,但这一切皆因此次大规模的腐败丑闻而蒙羞,巴西的政治和经济精英们也均被卷入其中。

巴西实现强国崛起的抱负、尝试及最终的失败——特别是其最近所做的尝试,完全依赖其软实力——对国际关系理论有着重要的影响。本书的每一个案例分析均清楚地显示,对于领先强国可以违反规则而不用承担后果的国际秩序,巴西的领导人从未予以接受。我们认为,尽管通过软实力路径实现强国崛起存在一定可能性,但对于新兴大国来说这条道路实际上更为艰难。现任强国可能在国内政策和经济方面存在严重问题,但只要其拥有恰当的硬实力,它们依然具有全球影响力。普京领导下的现代俄罗斯就是一个最佳案例:尽管其经济日益紧张,政治渐趋专制,但因其拥有全面的核武器装备和复苏的常规军事能力,没有人会否认俄罗斯仍然是一个具有重要影响力的强国。软实力经常被政府误解为外交,实际上它是建立在国内模式吸引力的基础之上的。这意味着,像巴西这样的国家只有实现了长期稳定的而非周期性的有吸引力的国内政治、经济和社会秩序模式,它才可以采取软实力途径,否则其软实力途径将受限于国内局势的盛衰循环之中。

　　本书分析了巴西在不同时间阶段以及自由国际秩序最重要的各个领域中——安全、经济和全球公域——实现崛起的尝试。第二章回顾了巴西在20世纪努力施展其强国抱负并最终失败的历史,重点分析其在"一战""二战"以及20世纪70年代冷战高峰时期的外交政策。第三章剖析了过去二十年间巴西外交政策的起伏,从费尔南多·恩里克·卡多佐总统任期内开始上升,在路易斯·伊纳西奥·卢拉·达席尔瓦总统的领导下达到高峰,又在迪尔玛·罗塞夫就任的第二任期跌入谷底。在第四章中,我们将视线转至近期,分析巴西如何通过影响国际秩序的制定和国际安全实现其强国抱负的尝试。第五章阐述了同时期巴西在改革全球经济治理方面的努力。第六章重点介绍了巴西在维持国际制度以规范全球公域方面所起的作用,特别是它在近期崛起进程中提出的两个具有全球性影响力的提案:气候变化和全球互联网治理。在最后一章中我们进行了总结,回顾了巴西一直以来如何试图重构全球秩序,以及为何屡次以失败告终,并假设了巴西在未来可能实现强国崛起抱负的三种情景。

第二章

从历史的视角解读巴西的崛起尝试

　　长久以来,巴西始终怀揣强国情结。如巴西第一任驻美大使纳布科所说,"巴西一直以地域辽阔而深感自豪,并且对其强国崛起的预言坚信不疑"①。作为南美洲面积最大、人口最多的国家,自独立以来,巴西举国上下就将自身标记为一个具有发展潜力的强国,而非仅仅是地域概念上的大国。因与西半球其他区域国家的文化、语言和历史均不同,巴西一度被邻国视为潜在的强国,甚至被视为威胁。而巴西在南美洲的"强国"地位也使其在历史上成为现任强国在外交和经济方面关注的焦点。

　　尽管国内外一致看好巴西未来的强国前景,但它的崛起却缺乏传统路径所要求的实力,特别是军事和经济层面上的实力。巴西是一个被归于边缘国家圈的发展中国家,其经济传统上依赖于商品出口,而不是有利于军事力量发展的产业。技术上,巴西落后于发达国家,特别是在有助于增强其实力的

---

① 塞尔索·拉斐尔:《巴西的国际身份和外交政策:过去、现在和未来》("Brazilian International Identity and Foreign Policy: Past, Present, and Future"),美国文理学会会刊(*Daedalus*),2000 年第 129 卷第 2 期,第 207—238 页。

科学技术方面。军事上,巴西只是偶尔扮演举足轻重的角色,从现阶段来看,充当这种角色的机会更是寥寥无几。鉴于南美洲远离全球冲突集中的地缘政治中心,巴西在适度提升安全能力方面压力较小,而其实际发展已经超越了防范其较小邻国所需安全能力的界限。巴西希望借助与他国的伙伴关系向前迈进的步伐也因其不愿主权共享而受阻。此外,周期性的政治动荡和严重的经济危机也损毁了巴西的信誉和实力,导致其崛起进程被迫中断。

然而,巴西自 19 世纪独立以来就十分清楚,自身容易受到外部压力的影响,这也促使它更加渴望在国际体系内获得自主权。[1] 巴西在独立后不久,就受到来自欧洲国家的压力,这些国家要求它制定有利于它们的商业政策并给予外国居民特别优惠。19 世纪期间,英国是对巴西施压的主要国家,从巴西南部边界分歧至奴隶贸易问题均在其干涉范围内。[2] 19 世纪末和 20 世纪初期,巴西的橡胶产业繁荣一时,但随着欧洲殖民帝国在亚洲和非洲橡胶产业的兴起,其优势地位随之削弱。20 世纪初,巴西的咖啡产业蓬勃发展,其收入约占巴西对外出口收入的一半。巴西致力于扩大咖啡产业规模,但却遭到美国政府的反对。[3] 自此之后,巴西的商品出口就易受贸易条件变化的影响,且经常在经济危机期间为寻求外国金融机构的援助而被迫接受强加于己的各种条件。二流的经济和军事实力使巴西难以抵御国际压力,特别是在遭遇国内危机期间。

[1]　图鲁·威吉瓦尼(Tullo Vigevani)和加百利·塞帕鲁尼(Gabriel Cepaluni):《时代变迁中的巴西外交政策:寻求自治——从萨尔内到卢拉》(*Brazilian Foreign Policy in Changing Times:The Quest for Autonomy from Sarney to Lula*),马里兰兰哈姆:Lexington Books,2009 年。

[2]　丽塔·香农·克瑟(Rita Shannon Koeser):《巴西:当这里为黄金宝地之时》("Brazil:When El Dorado Was Here"),《巴西》,2003 年 9 月,http://www.brazzil.com/2003/html/articles/sep03/p124sep03.htm(2015 年 12 月 26 日访问)。

[3]　林肯·哈钦森(Lincoln Hutchinson):《巴西咖啡的"价格策略"》("Coffee 'Valorization' in Brazil"),《经济学季刊》(*Quarterly Journal of Economics*),1909 年 5 月第 23 卷第 3 期,第528—535 页;里昂·F.森斯堡(Leon F.Sensabaugh):《美巴关系中的咖啡信任问题:1912—1913》("The Coffee-Trust Question in United States-Brazilian Relations:1912 - 1913"),《西班牙美洲历史评论》(*Hispanic American Historical Review*),1946 年 11 月第 26 卷第 4 期,第480—496 期。

那么巴西是如何试图克服其抱负与实力之间的差距的？它抓住了国际秩序危机所带来的机遇，努力扩大其外交影响力。甚至在约瑟夫·奈提出"软实力"这一概念前，巴西就一直是这一概念的践行者。巴西将自己的国家定位设为提倡国家间平等、遵守国际法和以和平手段解决冲突等原则的倡导者。为了宣传这些原则，巴西加大文化输出，近期还在国内树立了民主、繁荣和社会包容的榜样。这种宣传方式对于想要获得类似地位的其他发展中国家而言，颇具吸引力。巴西还试图充分利用这种方式在重构国际秩序规则方面获得发言权。然而，作为一个潜在的规则影响者而非追随者，巴西只能接受国际体系中那些对国家主权伤害较小的规则。[①]

这一章节回顾了巴西历史上在国际体系中崛起的尝试。本章首先分析了巴西帝国(1819—1989)形成时期在巴西发酵的强国情结，接着回顾了巴西施展其强国抱负并将自己视为有助于重构国际秩序的国家的三个阶段：作为美国盟友参加第一次世界大战；再次以美国盟友身份参加第二次世界大战；试图成为全球南方国家的领导者。此处全球南方国家主要指位于南半球且在20世纪60年代后对超级强国持批判态度的发展中国家。可是巴西的每一次尝试均以失败告终。即使当巴西在国际体系中占据着天时条件时，其战略和实力也不足以使其实现崛起的梦想。另外一种情况是，巴西的崛起也受制于其国内的动荡局势。

巴西强国抱负的形成：从帝国时期到共和国时期

在形成强国抱负之前，因与其邻国存在诸多差异，巴西在南美洲的地位

---

① 威吉瓦尼和塞帕鲁尼：《时代变迁中的巴西外交政策》。

故而得以确立。巴西曾是葡萄牙的殖民地,历史上就与西语邻国处于竞争关系。实现独立后,巴西走出了一条同邻国不同的建国之路。巴西和平地建成了一个由最高权威统治的帝国,这一点同其邻国形成了鲜明对比,后者独立后大多建成了共和国体制,甚至是独裁统治。与此同时,南美洲的西班牙殖民地国家经历了 20 年的独立战争和随之而来的权力纷争。巴西精英们将自己与南美洲其他国家进行了对比,他们将自己国家视为一个稳定、文明的国度,而其他国家在他们看来则是些充斥暴力且难以控制的共和国。作为南美洲当时最大且统一的帝国,巴西同 10 个国家接壤,因此在区域事务上不可避免地发挥着举足轻重的作用,这也引发了巴西与其他国家的相互质疑。巴西与阿根廷之间存在着紧张的竞争关系,后者一直将自己看作南美大陆的另一领导者。二者之间的对抗持续了 150 年之久,它们的竞争体现在多个方面,如对接壤邻国的影响力、外国投资、现代军事能力和区域优势等。[1]

巴西的邻国并不认同其自视为文明、和平国家的观点,某些国家的独立后领导人甚至提出,巴西的君主制政府可能是欧洲专制主义回归的桥头堡。[2] 巴西 19 世纪的经济仍然依赖于奴隶制,在早已禁止该制度的南美西语国家看来,这是巴西的另一污点。巴西的庞大国土规模使其他西语共和国深感威胁,这一点从巴西同其南部邻国乌拉圭和阿根廷间爆发的乌拉圭战争(1825),以及随后的巴拉圭战争(1866—1870)可以看出。19 世纪期间,巴西与其他南美各国相互猜忌,缺乏信任。

然而,与南美洲其他国家相比,巴西在这段时期的国内稳定状况令人艳羡。巴西的相对稳定是确保其领土完整的重要因素。相比之下,大哥伦比亚于 1831 年分裂成哥伦比亚、厄瓜多尔和委内瑞拉;秘鲁—玻利维亚联邦

---

[1]　罗伯特·N.布尔(Robert N.Burr):《19 世纪南美洲的权力平衡:探索性随笔》("The Balance of Power in Nineteenth-Century South America: An Exploratory Essay"),《西班牙美洲历史评论》,1995 年第 35 卷第 1 期,第 37—60 页。

[2]　罗恩·L.赛金杰:《19 世纪 20 年代南美洲的权力政治》("South American Power Politics during the 1820s"),《西班牙美洲历史评论》,1976 年第 56 卷第 2 期,第 241—267 页。

(1836—1839)也只维持了三年时间。巴西的领土稳定性是殖民化进程的产物,跟西班牙在南美洲的殖民进程相比更为渐进、社会排斥性更低,其独立很大程度上是通过双方协商而获得的。1807 年,面对拿破仑军队入侵的威胁,葡萄牙皇室逃到了巴西。1822 年,佩德罗一世在其父若昂六世回到葡萄牙之后宣布巴西独立。不同于南美大陆昔日的西班牙殖民地国家,巴西独立时面临的来自其殖民统治者的阻力很小。这一点确保了殖民时期和独立后时期精英阶层的连续性,也保证了巴西同其宗主国葡萄牙之间持续且强有力的联系。巴西帝国在 19 世纪演变为君主立宪制国家,即使在 1889 年被共和国取代,其政治变革也并未像昔日的西班牙殖民地国家一样导致大规模的暴力冲突。巴西在初始阶段的政治稳定是确保其拥有广袤疆域并获得发展为世界强国潜力的重要因素。[1]

国土规模、差异性和脆弱性等综合因素形成了巴西精英对其国家世界地位的看法及外交观念。在他们看来,巴西规模虽大但比较脆弱,人口相对较少(巴西独立时人口为 400 万),并且其腹地人烟稀少。巴西精英们将自己看作是欧洲而非拉丁美洲文明的一部分,他们向欧洲的文化、科学和教育看齐。19 世纪和 20 世纪初期,巴西的外交官大多来自传统精英阶层,代表着这个阶层的价值观。[2]这就促使这一时期的巴西外交官在其外交政策中更加关注巴西的欧洲贸易伙伴,如英国、法国和德国。

这些贸易大国对于巴西融入全球经济至关重要,但与此同时,也阻碍了巴西发展与之相关的技术和产业。巴西的农业经济主要集中于大量的初级产品出口,其主要产品是糖、橡胶和咖啡,这促进了不同地区的经济发展。这种经济发展模式吸收了绝大部分资本,以致巴西几乎没有资本可以用于工业

---

[1]　莱斯利·贝瑟尔(Leslie Bethell):《巴西:帝国和共和国》(*Brazil:Empire and Republic*),剑桥大学出版社,1989 年。

[2]　杰夫瑞·D.尼德尔(Jeffrey D.Needell):《国内的文明使命:巴西政府的文化角色,1808—1930》("The Domestic Civilizing Mission:The Cultural Role of the State in Brazil,1808 -1930"),《葡萄牙—巴西评论》(*Luso-Brazilian Review*),1999 年,第 1—18 页。

和科学投资。因此,巴西经济仍处于欠发达水平,其经济活动模式极其不均衡。大宗基础设施的支出主要集中在商品出口商所在地区,其规划目的是考虑如何将产品运到出口港口而不是连通全国的不同区域。[①] 直至 20 世纪,巴西几乎所有的中间产品和成品——包括军事装备在内,仍然都依赖于进口。这种进口需求使得巴西容易受制于强国,特别是英国,后者可以轻易对其国际贸易和经济发展造成影响。

因此,对于巴西而言,欧洲强国——重要的外国投资者和贸易伙伴——既带来了机遇,也对其主权和自治权形成了威胁。[②] 例如,英国与巴西一方面保持经贸关系,另一方面两国围绕奴隶制的摩擦也持续不断。由于依赖种植园经济模式,巴西对非洲奴隶的需求长期存在。而英国却一直致力于废除奴隶制,所以英国海军在 19 世纪后半叶经常与南大西洋的巴西奴隶贸易商发生冲突。[③] 此外,英国还特意插手巴西政治,在废除奴隶制和谋求商业利益方面向巴西施压,巴西对此却无力反抗。[④]

鉴于国力有限,如何保护本国的身份和领土完整免受欧洲影响,这对巴西而言是一项难题。巴西最初通过与美国建立密切关系来解决这一难题。19 世纪,巴西与美国的联系主要基于三个主要因素。首先,巴西认为两国都具有局外人的身份,因为它们既不属于西语世界,也不属于以欧洲为中心的

---

① 纳撒尼尔 • H. 莱夫(Nathaniel H. Leff):《巴西的经济发展,1822—1913》("Economic Development in Brazil, 1822—1913"),见史蒂芬 • 哈勃编:《拉丁美洲是如何落后的》(*How Latin America Fell Behind*),斯坦福大学出版社,1997 年,第 34—64 页。

② 若泽 • 霍诺瑞奥 • 罗德里格斯(Jose Honorio Rodrigues):《巴西外交政策的基础》("The Foundations of Brazil's Foreign Policy"),《国际事务》(英国皇家国际事务研究所 1944—),1962 年第 38 卷第 3 期,第 324 页。

③ 阿图尔 • 特拉佐拉 • 桑托斯(Artur Tranzola Santos)和大卫 • 阿姆斯坦特 • 马格拉斯(David Almstadter Magalhae):《1845 年后的巴英关系及奴隶交易:阿伯丁法案和欧塞比奥 • 德盖伊罗斯法》(*Brazil-England Relations in the Post-1845 and the Traffic in Slavery:The Bill Aberdeen and the Eusébio de Queirós Law*),Universidade Anhembi Morumbi(出版日期不详)。

④ 莱斯利 • 贝瑟尔(Leslie Bethell):《巴西和奴隶贸易,1827—1839》("Brazil and the Slave Trade,1827-1839"),见莱斯利 • 贝瑟尔编:《巴西奴隶贸易的取缔》(*The Abolition of the Brazilian Slave Trade*),剑桥大学出版社,1970 年,第 62—87 页。

世界秩序体系。鉴于二者在各自半球均为局外人的身份,巴西认为与美国的关系可以帮助它成为拉丁美洲的领导者,并获得欧洲国家的认同。此时欧洲已经开始承认美国逐步提升的地位,而巴西希望在欧洲国家眼中获得与美国同等的地位。[①] 其次,美国以工业为主导的经济和巴西以初级产品为重点的经济形成互补,为两国的密切联系提供了强有力的物质基础。第三,两国均怀疑欧洲对西半球有所企图。因此,巴西是西半球唯一支持美国"门罗主义"的国家。"门罗主义"要求欧洲国家不再涉足西半球的事务。巴美两国持续保持密切往来,包括在 1905 年互派大使,而当时只有最发达的国家之间才会互相设置大使馆。[②] 巴西时任外交部长里奥·布朗科男爵(1902—1910)将与美国建立牢固关系视为其外交政策的基石,这也奠定了巴西在未来 50 年的外交导向。

巴西在塑造其国际身份的同时,也改变了处理区域争端的战略。在早期阶段,巴西依靠军队来保护其边界。1825 年,巴西起初对乌拉圭的独立进行军事干预,想阻止其独立,后来被得到英国支持的阿根廷击败。1866 年,巴西还在三国同盟战争期间动用军事力量保卫其国土边界和乌拉圭免遭巴拉圭人侵,这场消耗巨大、残酷可怕的全面战争持续了四年之久。[③] 在巴西的精英们看来,这场战争给巴西社会和国家财力造成了极大的破坏。有人认为,正是这些亲身体验导致巴西军队中滋生了民族主义情绪,并在军官们的呼应下

① 约瑟夫·史密斯(Joseph Smith):《不平等的巨人:美国和巴西的外交关系,1889—1930》(*Unequal Giants:Diplomatic Relations between the United States and Brazil,1889-1930*),匹兹堡大学出版社,1991。

② 福利德瑞克·威廉·甘泽特(Frederic Willian Ganzert):《白河男爵—约赫姆·纳博科和巴美友谊,1900—1910》("The Baron do Rio-Branco, Joaquim Nabuco, and the Growth of Brazilian-American Friendship, 1900-1910"),《西班牙美洲历史评论》,1942 年第 22 卷第 3 期,第 432 页。

③ 赛金杰:《19 世纪 20 年代南美洲的权力政治》。

最终于 1889 年推翻了巴西帝国。[①]

有了这些前车之鉴,巴西开始转向借助外交手段缓和区域紧张局势。然而,19 世纪末,巴西鲜有机会也缺乏能力实现外交成功。巴西经历了帝国到共和国的艰难过渡,巴西领导人被迫将目光转向国内,在 1889 年至 19 世纪末期间专注于恢复国内的稳定局面。针对巴西帝国第二位皇帝佩德罗二世的政变揭露了平民和军事精英之间的紧张关系,撰写新宪法的争论导致了两派之间的政治动乱,一方是寻求军事独裁统治的共和派,而另一方则是对共和和民主抱有更为激进观点的平民派。巴西新共和国诞生之初,联邦政府和各州之间正处于紧张状态,南部各州如巴拉那州、圣卡塔利娜州和南里奥格兰德州甚至出现了叛乱。1894 年,海军部队与里约热内卢当局之间爆发了冲突。巴西最终达成了可行的后帝国时期制度方案——"州长政治"制度,这揭示了当时各州与联邦政府之间的权力对抗。[②] 那时巴西并没有参与重要的国际外交会议,如 1899 年在海牙举行的第一次国际和平会议。由于国内动荡,巴西在无力重构全球秩序的情况下,并不愿承认这个巴西缺席的国际秩序的合法性。[③]

19 世纪末,巴西的经济呈现不平衡式增长,这不仅体现在增长速度方面,也体现在各区域经济发展方面。巴西大体上仍然是个农业国家,只有 10% 的人口居住在城市里。随着经济从奴隶制过渡到自由劳动力制度,巴西

[①] 彼特·威尔斯(Peter Wilson):《拉丁美洲的全面战争:彼特·H.威尔斯重温三方联盟战争,拉丁美洲最血腥的冲突》("Latin America's Total War: Peter H.Wilson Revisits the War of the Triple Alliance, Latin America's Bloodiest Conflict"),《历史上的今天》(*History Today*),2004 年第 54 卷第 5 期,第 52—59 页。

[②] 贝瑟尔:《巴西:帝国和共和国》,第 212—213 页。

[③] 詹姆斯·布朗·斯科特(James Brown Scott):《海牙条约和 1899 及 1907 宣言:附签名表、批准书、各方联盟计划及保留意见文本》(*The Hague Conventions and Declarations of 1899 and 1907: Accompanied by Tables of Signatures, Ratifications and Adhesions of the Various Powers, and Texts of Reservations*),卡耐基国际和平基金会国际法司、牛津大学出版社美国分社,1915 年,第 vi 页。

的精英们支持大量引入来自欧洲和亚洲的高层次外国移民,以降低劳动力成本。尽管与阿根廷和智利相比,巴西的出口量占国内生产总值的比重略少,但其出口却是国民经济和政府税收的重要组成部分。[1]橡胶和咖啡等商品周期性的繁荣——萧条循环也引起了出口量的波动,这两种商品的出口在1913年至1914年间占巴西出口量的近80%。[2] 巴西于1906年筹划实施"加价"计划,旨在限制并调控咖啡的生产以获取更高利润。但是这一计划却因美国和欧洲的反对而流产。此次教训使巴西的咖啡行业领导者们清醒地意识到国际影响力的重要性。国际贸易和外商投资将巴西同英国、法国和德国紧密地联系在一起。铁路的外来投资是出口增长的关键,对经济发展至关重要,但也加深了巴西在资本、技术和知识方面对外部力量的依赖。[3]

　　直至20世纪初,巴西通过和平外交解决国际争端的传统才得以巩固。[4]巴西外交之父里奥·布朗科男爵运用外交手段确保巴西边界不失,从而使巴西通过和平手段获得了超过法国领土面积的疆域。他也因此成名并被国人铭记。他与美国和欧洲国家保持密切合作,将巴西的边界争端提交至国际仲裁。巴西不接受西班牙殖民时期的边界划分标准——即现行的依法占有原则,而是支持有效控制原则。它竭力推动按照领土实际控制权的准则解决边界争端,反对殖民地边界的继承制度。[5] 巴西说服国际仲裁员接受了这一准则,为国际法做出了贡献。这种外交成功深深植根于巴西的国际基因中,并

① 莱夫:《巴西的经济发展,1822—1913》。

② 比尔·阿尔伯特(Bill Albert):《南美洲和第一次世界大战》(*South America and the First World War*),剑桥大学出版社,1988年。

③ 伯撒·K.贝克(Bertha K.Becker)和克罗迪奥·A.G.艾戈勒(Claudio A.G.Egler):《巴西:世界经济的新地区强国》(*Brazil: A New Regional Power in the World Economy*),剑桥大学出版社,1992年,第18—19页、第37页。

④ 在这一时期,巴西仅有一次通过武力胁迫的方式解决领土争端,即1906年的"阿克里战争"(Acre War)。巴西向有争议的领土派驻部队,迫使玻利维亚承认巴西对该地区的事实占有权。

⑤ 赫克托·格罗·艾斯贝尔(Hector Gros Espiell):《拉丁美洲的领土纠纷及争端解决方案》(*Conflictos Territoriales en Iberoaméricay Solución Pacíca de Controversias*),马德里:西班牙文化出版社(Ediciones Cultura Hispánica),1986年。

由位于巴西利亚伊塔马拉提宫（the Palace of Itamaraty）的巴西外交部的历代外交官传承下来，形成了当今巴西外交取向的基础。巴西的强国抱负无疑是在一个封闭的政治体制中滋生出来的。在该体制中，国家的对内和对外政策的决策权掌握在精英阶层和军队手中。[1]然而，巴西的强国信念却随着时间的推移被深植于全社会，成为大众接受的理想目标，甚至一直延续至后民主时期。[2]

巴西的这些身份要素——视己为强国的自我认知，类属西方世界的身份，无法有效防范欧洲干预和世界经济变化的脆弱性，利用外交手段保护自己的成功经验——都有助于塑造它在国际领域的强国抱负。从本质上讲，加入强国的权力圈被巴西视为确保世界秩序更有利于自身利益的一种手段。它倡导国际法，倡导各国之间的平等关系和互不干涉政策，旨在推动建立一个于己有利的世界秩序，尽量降低面对西方势力干预的脆弱性，并将外交手段作为国际政治管理的首选。

巴西、第一次世界大战和国际联盟

第一次世界大战及随后为建立新的世界秩序而进行的谈判为巴西施展其强国抱负提供了第一次机会。"一战"后，欧洲的外交格局发生动摇，德国的优势地位受到遏制，美国的强国地位得以奠定。"一战"后的全球外交，特

---

[1] 阿玛多·路易斯·瑟沃（Amado Luiz Cervo）和克罗多尔多·布埃诺（Clodoaldo Bueno）：《巴西外交政策史》(*Historia da Politica Exterior do Brasil*)，圣保罗：阿提卡出版社（Atica），1992 年。

[2] 安娜·L.科伦娜（Anne L.Clunan）：《巴西的民族身份及世界角色：全球性，本地性还是什么？》("Brazil's National Identity and World Role: Global, Local, or What?")，2015 年国际研究学会年度会议宣读论文，新奥尔良，2015 年 2 月 18—21 日。

别是围绕国际联盟的形成和运作的讨论,为巴西所倡导的全球政治理念——即不干涉主义和平等的国家关系——搭建了平台。

巴西之所以选择上述政治理念,是鉴于自身曾是世界强国——特别是19世纪的英国——的施压对象的经历。历史上英国曾一再对巴西进行干预,乌拉圭的独立就是其中一个例证。尽管巴西、阿根廷和当地居民对乌拉圭所在区域的归属权存在争议,但在英国的干预下,乌拉圭于1828年获得独立。欧洲国家——特别是英国,在奴隶制、贸易和市场优先准入权等方面,一再对巴西施压。因此,从巴西的角度来看,将主权平等和不干涉原则纳入新的国际秩序是一个重要目标,这一点不足为奇。虽然强国仍有足够实力对巴西和其他发展中国家进行干预,但如果这一原则被纳入国际秩序,至少能证明这种干预是偏离国际秩序规则的做法,而非欧洲帝国主义强国所声称的权利。值得注意的是,美国也曾提出类似观点。1899年美国国务卿约翰·海斯呼吁对中国采取"门户开放"政策,即允许所有国家进入中国市场,而不是像欧洲主张的那样划分势力范围。但与巴西不同的是,美国相当乐于对弱势国家实施干预,例如1898年干预西班牙以及20世纪反复干预中美洲和加勒比地区。

"一战"前,巴西因新政治制度巩固和经济增长恢复而获益良多。当时巴西从19世纪末的动荡中恢复过来,国内秩序重归稳定,于是开始重新参与全球外交。在地方政府层面,各州政府越来越深谙维持社会稳定的关键。巴西军队规模仍然较小且资金不足,尤其是和国民警卫队(包括经济精英成员)及联邦中富裕地区的警察部队相比——如圣保罗州的警力。[①] 军队在恢复和维持国内秩序的同时,注重加强军事训练、教育和国防能力。财富的增长促

---

① 弗雷德瑞克·M.努恩(Frederick M. Nunn):《巴西的军事职业化和职业军国主义(1870—1970):历史视角和政治意义》("Military Professionalism and Professional Militarism in Brazil, 1870—1970: Historical Perspectives and Political Implications"),《拉丁美洲研究杂志》,1972年第4卷第1期,第29—54页。

进了海军力量的扩张,巴西海军在这一时期订购了两艘当时最大、最现代化的无畏舰。与此同时,巴西对其国内稳定充满信心,并开始参与欧洲外交,最明显的例子是参与 1907 年召开的第二次海牙和平会议。

从 1914 年 8 月第一次世界大战爆发至 1917 年,巴西一直保持中立。巴西之所以保持中立,主要是基于两个原因:一是因为它不愿参与军事冲突,二是因为"一战"的主要参与国在巴西的国内政治中发挥着重要作用。一方面,巴西与德国有着紧密的联系,巴西南部居住着大量的德国移民。同时德国军队在巴西军方也颇有影响力,一直负责巴西军官的培训。巴西军队一度在圣卡塔琳娜州面临旷日持久的民事暴动,这场冲突被称为"回应战争"(Contestado),巴西军队装备不足的问题也因此而凸显。在国内外安全双重危机的压迫下,巴西的军民关系面临极大压力,此时德国为巴西军方提供的培训和武器就显得尤为重要。[①] 另一方面,巴西还极度依赖英国,后者为其国际贸易提供资金以及超过 50% 的外国直接投资,这两点对于巴西以出口为主的经济来说也至关重要。

由于同时依赖德国和英国,这使得巴西在交战的强国之间处于异常尴尬的地位,对其经济也产生了负面影响。协约国将巴西视为食品安全的重要来源,特别是对英国来说,巴西一直是其冷冻牛肉进口的主要供应国。然而,不幸的是,咖啡作为巴西最大的出口商品,却被英国认为是非必需品,其出口因而受到很大影响。[②] 为了减少不必要的进口,英国对从巴西进口来的咖啡指定了低运输配额,还禁止巴西将咖啡出口至德国——巴西咖啡的主要出口市场之一。同时,德国不断在大西洋海域增加对巴西船舶的潜艇攻击。由此可见,英国和德国的政策都不利于巴西的出口经济。

1917 年,巴西决定不再容忍德国对其商船的攻击,于 1917 年在美国因类

---

① 弗雷德瑞克·M.努恩:《巴西的军事职业化和职业军国主义,1870—1970:历史视角和政治意义》,第 29—54 页。

② 阿尔伯特:《南美洲和第一次世界大战》。

似原因宣战后不久也向同盟国宣战。然而,巴西很快发现,受制于自身的军事实力,巴西能为盟军所做的贡献极其有限。一方面,它没有值得称道的军工业。另一方面,虽然德国是其敌对国,但巴西大多数的军事装备都来自德国,并且其军队中威望较高的军官在战前也受训于德国。[①] 因此,加入协约国就意味着要与德国为敌,而先前由德国提供的军需品、装备以及军官培训也都将与之无缘了。

总体来说,巴西军队组织不善,且过于官僚和松散,这为巴西有效参与盟军设置了一道几乎不可逾越的障碍。最终,巴西组织了一支医疗队,这支医疗队服役于西部阵线。巴西还派出军官与法国军队一起作战,为组织自己的远征部队做准备。此外,它还在南大西洋部署了一个海军中队参与反潜作战,这一中队由英国指挥。战争对巴西来说结束得太快,它甚至还来不及为地面战争做出有价值的贡献。由于受到西班牙流感疫情的严重影响,巴西的海军中队在自由港,也就是今天的塞拉利昂,停泊不到一个月,就有 100 名船员先后丧生。[②]

随后的和平谈判证明,巴西为盟军胜利所做贡献的局限性却将对其产生深远的影响。由协约国组成的战后集体安全机构促成了国际联盟的建立。然而,巴西认为,有关《凡尔赛条约》和国际联盟的谈判在最初确实起到了积极的作用。作为战胜方国,巴西在凡尔赛和平谈判中获得了重要的代表席位。此外,它还当选为国际联盟第一届理事会成员。

巴西希望能够获得国际联盟理事会的常任理事国席位,该席位最初是为获胜强国预留的。巴西寄希望于通过其对协约国军事和经济上的支持而获得该席位。但其外交官却发现,其他强国并不承认巴西的强国地位,甚至其他南美洲国家也不承认巴西是该地区的领导或代表,而巴西自身的能力也不

---

① 史丹利·E.希尔顿:《现代巴西的武装力量和实业家:军事自治的动力》,《拉丁美洲评论》.1982 年第 62 卷第 4 期,第 629—673 页。

② 阿尔伯特:《南美洲和第一次世界大战》。

足以迫使他国认同它的这一地位。[①]

巴西随即发现,它制定有关《凡尔赛条约》和战后环境的决策权受到了强国的阻碍,无法充分参与国际讨论。当时的欧洲局势复杂,许多新国家相继独立,边界争端不断。但无论是关于战后欧洲秩序,还是关于全球主权和人民自决权的讨论,巴西的参与都十分有限。巴西还发现,它对德国的赔偿要求遭到忽视。于是它最终被迫与德国直接谈判以解决索赔问题,并通过没收德国战前在巴西铁路和通讯领域的投资作为赔偿。[②] 同样,在巴西看来,战后裁军议程,特别是 1922 年华盛顿海军会议上所形成的限制海军军备条约,其主要目的就是将新兴大国永远置于从属地位。

巴西对南美大陆上的其他小国也心怀戒备。它认为其西语邻国不断暗中作梗,妨碍巴西获得国际联盟的常任理事国席位。[③]它对阿根廷的意图尤为关注,认为后者有扩张主义倾向。巴西外交官和军官们认为,阿根廷在 20 世纪 20 年代大幅增加军事支出印证了他们的这一看法。[④]

巴西继续不遗余力地为国际联盟的常任理事国席位而抗争。然而,在强国眼中,巴西仅被认定为一个小国,进而将它排除在与其国际联盟地位相关的所有审议之外。以瑞士外交部长朱塞佩·莫塔为首的联盟委员会建议为波兰、巴西和西班牙三国设立半常任理事国席位,但条件是它们必须能够在三年一次的票选中获得三分之二的投票以保留其席位。1926 年,当战败国德

[①]　史丹利·E.希尔顿:《巴西和后凡尔赛条约世界:精英形象与外交政策战略,1919—1929》("Brazil and the Post-Versailles World: Elite Images and Foreign Policy Strategy, 1919—1929"),《拉丁美洲研究杂志》,1980 年第 12 卷第 2 期,第 351 页。

[②]　斯特凡·瑞克(Stefan Rinke):《德国和巴西,1870—1945:空间的关系》(*Germany and Brazil, 1870 - 1945: A Relationship between Spaces*),巴西里约热内卢:História, Ciências, Saúde—Manguinhos,2013 年(www.scielo.br/hcsm)。

[③]　戴尼斯·P.梅尔斯(Denys P.Myers):《国际联盟理事会的代表权》("Representation in League of Nations Council"),《美国国际法杂志》(*American Journal of International Law*),1926 年第 20 卷第 4 期,第 689—713 页。

[④]　希尔顿:《巴西和后凡尔赛条约世界》。

国获得国际联盟常任理事国席位时,巴西愤然退出国际联盟,成为最早退出该联盟的国家之一。这是对巴西力图在欧洲主宰的国际联盟中施展其强国抱负的最后一记打击。[①]

回顾过去,巴西施展其强国抱负的首次尝试是不成熟的。就硬实力而言,巴西在这一时期仍然相当薄弱。它的军队缺乏在其边界之外进行任何战略部署的能力,其经济还高度依赖向欧洲出口,容易受到战争的影响。更令人担忧的是,阿根廷同时在崛起,据许多外部观察家——包括巴西人在内——的观点,阿根廷是一股更为重要的军事力量。[②] 然而,巴西确实意识到,在全球冲突的动荡中同时蕴藏着机会。在德国、奥匈帝国和俄罗斯这样的强国没落之际,其他国家——如美国——已然崛起。在此背景下,巴西尝试利用其外交打开一个狭窄的缺口,期望借助其对协约国的支持提升自己的国际地位。

此处我们必须回顾一段重要的历史:在1926年国际联盟的谈判中,当时的强国曾向巴西做出妥协,提议巴西担任半常任理事国,而巴西则拒绝了这一从属地位。在巴西看来,一旦接受这一席位就意味着官方承认自己不是强国。虽然这只是一种象征性的行为,却代表了巴西精英们的信念,即他们的国家应获得与其他强国平等的地位。但巴西实际上也为此付出了代价,因为即使是半常任理事国的席位也表明了其国际地位的提高。然而,巴西对理事会成员国非此即彼的立场或许远非坚持原则那么简单,因为它的外交官们也意识到,一旦巴西接受了半常任理事国地位,再重新提出常任理事国的要求将非常困难。巴西提出担任常任理事国的要求是基于其在"一战"期间的协

---

① 大卫·卡尔顿(David Carlton):《大英帝国和1926年国际联盟危机》("Great Britain and the League Council Crisis of 1926"),《历史杂志》(*Historical Journal*),1968年第11卷第2期,第354—364页。

② 史丹利·E.希尔顿:《21世纪巴西外交战略中的阿根廷因素》("The Argentine Factor in Twentieth-Century Brazilian Foreign Policy Strategy"),《政治科学季刊》(*Political Science Quarterly*),1985年第100卷第1期,第27—51页。

约国地位,据此我们可以假设,如果要从半常任理事国转为常任理事国,巴西需要新的实力增长或是对该体系产生重大影响。这些影响对巴西有利,但目前却无法预见。此外,巴西竞争常任理事国席位的失败加强了巴西与美国密切合作的外交趋向,后者同样不属于国际联盟成员国,且对"一战"后的欧洲外交同感失望。

两次世界大战之间的中间时期:巴西崛起的国内局限性

巴西首次施展强国抱负失败不仅是因为受到国际联盟的影响,也应归咎于国内的动荡局势。这一时期巴西城市工人运动日益壮大,大量移民于"一战"前后涌入巴西,特别是来自东欧和中东的新移民,这些都使巴西的传统精英们倍感威胁。他们认为劳工威胁和移民威胁相互关联,因此开始对二者采取更加严格的限制政策,包括流放和驱逐那些不受欢迎的人。[1]

此外,年轻军官和高级军官之间的关系日益紧张,最终导致了 1922 年的里约叛乱和 1924 年的圣保罗叛乱。这一由初级军官主导的运动被称为"尉官派运动"(Tenentistas)。巴西当时的军官团体大部分来自巴西东北部地区少量仅存的农业寡头以及巴西南部的第二代移民,并不代表整个国家的利益,也缺乏内部凝聚力。借助"一战"前德国的帮助及战后法国的援助,巴西军队实行了改革,催生了一批新生代的年轻军官。和高级军官相比,他们接受过更好的教育,专业素养更高,并有意愿改变巴西及其军队。但他们发现他们的晋升和前途受制于高级军官,后者之所以能任职依靠的是社会关系而

---

[1]　约吉尼奥·V.加西亚(Eugenio V. Garcia):《巴西寡头的反革命外交,1919—1930》("Antirevolutionary Diplomacy in Oligarchic Brazil, 1919 - 1930"),《拉丁美洲研究杂志》,2004 年第 36 卷第 4 期,第 771—796 页。

非自身的能力。而对于高级军官而言,退休后的前景暗淡,所以他们拒绝为年轻军官们让位,想尽可能长久地保持现有职位。[1]

参与"尉官派运动"的叛乱军官在巴西内陆展开了长时间的游行示威活动,希望借此煽动针对政府的平民暴动。在大片落后内陆地区的反叛经验促使他们形成了发动"中产阶级"革命以推动社会经济变革的意愿。叛乱分子最终在 1927 年放下手中的武器,但那时他们已经与批判当权制度的民间势力建立了重要的联系,这为后来的革命创造了条件。[2]

政治动荡最终导致旧共和国在 1930 年的革命中垮台。热图利奥·瓦加斯,这位曾经参与"尉官派运动"的政治家,在 1930 年大选失败后,指控大选获胜者舞弊并以此为由发动了叛乱。以瓦加斯为首的革命运动将来自南部的批判者们同"尉官派运动"中的年轻军官们汇集在一起,前者由对共和国政府持传统批判态度且背景各异的人群组成。他们对高级军官和地方权贵所奉行的庇护政治进行了抨击,竭力推动有利于新兴中产阶级的改革。随着正规军于 1930 年 10 月加入革命并支持瓦加斯,这场叛乱正式宣告结束。[3] 国内动乱不仅使巴西无法施展其强国抱负,还让巴西无力招架 20 世纪 30 年代强国之间的意识形态之争。

1930 年至 1945 年之间,巴西一直处于瓦加斯的独裁统治之下。他建立了著名的"新国家"(Estado Novo)专制政权,加强联邦政府集权,削弱地方势力。然而,瓦加斯耗费了近十年的时间来平息巴西的政治动荡,与此同时还需要应对愈演愈烈的左右政治派别斗争。瓦加斯最初鼓舞"尉官派"们去实现他们的革命目标。然而,由于缺乏经验,年轻的"尉官派"们及其盟友同许

---

① 阿兰·鲁基耶(Alain Rouquié):《拉丁美洲的军事和政府》(*The Military and the State in Latin America*),加利福尼亚大学出版社,1987 年,第 107 页,第 116 页。

② 努恩:《巴西的军事职业化和职业化军国主义,1870—1970》。

③ 约翰·D. 沃斯(John D. Wirth):《20 世纪 30 年代巴西革命中的中尉主义》("Tenentismo in the Brazilian Revolution of 1930"),《西班牙美国历史评论》(*Hispanic American Historical Review*),1964 年 5 月第 44 卷第 2 期,第 161—179 页。

多巴西精英们迅速隔裂开来，并导致了 1932 年在巴西圣保罗州——最强大最富有的州——发生叛乱。瓦加斯平息了这场叛乱，但为了预防更大的威胁，他在政治上开始向右派倾斜，注重国家主导下的发展模式和倾向于中产阶级的改革。[①]

这种转变加剧了瓦加斯与劳工运动和巴西共产党的冲突。左、右两翼活动家的街头暴力对抗愈演愈烈，并波及巴西各大主要城市。1935 年，巴西左翼在"民族解放同盟"（ANL）的旗帜下汇集一起，共同反抗 1932 年形成的效仿法西斯的"整体主义者"（Integralistas）势力。然而瓦加斯迅速对"民族解放同盟"实施了暴力镇压，其中包括早前支持他的"尉官派"成员。但很快"整体主义者"也对瓦加斯政权构成了威胁，特别是他们疑似与欧洲的法西斯主义存在联系。此外，纳粹德国将其势力渗透至巴西南部的巴—德民间组织，影响人群高达数十万。因此，瓦加斯于 1937 年开始禁止德国纳粹党及其附属机构在巴西的活动，并于次年禁止了"整体主义者"的行动。1938 年 5 月，"整体主义者"对瓦加斯政权发动政变，揭开了左右翼冲突的最后篇章。[②] 瓦加斯借此机会颁布了新法令，赋予总统拥有对谋害其性命者施以死刑且有权开除任何民事或军事政府官员的权利，从而使其政权得以巩固。[③]

然而，大萧条时期和 20 世纪 30 年代的国际政治动荡也为巴西提供了机会，使其能够在美国和德国两大新兴大国及现任强国英国之间周旋，挑起双方的对抗。20 世纪 30 年代，这三个国家都为在巴西获得更大影响力而相互

① 约翰·D.沃斯（John D.Wirth）：《20 世纪 30 年代巴西革命中的中尉主义》（"Tenentismo in the Brazilian Revolution of 1930"），《西班牙美国历史评论》（*Hispanic American Historical Review*），1964 年 5 月第 44 卷第 2 期，第 161—179 页。
② 弗兰克·D.麦克坎（Frank D.McCann）：《瓦加斯和巴西整体主义及纳粹党的毁灭》（"Vargas and the Destruction of the Brazilian Integralista and Nazi Parties"），《美洲》（*The Americas*），1969 年 7 月第 26 卷第 1 期，第 15 页。
③ 尼尔·罗切瑞（Neill Lochery）：《巴西：战争的财富：第二次世界大战和现代巴西的形成》（*Brazil：The Fortunes of War：World War II and the Making of Modern Brazil*），纽约：Basic Books，2014 年，第 11—33 页。

竞争。巴西是德国的主要商品进口来源国,特别是咖啡。[1]德国试图通过巴西南部的德国后裔及其作为巴西产品主要进口国的商业实力来扩大其影响力。英国想竭力保持在巴西的经济优势,同时也担心该国将受到其竞争对手的影响。由于经济大萧条的影响和来自美德两国的竞争威胁,英国已不复拥有19世纪所确立的经济主导地位。除了来自德国的威胁,英国也担忧美国和巴西可能结成泛美主义同盟,因为二者均渴望远离欧洲即将爆发的战争。[2] 事实上,20世纪30年代,随着欧洲爆发冲突的可能性逐渐增加,巴西被美国视作其潜在的盟友,认为该国具有重要的地缘政治意义。美国虽没有与巴西建立密切联系,却对瓦加斯政府抱以同情。但美国的外交官们认为,在整个拉丁美洲的大背景下,特别是鉴于巴西与阿根廷的竞争关系,对巴西提供过多支持可能会适得其反。由于巴西军中存在同情德国的亲德情绪,且巴西一直从纳粹德国购买军事装备,所以英国和美国对巴西是否会与欧洲法西斯势力站在同一阵营表示严重关切。[3]瓦加斯对此深表理解,他不顾来自国内左右两派的反对,调整了其外交政策及与德国的国际关系。这一政策调整既向美国表明了合作的兴趣,也显示了对美国未能及时驰援巴西的不满。

瓦加斯渴望制定更具民族主义倾向的外交政策以提升国家实力。[4] 他设定了两个主要目标:寻求对巴西工业化的支持及建设巴西军队。大萧条时期巴西商品的出口能力大大受限。咖啡价格下跌至大萧条前的三分之一,

---

[1] 弗兰克·D.麦克坎(Frank D.McCann):《巴西和第二次世界大战:被遗忘的联盟——你在战争中做了什么,泽·卡里奥卡?》("Brazil and World War II: The Forgotten Ally. What Did You Do in the War, Zé Carioca?"),《拉丁美洲和加勒比海跨学科研究》(*Estudios Interdisciplinarios de América Latina y el Caribe*),1994—1995年第6卷第2期。

[2] 杰森·穆勒(Gerson Moura):《1939—1950年间的巴西外交关系:"二战"期间及战后巴美关系的多变性》(*Brazilian Foreign Relations 1939 - 1950: The Changing Nature of Brazil-United States Relations during and after the Second World War*),巴西利亚:亚历山大·德·古斯芒基金会(Fundação Alexandre de Gusmão),2013年,第208—211页。

[3] 罗切瑞:《巴西》。

[4] 拉斐尔:《巴西的国际身份和外交政策:过去、现在和未来》。

导致巴西支付进口的能力降低,被迫实行外债重组。[1] 进口短缺为巴西基于
进口替代的有限工业化提供了初始动力,但在没有外部支持和技术的条件
下,巴西仍不能发展其重工业,特别是钢铁业。因此,即使工业规模扩大,商
品出口仍然是该国经济活动中更为倚重的部分。[2] 在整个 20 世纪 30 年代,
巴西仍然没有任何真正意义上的军事工业,其军队依然需要进口武器装备。
对巴西而言,即便是要保持在本地区的军事优势也绝非易事。虽然巴西的军
队规模是阿根廷的两倍,但后者在军队训练、装备和作战准备方面都优于巴
西。巴西的海军也无法与阿根廷的海军相抗衡。表 2 - 1 显示,1939 年巴西
海军与阿根廷海军相比存在明显弱势。

表 2 - 1 1939 年巴西与阿根廷:海军力量对比

国家	战舰	巡洋舰	驱逐舰
阿根廷	2(现代)	3	16
巴西	2(老旧)	1	1

来源: Glen St. John Barclay, *Struggle for a Continent: A Diplomatic History of South America, 1917 - 1945*(New York University Press, 1972), p. 96.

20 世纪 30 年代,巴西军队充斥着内部不和、资金不足、缺乏现代军事装
备等问题。其特点是专业军事主义,信奉军队高于其他一切社会部门,因而
拥有频繁干涉国内政治的权力。专业军事主义有别于军事专业化,后者关注
的焦点是军事实力而非政治实力。[3] 巴西精英们认为自己极其脆弱,一直寻
求外部对巴西军队的额外支持。但在大萧条的经济制约下,巴西军队很难获
取支持。巴西也曾试图从美国获取武器装备,但如前所述,罗斯福政府由于

---

① 穆勒:《1939—1950 年间巴西的外交关系》,第 140 页。
② 沃纳·贝尔(Werner Baer)和阿尼巴·V.维莱拉(Annibal V.Villela):《工业增长与工业化:巴西经济发展过程中的修订》("Industrial Growth and Industrialization: Revisions in the Stages of Brazil's Economic Development"),《开发区杂志》(*Journal of Developing Areas*),1973 年第 7 卷第 2 期,第 217—234 页。
③ 努恩:《巴西的军事职业化和职业化军国主义》,第 49—52 页。

顾虑到阿根廷的感受,不愿意满足这些要求,这反过来又促使巴西在 30 年代后期从德国购置军事武器。①

　　巴西军方充分意识到自身的弱点,所以他们迫使瓦加斯政府实行工业化,设计与关键军备技术相关的培训项目,商讨建设综合性的钢铁制造设施,为国防工业发展奠定基石。② 瓦加斯意识到钢铁生产的必要性,也设法促进国内私营企业参与军备制造。③ 但是没有强国的支持,就不可能实现工业化和军事能力的提高。当时,巴西既没有技术支持,也没有受过专业训练的科技和工程人员来实现自我维持的工业化。考虑到 20 世纪中叶的军事现状,在没有强大工业基础的情况下,它根本无法生产出现代化的军事设备。除了硬实力方面的弱点,巴西在"二战"前的软实力也非常不如人意。热图利奥·瓦加斯的"新国家"显然是一个独裁政府,即使未曾实施过分的镇压政策,但也没有因与其他民主国家的联系而获益从而实现民主。20 世纪 30 年代,国内政治的不稳定无助于巴西国际形象的提升。④ 因其工业发展落后,经济高度依赖咖啡出口,所以巴西经济也未能在国际上塑造成功的案例。在南美洲,它没能确立明显的领导地位,甚至许多巴西人自己都认为阿根廷更加强大。⑤

---

① 小弗兰克·D.麦克坎(Frank D.McCann Jr.):《巴西总参谋部和军事局势,1900—1945》("The Brazilian General Staff and Brazil's Military Situation, 1900 – 1945"),《美洲研究与国际事务杂志》(*Journal of Interamerican Studies and World Affairs*),1983 年第 25 卷第 3 期,第 307—308 页。

② 希尔顿:《现代巴西的武装力量和实业家》。

③ 同上。

④ 罗切瑞:《巴西》。

⑤ 希尔顿:《21 世纪巴西外交战略中的阿根廷因素》。

巴西、第二次世界大战和联合国的成立

20 世纪 30 年代末,随着战争的临近,巴西发现自己地位尴尬,既受强国重视又不太受重视。美国和英国都看重巴西的地缘战略重要性,因其地处南美洲并且陆地伸向大西洋,在未来的全球冲突中可作为空中作战的绝佳基地。此外,巴西还生产具有重大战略意义的矿产品和农产品,比如橡胶和牛肉,这都是现代战争的必需品。然而,美国和英国却不看重巴西对国际关系的贡献,它们担心法西斯的同情者可能已经渗透巴西,促使巴西与轴心国进行合作。纳粹德国虽然重视巴西南部的德国移民聚居地,却鲜有考虑到同巴西政府或巴西其他地方的关系。早在 1938 年,自从德国驻巴西大使馆进行了一系列非外交性的宣言和行动之后,巴西与德国的关系已经岌岌可危。[①]巴西依据欧洲国家对其潜在的商业价值评估与它们的关系。但是,它也利用对德国和英国的外交政策向罗斯福政府释放信号,提醒后者重视巴西对美国的价值,并借此寻求美国的援助,特别是军事方面的援助。

1939 年,随着战争在欧洲的爆发,巴西国内关于其国际角色的争论进一步激化。英国对纳粹控制的欧洲地区实施封锁,使得巴西再次丧失重要的市场。同时,巴西近期从德国购置的武器也无法转移至本国。英国和美国继续就巴西国内政治圈中存在纳粹同情者向巴西施压,两国政府都认为这部分纳粹同情者掌握着巴西军队的高级指挥权。[②]

1939 年至 1940 年,巴西一面与欧洲国家保持谨慎交往,一面迫切希望与美国建立更密切的关系。像美国一样,巴西最初避免参与全球战争。随着美

---

① 麦克坎:《瓦加斯和巴西整体主义及纳粹党的毁灭》。
② 罗切瑞:《巴西》,第 115—131 页。

国加入战争的可能性增加,罗斯福政府敦促巴西允许美国更多参与在其东北角的战略防御部署,因为该地区处于最靠近欧洲和非洲的的战略位置。瓦加斯意识到巴西的军事力量薄弱,因此要求美国对其增加军事援助以进行自我防卫。面临美国与阿根廷关系恶化、国际战争一触即发的国际形势,罗斯福政府慢慢拉近了与巴西的关系。[①]

巴西加入同盟国:对硬实力和软实力的影响

巴西决定参加第二次世界大战并加入同盟国,这一做法为弥补其软硬实力的缺陷提供了一条出路。伴随着美国加入这一全球冲突,巴西于 1942 年 1 月 28 日与德国、意大利和日本断交。随后,几艘巴西商船在大西洋被德国 U 型潜艇击沉,600 多人丧生,于是巴西于 1942 年 8 月,在和德国断交七个月后,对德宣战。与轴心国势力的彻底决裂为巴西和美国的更紧密合作敞开了大门。美国在巴西东北部建立了其最大的航空基地之一,由此将飞机运送至欧洲,而巴西则获得了 1941 年后美国向拉丁美洲所提供租借军事援助的四分之三份额。[②]

"二战"期间,巴西在盟军一方发挥的作用远比"一战"广泛。热图利奥·瓦加斯政府决心全面投入地面和空中作战。因此,巴西派出了一支远征部队,包括一个按照美国理念组建的 25000 人的步兵师和一个战斗轰炸机中队。这两支部队于 1944 年至 1945 年期间在美国军队的指挥下投入意大利战场。这两支部队的表现使巴西军力的弱点暴露无遗。一方面,巴西军队需利用全国各地军力填充单个步兵师的力量。另一方面,巴西远征军到达意大利战场后还需依靠美国军队为其提供训练和装备。然而巴西部队的战斗力

---

① 小麦克坎:《巴西总参谋部和军事局势,1900—1945》。
② 麦克坎:《巴西和第二次世界大战:被遗忘的联盟》。

在战争中得到了提升。该国部队全面参与了战斗,伤亡人数逾千。①

　　战争期间,巴西成为同盟国进口商品的主要来源国,还因战争需要得以扩大其工业规模并从中受益。与美国谈判成功后,它借助美国的援助在战争期间完成了综合钢铁制造设施的建设。此外,在瓦加斯政府的监督下,巴西的航空工业、发动机、电气设备、军需品、纺织品以及其他战争相关产品的制造业开始初具规模。② 然而,商品出口在巴西经济中的主导地位仍然贯穿整个战争。③

巴西:在战后秩序中寻求影响力

　　巴西试图借助其对盟国的支持而获得战后布雷顿森林体系中的关键地位。在联合国体系初步形成之时,巴西参加了联合国粮食及农业会议,加入了联合国善后救济总署,参与了 1945 年于旧金山召开的联合国会议的筹备和召开。巴西还与美国广泛合作,于 1947 年协助建立美洲国家组织,并加入了国际原子能机构。

　　巴西认为,参与这场战争证明了其战后在全球治理机构中发挥关键作用的正当性和合法性。"二战"期间,巴西投入的战斗行动更加广泛,同时参与了地面战斗和空中战斗。而"一战"期间,巴西仅仅派出了医疗队。在战争的最后两年中,巴西还全面参与了盟国的外交活动。然而,当它力图在战后扩张影响力时却遭到了当时两个强国——苏联和英国——的反对。二者都希望尽量减少巴西在战后秩序中的影响力,反对它参与欧洲的国际重建行动。究其根本,这两国都担心巴西与美国关系过于亲密,因为这意味着巴西可能成为美国在联合国安理会获得两次投票权的代表。

---

① 麦克坎:《巴西和第二次世界大战:被遗忘的联盟》。
② 希尔顿:《现代巴西的武装力量和实业家》,第 661 页。
③ 贝尔、维莱拉:《工业增长与工业化》。

　　然而,罗斯福政府对巴西"二战"后的地位的态度一直摇摆不定。基于他们的战前经历,美国国务院官员反对让巴西在战后发挥关键作用,他们认为巴西并不像苏联和英国人认为的那样忠实可靠。相反,罗斯福总统本人主张巴西担任联合国安理会常任理事国,认为他可以在政治上与瓦加斯和其统治下的巴西处理好关系,为美国带来积极的成果。[①] 热图利奥·瓦加斯最初对巴西可能成为常任理事国感到非常兴奋,尽管巴西的外交精英们对此仍抱以怀疑。然而,随着杜鲁门就任美国总统,这一美好愿望也终成泡影。杜鲁门同苏联和英国的立场一致,反对巴西担任常任理事国。面对时任强国的共同反对,巴西只有退而求其次,接受非常任理事国席位。

　　巴西在 20 世纪 30 年代和 40 年代的经历凸显了其愿望与实力之间的持续差距。瓦加斯政府试图挑起德、英、美三国对抗,进而依靠自身在国际体系(临时)中的战略价值获取最大利益。当这种做法不再可行时,巴西选择与美国结盟,并希望借这种盟友关系换取战后国际秩序管理者的角色。然而备战和参战的过程反而放大了巴西的弱点,它必须完全依靠盟国来实现军事效能。虽然战争期间巴西的工业化得以发展,但程度极其有限,远不足以使巴西达到充分扩大其硬实力的经济水平。战争结束后,新的世界秩序诞生,在这期间的外交会议上,巴西也没有足够的软实力来获得更多国家的支持,当时的国际体系大体上依然是以欧洲为中心。

　　巴西精英们曾就确保其实现强国崛起的最佳政策达成了共识,但"二战"后这一共识却分崩离析,成为巴西早期历经的憾事之一。1945 年瓦加斯下台,巴西军方重掌政权,对外交政策兴趣浓厚。由于其在战争中的经历,军政府深信与美国继续保持盟友关系具有重要价值。在冷战兴起的背景下,这一立场转变成了反对共产主义的态度。巴西军方最初认为巴西是美国在反对共产主义全球斗争中的盟友,同时他们自己要确保在国内击败共产主义的同

---

① 穆勒:《1939—1950 年间巴西的外交关系》,第 244—276 页。

情者。这一观点赢得了支持经济自由主义的商业精英和知识分子精英们的认同。

相比之下，越来越多奉行民族主义的技术专家、经济学家和政治家们坚信，依靠外国资本和传统伙伴将使巴西在国际秩序中永远处于从属地位。经济学家劳尔·普雷维什曾在联合国拉丁美洲和加勒比经济委员会（ECLAC）进行过相关研究。受其研究结论的影响，民族主义经济学家主张，面向受高关税壁垒保护的国内市场，巴西应该大力推动工业化发展。这显然与巴西基于农业出口的传统发展战略背道而驰。[①]他们同时还呼吁政府在促进国家发展和自主以及控制外国资本方面发挥更大的作用。这些政策倾向与对美国在国际体系中的作用持质疑态度的观点不谋而合。[②]

1945年瓦加斯迫于军方的压力下台并将大选时间定于1946年，巴西也随即开始了民主化进程。在瓦加斯的支持之下，前任战争部长尤里科·加斯帕尔·杜特拉成功当选为下任总统，并任职至1951年。然而，杜特拉当选后并未如先前承诺的那样侧重于民族主义的发展策略。1951年瓦加斯再次成功当选为总统，这也是他第一次在竞选中为穷人站台。在担任巴西总统期间，瓦加斯采纳了ECLAC关于进口替代工业化的许多意见。但后来他的执政政策遭到重要精英阶层和军方的反对，于是他选择了自杀。瓦加斯的继任者儒塞利诺·库比契克（1956—1961）专注于巴西的内部发展，但同时也着眼于其国际地位。他在执政期间，还在巴西内陆建了一个新首都——巴西利亚，这座城市汇集了由巴西国际知名建筑师奥斯卡·尼迈耶设计的当时最现代化的建筑。1958年，库比契克总统提出了"泛美行动"，一个以发展和美国

---

① 纳撒尼尔·H.莱夫（Nathaniel H.Leff）：《巴西的出口停滞和自给自足发展，1947—1962》（"Export Stagnation and Autarkic Development in Brazil，1947—1962"），经济学季刊（*Quarterly Journal of Economics*），1967年第81卷第2期，第288页。

② 安德鲁·哈瑞尔（Andrew Hurrell）：《自主的需求：巴西在国际体系的角色进化，1964—1985》（*The Quest for Autonomy*：*The Evolution of Brazil's Role in the International System，1964-1985*），巴西外交政策文件集（Coleção Política Externa Brasileira），巴西利亚：Fundação Alexandre de Gusmão，2013年。

技术援助为特色的区域多边发展计划。然而,这一想法并没有得到艾森豪威尔政府的回应。更令巴西领导人感到沮丧的是,美国对日本和德国——其战时的敌人而非盟友——提供了慷慨援助。此外,美国还不愿帮助巴西提高其军事能力,拒绝向其出售或转让现代武器,理由是要保持巴西和阿根廷之间的实力平衡。巴西人认为美国尽力维持南锥体地区平衡的这一做法令人气愤,尤其是考虑到阿根廷在"二战"期间与法西斯势力的亲近关系。①

　　1960 年,来自中左翼的雅尼奥·夸德罗斯(1961)以压倒性优势当选为总统,任命左翼的若昂·古拉特担任副总统,巴西的民主政治初露端倪。夸德罗斯当年便宣告辞职,也许这是一场为从国会赢得更多权力的游戏。但是国会反而对宪法进行了改革并创建了议会制政府制度,总统的权力被削弱,古拉特(1961—1964)进而获得执政权。

　　"二战"以后,巴西经济开始向进口替代政策转变,主要面向国内消费者,这推动了巴西工业化的显著进步。但这种转变没有带来增加值产业出口的增长。如果没有这些新的产业出口带来额外税收,巴西就没有足够的外汇来支付其新工业的投入,继而将导致负债累加。到 20 世纪 60 年代,巴西出口收入的相当一部分被用于偿还外债,这进一步减少了用于工业发展的外汇投入。因此,这些新工业进入生产瓶颈期,生产力被削弱。更高的成本被转嫁到消费者身上,经济增长放缓,通货膨胀猛增,1964 年的通胀率竟然高达 60%。

　　在巴西经济转变的同时,其文人政府越来越倾向民族主义经济观点,并希望在国际体系中拥有更大自主权。巴西政府对"二战"期间进口基本用品的艰难经历仍记忆犹新,所以民族主义经济政策对他们更具吸引力。夸德罗斯总统和古拉特总统延续了自瓦加斯政府时开始的独立外交政策,对与美国

---

① L.A.M.邦德拉(L.A.M.Bandeira):《巴西的地区强国身份及与美国的关系》("Brazil as a Regional Power and Its Relations with the United States"),《拉丁美洲观察》(*Latin American Perspectives*),2006 年第 33 卷第 3 期,第 15—16 页。

的合作也不再重视。①而美国明显撇清两国关系的表现也促成了这一外交政策的转变。两国的关系逐渐疏远，这从巴西与苏联恢复贸易关系以及 1959 年以来反对美国入侵古巴便可见一斑。夸德罗斯政府及古拉特政府都远离了以往的外交政策，即按照美国和苏联领导的联盟及势力范围来划分世界。夸德罗斯政府开始与苏联建立外交关系，并派其副总统到中国进行访问。

　　然而，经济发展的新思路并没有带来政治的稳定。古拉特政府试图实行经济稳定方案，但是受劳动力市场高度动荡的影响，这一方案并未产生任何成效。古拉特通过向左翼靠拢以吸引劳工支持，却激起了传统精英和军队的不满。该政府还曾试图获取美国对其经济改革的支持，但也徒劳无功。②巴西的精英阶层、军队和美国政府都受到国内外民粹主义的威胁，巴西的民主实验也随着 1964 年的军事政变宣告结束。

巴西奇迹(1964—1985)：踽踽独行

　　巴西对其在"二战"后的遭遇感到失望，这也促成了其战后政府——先是文人政府，后是军人政权——寻求一种更加自主的外交政策，以提高巴西的实力并增强其在国际体系中的独立性。冷战期间国际体系呈现两极分化态势，但直到 1964 年发生军事政变，巴西政府终于找到机会展现其自主性，在亚洲和非洲部分新独立的前殖民地国家中担任了国际领导者的角色。在 20 世纪五六十年代，随着欧洲强国从非洲、亚洲和中东陆续撤出，先后有几十个新国家加入到国际体系之中。这些国家的领导人相对缺乏经验，所以被巴西

---

① 威吉瓦尼、塞帕鲁尼：《时代变迁中的巴西外交政策》。
② 托马斯·E.斯基德莫尔(Thomas E. Skidmore)：《巴西的军事规则政治，1964—1985》(*The Politics of Military Rule in Brazil*，1964‑1985)，牛津大学出版社，1988 年，第 9—17 页。

相对较强的实力、财富及外交经验所吸引。它们与巴西一致认为,由战胜国制定的国际秩序规则有失公允。因此,"二战"后的巴西文人政府——瓦加斯、夸德罗斯和古拉特都奉行与这些新独立国家保持一致立场的外交政策。[①]这种更加独立的外交政策基于非殖民化、裁军和发展的原则,对于新独立的国家颇具吸引力。[②] 自 1964 年起,巴西军队开始掌权,他们也更加注重提升巴西的经济地位,增强其国防工业力量,并以不断发展的硬实力为后盾支持面向发展中国家的外交政策倾向。

巴西军人掌权:与美国的"特殊关系"一去不返

1964 年,巴西军事力量攫取了政权,其主要目标有二:一是恢复国内政治秩序和经济增长,二是与美国结为国际盟友。它们以巨大的社会和人力成本实现了前一个目标,但与美国的联盟最终只是海市蜃楼。卡斯特洛·布朗库将军获得了军队领袖的支持,在政变中宣誓就任总统。他将共产主义视为对巴西的最大威胁,积极寻求与美国结盟。巴西支持美国 1965 年对多米尼加共和国进行干预,甚至为美国的武装干预力量提供军队和指挥支援。巴西政府甚至还与约翰逊政府进行了秘密磋商,讨论派遣巴西军队支援美方参与越南战争。但与美国的密切联络并没有带来巴西军方所预想的技术、贷款和投资援助。[③] 巴西许多军方领导人在还是初级军官时,曾与美军在"二战"中并肩作战,因而他们高估了将亲密的军事关系转化为更亲密的盟友关系的可能性。

---

① H.乔恩·罗森鲍姆(H.Jon Rosenbaum):《众国中的巴西》("Brazil among the Nations"),《国际杂志》(*International Journal*),1969 年第 24 卷第 3 期,第 529—544 页。

② 韦恩·艾伦·赛尔切(Wayne Alan Selcher):《巴西对亚非的外交政策,1956—1968》(*The Afro-Asian Dimension of Brazilian Foreign Policy, 1956 - 1968*),佛罗里达大学出版社,1974 年,第 41—45 页。

③ 马蒂亚斯·斯佩克托尔(Matias Spektor):《基辛格与巴西》(*Kissinger e o Brasil*),里约热内卢:扎哈尔出版社(Zahar),2009 年。

阿图尔·达科斯塔·伊·席尔瓦将军(1967—1969)的执政加速了巴美两国分道扬镳的步伐。他秉持自治的军事强硬立场,这一立场贯穿了整个军政府统治时期(1967—1985)。1967 年以后的军政府采取了联合性的外交政策倾向,力求提高巴西在发展中国家中的地位。1974 年葡萄牙在非洲的殖民帝国瓦解后,巴西军方承认了安哥拉、莫桑比克和几内亚比绍的马克思主义革命政权并与之建交。尽管这一做法激怒了美国,巴西却看到了机会,希望能借此在非洲葡语国家中获得领导地位并提升其软实力。巴西拒绝承认美国在东西方对抗中的领导地位,这一外交政策一直持续到 20 世纪 80 年代,当时巴西军政府对美国在尼加拉瓜革命和萨尔瓦多的共产主义叛乱中所采取的政策持反对意见。[①]

巴西的军事理念将经济发展与国家安全联系起来。军政府采取了旨在促进工业化和发展自主权的经济政策,希望能尽快摆脱包括美国在内的发达世界的控制。巴西经济在 1969 年至 1972 年飞速增长,国内生产总值增长率一度高达 11％,被誉为"巴西奇迹"。巴西扩大了对发展中国家及欧洲的出口,特别是工业产品,如消费品的出口。而与美国的贸易量则大幅下降,"二战"期间对美出口曾占巴西出口量一半以上(主要是咖啡),1972 年后却跌至 20％以下。

由于国际社会——特别是美国——对武器转让实行日益严格的限制措施,军政府也开始大力发展巴西的国防工业。[②]20 世纪 80 年代,巴西成功地成为廉价装甲车和轻型飞机的主要出口国,特别是面向中东和非洲的冲突多发地区。其武器出口额从 1970 年的零出口增长到近 10 亿美元(以 1979

[①]　邦德拉:《巴西的地区强国身份及与美国的关系》。

[②]　伊森·B.卡普斯坦(Ethan B. Kapstein):《巴西的国防工业与国际体系》("The Brazilian Defense Industry and the International System"),《政治科学季刊》(*Political Science Quarterly*),1990—1991 年第 105 卷第 4 期,第 579—596 页。

年价格为常数计算),不过年度额度变化较大。① 值得注意的是,蓬勃发展
的国防工业并没有促成巴西军事能力的大幅提升,特别是在 1974 年石油危
机之后,燃料进口成本大增,进而导致经济困难。由于要优先保证用于保持
政治合法性和政权稳定的支出,所以军事支出就相应缩减。1975 年巴西的
军事支出比重曾升至国内生产总值的 2%,而在 1980 年却下降到 1%
以下。②

与美国摩擦不断:巴西与核发展

20 世纪 70 年代,美国的全球实力相对下降,巴西趁机在国际秩序中谋求
更独立的地位,这在核扩散领域体现得尤为明显。巴西是在 1968 年拒绝签
署《核不扩散条约》(NPT)的少数大国之一(包括印度)。巴西领导人认为,拥
有核技术可以为国家发展和谋求世界强国地位提供捷径。巴西总统阿图
尔·达科斯塔·伊·席尔瓦将军在 1967 年阐述了如下观点:

　　　我们反对核军备,并充分意识到其扩散可能给人类带来的严重危
　　害。但是,我们也必须反对设置任何即时或潜在的障碍来阻碍用于和平
　　目的的核能的全面应用。

---

① 肯·康克(Ken Conca):《巴西的技术、军事与民主》("Technology, the Military, and
　Democracy in Brazil"),《美洲研究与国际事务杂志》(Journal of Interamerican Studies
　and World Affairs),1992 年第 34 卷第 1 期,第 141—177 页;《世界军事支出与军备转
　让,1991—1992》(World Military Expenditures and Arms Transfers, 1991-1992),华盛
　顿特区:军备控制与裁军署(U.S.Arms Control and Disarmament Agency),1994 年 3 月,
　第 97 页。
② 阿尔弗雷德·C.斯蒂潘(Alfred C.Stepan):《重新思考军事政治:巴西和南锥体》(Rethinking
　Military Politics: Brazil and the Southern Cone),普林斯顿大学出版社,1988 年;《世界军事
　支出与军备转让,1971—1980》,华盛顿特区:军备控制与裁军署,1983 年 3 月,第 41 页。

否则,这将意味着我们接受了一种新形式的依赖,而这显然不符合我们的发展愿望。[①]

考虑到他们的科学技术发展愿望,巴西领导人反对国际观察员对巴西自主研发核技术类型的限制。他们还反对《核不扩散条约》(NPT)中的不平等格局,即允许现有的核武器国家保留其核武器库,而其他条约签署国却被禁止拥有。[②]

1974 年,巴西进一步与联邦德国签署了协议,协议内容包括建造两个大型核电厂和核燃料循环设施并实行核技术转让。与联邦德国签署协议前,巴西曾与美国的威斯汀豪斯电力公司达成协议,后者将帮助巴西建设安哥拉 1号核反应堆(Angra I),无奈却因违反了美国关于核技术转让的限制而终止。美国曾在 1974 年的印度核试验后做出这些限制,以致一时之间各国普遍认为美国的核燃料产量不足,将无法履行其国际义务。因此,巴西对美国做出了两种设定:最好的情况是美国不值得信赖;最坏的情况是,美国故意设法让巴西对其永久依赖。[③]

尽管美国在外交上对两国施以重压,却无法劝阻巴西和联邦德国成为亲

①　H.乔恩·罗森鲍姆(H.Jon Rosenbaum)、格兰·M.库珀(Glenn M.Cooper):《巴西和核不扩散条约》("Brazil and the Nuclear Non-Proliferation Treaty"),《国际事务杂志》(*International Affairs*),1970 年 1 月第 46 卷第 1 期,第 74 页。

②　安东尼奥·弗朗西斯科·阿泽雷·达·西尔韦拉(Antonio Francisco Azeredo da Silveira):《巴西外交部长西尔韦拉里盖泽尔总统的备忘录,美国的威胁和承诺及巴西的反应,1917—1990,》("*Memorandum from Brazilian Foreign Minister Silveira to President Geisel, US Threats and Promises and Brazilian Responses, 1917-1990*"),历史与公共政策项目数字档案(History and Public Policy Program Digital Archive),1977 年,*digitalarchive.wilsoncenter. org/document/115220*。

③　托格赞·卡萨诺娃(Togzhan Kassenova):《巴西的核万花筒:一个不断进化的身份》(*Brazil's Nuclear Kaleidoscope: An Evolving Identity*),华盛顿特区:卡耐基国际和平基金会(Carnegie Endowment for International Peace),2014 年,第 18—20 页。

密盟国并签署全面核协议。①巴西军政府将获得核技术视为发展目标,认为这是实现更大技术自主性的基石,且有助于提高巴西的声望。美国国会继而更加坚决地对巴西军政府侵犯人权的行动予以反对。卡特政府 1977 年上台后,对巴西政府也进行了同样的谴责。此外,美国对巴西的核计划和导弹计划心存忌惮,对双重用途技术出口实施限制,第一批制裁令于 1977 年开始生效。②美国的制裁对巴西经济带来了打击,特别是在 1978 年美国的《核不扩散法》通过以后。

面对这种经济和外交压力,巴西的反应并不是转而遵守《核不扩散条约》或美国人权议程,而是谋求发展自主核能力。③巴西认为,建立核爆炸装置的最佳途径是发展不为外部所见或问责的平行秘密核计划。④这一隐蔽计划得到了巴西海军的支持,其初步目标是生产浓缩铀和建造适合海军舰艇使用的小型反应堆。陆军和空军也相继迅速跟进了各自的核反应堆项目(不太成功)。⑤在此期间,巴西还在军方的支持下启动了常规导弹发展计划,这些举动使美国对巴西的意图更加戒备。

虽然巴西一心谋求发展新的核军事及非核军事能力,但这并未导致其与邻国——特别是与其长期竞争对手阿根廷——的军备竞赛。为了应对卡特政府和美国国会日益增加的压力,巴西和阿根廷两国私下就一系列经济和安全问题展开了合作。双方提议在两国与巴拉圭交界处的伊泰普地区修建大

---

① 诺曼·格尔(Norman Gall):《巴西的原子能,众人的危险》("Atoms for Brazil, Dangers for All"),《外交政策》(Foreign Policy),1976 年第 23 卷,第 155—201 页。

② 卡萨诺娃:《巴西的核万花筒:一个不断进化的身份》,第 21 页。

③ 卡普斯坦:《巴西的国防工业与国际体系》,第 593—595 页。

④ 《平行核项目安排,国家安全委员会第 011/85 号巴西总统备忘录与信息》("Memorandum, Information for the President of Brazil, No.011/85 from the National Security Council, Structure of the Parallel Nuclear Program"),历史与公共政策项目数字档案,格图里奥·瓦格斯基金会(Fundação Getúlio Vargas),1985 年 2 月 21 日。

⑤ 蒂亚戈·桑托斯·维埃拉·达·赫苏斯(Diego Santos Vieira de Jesus):《巴西模式:巴西核政策的谈判与对称》("The Brazilian Way: Negotiation and Symmetry in Brazil's Nuclear Policy"),核不扩散评论(Nonproliferation Review),2010 年第 17 卷第 3 期,第 554 页。

型水坝和水力发电站,并就该项目影响的处理意见达成协议,形成了早期合作的成果。令人惊讶的是,关于各自核发展议程的磋商也促进了两国关系的改善。巴西对阿根廷在马尔维纳斯战争中的失败深表遗憾,并从这场短暂的冲突中吸取了两个教训。首先,从美国对英国而非阿根廷的支持可以看出美洲国家间防卫条约体系不再能够为巴西提供可行或有效的安全保障。其次,巴西军政府领导人将英国对阿根廷的胜利解读为巴西在军事上亦不能保卫其主权,这就为巴西的核计划和导弹计划提供了更合理的辩护。[①] 尽管巴西也同样可以因此认定阿根廷并非一个可靠的伙伴,因为后者曾动用武力夺取有争议的岛屿,但由于其民主化进程在军事失败后遭到严重破坏,所以它在军事上无法再与巴西匹敌。

奇迹的终结

　　巴西在 20 世纪 80 年代中期经历了向民主制度的过渡及债务危机,而它试图提高其国际地位的第三次尝试也随之结束。军事政权在"巴西奇迹"期间的抱负非常明确:(一)确立巴西在发展中国家中的主要强国和领导者地位,(二)通过获得工业和技术自主权实现前一目标。20 世纪 80 年代,国内政治和经济战线的不稳定阻碍了巴西崛起之路;其他国家——发展中国家或世界强国——因其内部动荡,不再将巴西视为竞争者。即使巴西努力发展硬实力,但其应对全球经济影响的脆弱性、国内政策的失败以及在人权和核扩散问题上每况愈下的缺乏责任感的政府形象都极大地破坏了其软实力。

　　20 世纪 70 年代的"巴西奇迹"在 1974 年石油危机之后顷刻坍塌。由于对能源进口的极大依赖,石油危机对该国造成了异乎寻常的影响。在一个新

---

① 克里斯托夫·内尔·达恩顿(Christopher Neil Darnton):《拉丁美洲冷战时期的竞争与同盟政治》(*Rivalry and Alliance Politics in Cold War Latin America*),约翰·霍普金斯大学出版社,2014 年。

的工人阶级党——劳工党(PT)——的组织下,劳工暴动愈演愈烈。1982 年美联储加息的决定引发了整个拉丁美洲地区的债务危机,对巴西的冲击尤其严重。为了从世界货币基金组织获得贷款,军政府不得不实行财政紧缩计划,招致民怨载道。军政府的主要顾问们认识到公开选举的必要性,于是在 1982 年进行了相对公平的选举。在此选举活动中,文人反对派获得了关键州和立法机构的支持。此后反对巴西军事政权的社会和政治抗议活动愈演愈烈,并演变成被称为"现在选举"(Diretas Ja!)的广泛性人民运动,呼吁在 1985 年立即举行直接民主选举。最终,军事政权大势已去,甚至其自身的支持者和军队都不再拥护军政府。1985 年,文人领导坦克雷多·内维斯当选为巴西总统。尽管内维斯在就任前突发重病,未能宣誓就任,但其副总统若泽·萨尔内继任了总统一职,成为二十一年中巴西的首位文人总统。

进入新民主时期后,巴西在"巴西奇迹"期间所获得的国防、核技术和导弹技术等硬实力不是被废除就是处于文人政府的监控之下。巴西的文人领导同阿根廷的领导人进行合作,建立了一个双边检查和控制体系——巴西—阿根廷核材料衡算和控制机构,并将各自的核计划置于该体系的监控之下。科洛尔·德梅洛总统(1990—1992)还主张对平行的秘密核计划实行监控,果断防范巴西的核爆炸实验。国防技术计划的其他方面也相继衰落:如巴西的核潜艇计划或失去资金支持,或被推迟;巴西曾是向发展中国家出口防卫产品的领头羊,但其国防工业在科洛尔执政期间被私有化从而失去了政府补贴,最终走向崩溃。

结语:巴西历史上施展强国抱负的三次尝试给我们带来什么启示?

我们可以将巴西在 21 世纪的经历解读为一个大型国家尝试施展其强国抱负的故事,但每次尝试都以失败告终。巴西先后为跻身世界强国俱乐部做过三次尝试："一战"后试图获得国际联盟常任理事国席位；"二战"后希望谋取联合国安理会常任理事国席位；20世纪70年代，希望获得核技术和导弹技术，与其他强国比肩。虽然巴西所做的这些尝试横跨不同时期、不同国家体制，并采用了不同战略，但在这三次尝试中，其外交、经济和军事精英们均抱有同样的野心——认为巴西是一个强国。

巴西为实现强国抱负所投入的并非仅是纸上谈兵，它所做的尝试也产生了实际成本。"一战"时巴西部署了海军；"二战"时，巴西为意大利派遣了一支远征部队，并且因为参战而失去了在轴心国的传统市场。1926年，巴西由于拒绝接受国际联盟中的二等国家地位，因此丧失了进入这个重要全球多边机构的机会。20世纪70年代，巴西为获得核技术和导弹计划投入了巨额财力。巴西拒绝签署《核不扩散条约》，这也导致美国对核技术转让实施严格限制。

尽管胸怀大志，但巴西的硬实力和软实力在20世纪都无法达到强国的标准。巴西虽然幅员辽阔、资源丰富、人口众多，却不能将这些潜在优势转变为硬实力——经济或军事硬实力——从而获得强国认可并跻身其列。除了"二战"期间的短暂时期，巴西在20世纪还缺乏与强国的战略相关性。在经济福利、资本投资和技术转让方面，巴西高度依赖国际体系，这种依赖最终转化为无力抵抗外界压力的脆弱性。尽管在南美，巴西与邻国相安无事，高枕无忧，却缺乏必要的实力来影响并领导同区域的其他国家。巴西还缺乏令人信服、引人注目的成功经历，因而无法吸引其他国家——甚至是不发达国家——追随其后。

在20世纪前半叶，巴西虽然在国际关系中追随美国的领导，但总是表现得摇摆不定。在外交政策方面，巴西既无法获得美国领导层的青睐使其与巴西保持特殊或持久的外交关系，也没有尽力同美洲其他西语国家建立关系，这些国家彼时正深受美国干涉主义之扰。20世纪60年代和70年代，巴西经济模式的成功有目共睹，但它在人权方面的不良声誉削弱了其向西方民主国家投射软实力的能力。此外,随着巴西经济的日益恶化,特别是在20世纪80年代,巴西"奇迹"十年的光彩黯然失色。

巴西领导人敏锐地察觉到,国际秩序的动荡为巴西实现强国崛起抱负提供了机会。"一战"和"二战"期间都是各强国地位及其盟国关系迅速转变的时刻。在全球危机时期,实力的每一次增加,即使像巴西一样贡献的力量相对有限,都会对盟国产生影响。事实上,在两次世界大战之间和"二战"之后,巴西参与影响国际规则的程度远大于战前,且在国际联盟和联合国的形成中发挥了重要作用。然而,一旦冲突结束,巴西有限的硬实力和软实力便使它后继无力,不能在强国外交中令人瞩目,也无法在影响国际秩序方面保持领导地位。

最后,巴西的国内政治秩序(或者说国内动荡)是其强国崛起之路上的持久障碍。20世纪30年代,在由旧共和国向新国家过渡时期,瓦加斯疲于应对来自左右两派的挑战以确保其统治地位,因此巴西当时在全球政治中处于边缘位置。自20世纪40年代至60年代初期,巴西的政治和经济危机也对其实现强国崛起抱负造成了威胁,并为外部势力干涉巴西政治敞开了大门。美国、英国和德国在"二战"前竞相扩大各自在巴西的影响力,美国还试图在冷战期间向巴西施压,迫使其与自己保持立场统一,最明显的例子就是20世纪70年代的《核不扩散条约》。

尽管巴西在20世纪没能实现其强国抱负,但通过对这一时期的分析,我们可以看出巴西未来将如何运用这些实力。由与美国等主要国家的结盟转向寻求自主权,巴西逐渐将自己定位为自由国际秩序中对强权政治的批评者。总而言之,巴西在20世纪谋求强国地位,不是为了实施强权,而是为了影响国际体系,保护自身不为强权所迫。

第三章

推销巴西之崛起：从卡多佐到罗塞夫的巴西外交政策

1995 年 1 月 1 日,当费尔南多·恩里克·卡多佐就任总统时,可能很少有人会预料到巴西将再次尝试实现其强国抱负。在佛朗哥政府时期,卡多佐曾担任财政部部长,在控制经济稳定和恢复经济增长方面卓有成效,所以人们希望他的当选能引领巴西迈入更加光明和稳定的未来。卡多佐就任时,巴西刚刚摆脱十年动乱并于 1985 年开始向民主过渡。在这十年期间,巴西经历了第一位后独裁时期的文人总统坦克雷多·内维斯的死亡以及第一任直接民选总统费尔南多·科洛尔·德梅洛(1990—1992)的被弹劾下台。它还经历了一场关于其政治未来的漫长争论,最终结果是在 1988 年通过了一部极其复杂的新宪法。此外,这一时期恶性通货膨胀反复出现,在 1985 年达到200%,在 1987 年甚至高达 400%。[①] 无论是巴西本国人,还是外部观察者,均对该国的未来心存疑惑。

---

① 鲁迪哥·多恩布什(Rudiger Dornbusch)、威廉·R.克莱恩(William R.Cline):《巴西的不完全稳定和改革》("Brazil's Incomplete Stabilization and Reform"),《布鲁金斯经济活动论文集》(*Brookings Papers on Economic Activity*),1997 年,第 367—404 页。

然而就在卡多佐就任二十年后,巴西所取得的进步足以令人称奇。到2015年,巴西已一跃成为世界第七大经济体,派遣部队参加了远在黎巴嫩和刚果民主共和国的维和行动,还在一系列关键的全球治理辩论中扮演了重要角色,从气候变化至核扩散,其涉足范围广泛。就其国内状况而言,民主体制得以加强,中产阶级规模急剧扩张,极端贫困几近消除。从表3-1可以看出,巴西在与国际地位相关的一些重要指标排名上均有所上升:人口、经济规模、制造业增加值、国际储备货币持有、国防开支和科学生产。①

表3-1 卡多佐、达席尔瓦和罗塞夫执政时期巴西特定指标的全球相对排名

	1994	2002	2010	2014
人口	6	6	5	5
国内生产总值	10	14	8	7
制造业增加总值	7	11	5	7
国际货币储备	13	17	8	7
国防开支	11	9	11	10
学术论文发表	21	16	13	13

来源:人口数据源自 www.nationmaster.com/country-info/stats/People/Population;国内生产总值、制造业增加总值和国际货币储备数据源自世界银行数据库(data.worldbank.org);国防开支数据源自斯德哥尔摩国际和平研究所军事开支数据库(www.sipri.org/research/armaments/milex/milex_database);各国科学成果排名数据来自 www.sciraagojr.com/counti:yrank.php?area=0 Sccategory=0 &region=all&year=all&order=it &min=0 &min_type=it.

但有关其国际地位的其他客观指标显示的结果却全然不同。巴西军事预算中的人事费用所占比例高于美国、欧洲、日本或中国,因此其国防开支的排名具有一定误导性。同样,巴西经济规模的增长也并不一定意味着它在国际贸易

① 经济数据援引自世界银行数据库(data.worldbank.org),国防开支数据援引自斯德哥尔摩国际和平研究所军事开支数据库(SIPRI)(www.sipri.org/research/armaments/milex/milex_database).有关每年科学产出的国家排名见 www.scimagojr.com/countryrank.php?area=0 &category=0&region=all&year=all&order=it&min=0&min_type=it.

体系中的地位有所上升,实际上,它的出口国位次从 1985 年的第 19 位下降到
2010 年的第 23 位。世界银行开发的知识评估方案的数据表明,巴西每百万居
民中从事研究和开发的人员数量明显落后于阿根廷,两国间的差距在 2002 年
至 2010 年间有所加大。① 表 3-2 和 3-3 表明,在技术创新方面(按每百万人口
由美国专利商标局授予专利数量计算),巴西大大落后于其他四个拉丁美洲邻
国和三个金砖伙伴国。根据安霍尔特·捷孚凯(Anholt-GFK)国家品牌指数的
排名,该国的软实力在 21 世纪的首个十年间有所下跌,从 2005 年的第 15 位下
降到 2006 至 2008 年间的第 21 位,2009 年略微回升至第 20 位。②

表 3-2 2005—2009 年 美国专利商标局授予的拉丁美洲每百万人口平均专利数

阿根廷	1.12	墨西哥	0.82
玻利维亚	0.04	巴拉圭	0.03
巴西	0.68	秘鲁	0.11
智利	1.19	乌拉圭	0.84
哥伦比亚	0.20	委内瑞拉	0.50
厄瓜多尔	0.27		

来源:基于世界银行知识评估方法学(www.worldbank.org/kam)的调查所示的美
国专利授予文件数(即实用专利、设计专利、植物专利、再领证专利、防御性公告、法定
发明登记);变量按百万人口加权计算 。

表 3-3 2005—2009 年 美国专利商标局授予的金砖国家每百万人口平均专利数

巴西	0.63	俄罗斯	1.28
中国	1.05	南非	2.51
印度	0.51		

来源:基于世界银行知识评估方法学(www.worldbank.org/kam)的调查所示的美
国专利授予文件数(即实用专利、设计专利、植物专利、再领证专利、防御性公告、法定
发明登记);变量按百万人口加权计算 。

① 世界银行数据库(World Bank DataBank)。
② 数据援引自 2005—2009 年的 Anholt-GFK Roper 国家品牌指数,www.simonanholt.com/
Research/research-the-anholt-gfk-roper-nation-brands-index-sm.aspx。

巴西国民对自己国家的世界排名并无浓厚兴趣，相反，他们更关注国内的发展情形。新兴的中产阶级希望获得好的工作、好的学校、更好的基础设施和更廉洁的政府。截至2015年，巴西人每天都能阅读到各类负面新闻：由巴西国家石油公司的丑闻而导致的政府最高层贪腐；人均谋杀率的迅速攀升；经济增长放缓以及居民消费价格居高不下。许多巴西人越来越质疑他们的领导人为实现强国抱负而承揽的面子工程，例如2014年世界杯和2016年夏季奥运会。

因此，如果更全面地审视其过去十至二十年的表现，1995年到2015年间巴西是否真的崛起，客观上来说还有待商榷：从记录来看，巴西并没有真正地成为世界舞台上不可或缺的一员。诚然，国际指标确实体现了巴西的进步和优势，但巴西不能只靠这些实现"崛起"。要了解巴西如何将其优势纳入国际秩序中以帮助其实现崛起，我们必须回顾一下其政治领导人在外交政策影响中发挥的作用。从费尔南多·恩里克·卡多佐到路易斯·伊纳西奥·卢拉·达席尔瓦，再到迪尔玛·罗塞夫，三届政府的外交政策目标保持了连续性。这几任总统均注重发展特定领域的优势并提升政府的地位，这种策略引发了国际社会对该国的积极关注，甚至超过了被华尔街称为"金砖四国"之一所带来的效应。本章将阐述这一时期历任总统如何以及为何努力讲述巴西崛起的故事。

在该故事中，(软)实力提升的一个重要方面得益于21世纪的第一个十年中巴西社会和经济状况得到显著改善。"巴西利亚共识"提出，同属"南方国家"的发展中国家有希望同时实现经济增长、社会包容和民主三项目标。该共识的达成有效提升了巴西的声望和国际地位。它与上一个十年间由国际金融机构推出的新自由主义的"华盛顿共识"以及中国的威权主义发展模式形成了鲜明对比。

1995年至2015年间，巴西力图借助国内的成功在全球机构中获取领导地位，并根据自己的主张，在国际安全、经济治理和政府调控全球公域等方面发挥作用。巴西致力于谋求联合国安理会常任理事国席位,不仅是为了确保能够参与重构全球规则,也是为了其在全球秩序中不可或缺的地位得到认可。在这二十年期间,每位总统都面临解决巴西世界地位的问题。尽管许多巴西人对外交政策缺乏兴趣,但巴西的庞大规模,无论是从人口、地域还是经济上来说,都使其具备了影响全球治理的潜力。而每任总统也因此或多或少地抱有巴西崛起的强国抱负。

然而,每任总统也都面临着各种制约:有些是由国际环境造成的,还有一些则是由巴西的国情和制度造成。从本质上来讲,1995 年至 2015 年期间,巴西领导人面临着三个战略选择:不参与强国地位的竞争,只专注于自我发展;在当前全球秩序的制约下追求巴西的利益;或挑战该制约,力争在制定规则方面发挥更重要的作用。本章的焦点为此期间各任政府的表现,着重分析每位领导人的抱负及他们各自面临的国内外制约因素。该章节还探讨了每任总统所具备的实现其外交政策目标的能力以及他们各自认为必需的能力,然后揭示了制约因素和能力的相互作用如何影响每任总统的崛起战略。

费尔南多·恩里克·卡多佐:“出生在权力发射器上的人”

在本章所谈论的三位总统中,很显然费尔南多·恩里克·卡多佐执政时期经历的制约最大,但他仍然选择参与全球地位的竞争(尽管后来在他的回忆录中,他对此野心深感遗憾)。[1]他上台时正值苏联解体和冷战结束后美国称霸全球。而此时的巴西正处于政治上和经济上的转型时期,仍然容易受到

---

① 费尔南多·恩里克·卡多佐(Fernando Henrique Cardoso)、布莱恩·文特(Brian Winter):《巴西的意外总统:一篇回忆录》(*The Accidental President of Brazil:A Memoir*),纽约:公共事务图书出版社(Public Affairs Books),2006 年,第 255 页。

国际经济危机的影响，其民主制度也未得到完全稳固。在这种情况下，卡多佐本应将重点放在国内发展，等待合适时机再参与全球政治。尽管卡多佐并未忽视国内政治和发展，但他却实施了一系列国际政策，以确保巴西的外交政策倾向没有被后冷战时代的世界秩序边缘化。

鉴于 20 世纪 90 年代初的国内局势，巴西要实现政治稳定和社会融合似乎不太可能。由总统弹劾和经济危机造成的不稳定也让人们对巴西民主的可行性心生疑虑。然而，通过解决巴西的国内问题，卡多佐获得了实施一系列自由化经济改革的合法理由和政治资本。积极应对国内首要问题的态度也为卡多佐赢得了国际声誉，有助于他实行积极的外交政策，在后冷战时代国际秩序的制约下保持巴西的自主权并促进其发展。

卡多佐在上台时，就已对巴西外交政策的导向成竹在胸。他出生于一个政治世家，与巴西的文人和军队领导有着深厚的关系。事实上，据说卡多佐自己也曾说过他"是出生在权力发射器上的人"。他的父亲和祖父都曾是将军，他的曾祖父是巴西帝国时期文人保守党的领袖之一。其他亲属中也有多人身居高位，如前战争部长、巴西银行行长、国会议员和里约热内卢市市长。卡多佐在就任总统前还曾担任过外交部长和财政部长。① 除此以外，他还是一名大学教授、世界知名的社会学家以及一个广泛的学术和政策专家群体中的成员，致力于研究发展中国家的国际关系。卡多佐最出名的学术著作《拉丁美洲的依附性及发展》于 1969 年首次出版。他在该书中提出，即使在高度受限的国际环境中，巴西等边缘国家也可以克服结构性障碍，实现发展。② 巧合的是，他在 1995 年上台时恰逢面临一个高度受限的全球秩序。

---

① 泰德·佐治亚·戈策尔（Ted George Goertzel）：《费尔南多·恩里克·卡多佐：再创巴西民主》（*Fernando Henrique Cardoso：Reinventing Democracy in Brazil*），科罗拉多博尔德（Boulder）：林恩·林纳出版社（Lynne Rienner），1999 年，第 1—4 页。

② 费尔南多·恩里克·卡多佐、恩佐·法雷托（Enzo Faletto）：《拉丁美洲的依赖性发展》（*Dependencia y Desarrollo en América Latina*），墨西哥城：二十一世纪出版社（Siglo Veintiuno Editores），1969 年。

卡多佐当选为总统后,在国会的就职演说中指出:"巴西在全球的成功国家中占有一席之地。"①但卡多佐也清楚地意识到巴西在历史上曾是一个与世界隔绝的贫穷的外围国家。②他并不主张巴西或任何其他国家谋求霸权地位。相反,卡多佐设想的是一个多极化的全球秩序,没有任何一国完全占主导地位,这也是巴西获得成功的必要条件。只有这样一种国际秩序才能使巴西得以追求和保护自己的利益。③

然而,当卡多佐上任后,他理想的全球秩序似乎难以企及。苏联解体后,全球进入单极化的国际格局中。美国在冷战后迅速采取行动重塑全球秩序并占据上风。巴西没有能力与美国相抗衡。考虑到相对权力的差异,卡多佐认为巴西应该静待时机,潜移默化地影响正在形成的国际秩序,使其朝着有利于巴西的方向发展。④

卡多佐认为巴西实现崛起的潜力主要在于经济而不是军事。鉴于巴西不久前才完成从军事独裁政府向民主的过渡,其军队仍拥有自主性和较大的政治影响力,卡多佐最不愿意做的就是因为某些举措扩大军队权力并增加其预算。事实上,即使卡多佐想增加该国军事力量,他在总统任期内所面临的

---

① 《巴西总统费尔南多·恩里克·卡多佐的国会就职演说》(巴西利亚,1995 年 1 月 1 日),见米格尔·达西·德·奥利维尔(Miguel Darcy de Oliveira)编:《费尔南多·恩里克·卡多佐总统演说选集》(*Discursos Selecionados do Presidente Fernando Henrique Cardoso*),巴西利亚:亚历山大·德·古斯芒基金会-外交部(Fundação Alexandre de Gusmão-Ministério das Relações Exteriores),2010 年,第 14—15 页。

② 费尔南多·恩里克·卡多佐:《巴西繁荣经济背后之人:巴西前总统卡多佐》("The Man behind Brazil's Booming Economy: Former Brazilian President Cardoso"),杰福雷·布朗(Jeffrey Brown)访谈记录,2012 年 7 月 30 日,www.pbs.org/newshour/bb/world-july-dec12-cardoso_07 - 30。

③ 《共和国总统的国会声明》("Pronunciamento do Presidente da República Posse no Congresso Nacional"),巴西利亚,1999 年 1 月 1 日,见达西·德·奥利维尔(Darcy de Oliveira)编:《演说选集》(*Discursos Seleciona-dos*),第 47 页。

④ T.威吉瓦尼(T.Vigevani)、M.费尔南多·德·奥利维尔(M.Fernandes de Oliveira):《卡多佐时期的巴西外交政策:通过一体化寻求自治》("Brazilian Foreign Policy in the Cardoso Era: The Search for Autonomy through Integration"),《拉丁美洲观察》(*Latin American Perspectives*),2007 年 9 月 1 日第 34 卷第 5 期,第 58—80 页。

经济情况也使得巴西无力承担该项投入。[①] 在硬实力方面，卡多佐的做法是侧重于建立文官对军事力量的控制[②]，并为巴西军事独裁制度的受害者提供赔偿，这些做法将有助于民主制度的巩固。[③]

成为经济强国需要适应后冷战时代的普遍经济自由主义，如此才能吸引外国的支持和投资。卡多佐延续了前任总统科洛尔·德梅洛执政时期就开始实行的私有化和自由化计划。这项壮举实属不易。除了国内阻力，他还需面对外部经济危机的冲击——龙舌兰危机（Tequila Crisis，因 1994 年 12 月在墨西哥发生的货币危机而得名）、亚洲金融危机（1997）和俄罗斯金融危机（1998），20 世纪 90 年代巴西经济饱受这些经济危机冲击之苦。为了应对这些国际经济制约，巴西需要国际社会——特别是国际货币基金组织——的援助。巴西不得不被迫接受国际货币基金组织的援助条件，这印证了巴西在这一时期自主性受到限制。卡多佐最终未能实现他的抱负——在其两任任期结束时使巴西成为经济强国，但他为其继任者建立自己的经济战略奠定了基础。

卡多佐重视国家软实力，他认识到巴西必须先解决其内忧以对外展示其良好形象。即使在解决恶性通货膨胀危机之后，卡多佐依然设想将国有企业私有化，建立经济信心，减少社会不平等并巩固民主制度，他认为这些是提高

---

① 亚伯拉罕·F.洛文塔尔（Abraham F.Lowenthal）和塞尔希奥·比塔尔（Sergio Bitar）关于总统费尔南多·恩里克·卡多佐的访谈：《来自领导人项目的经验——国际民主和选举援助学会》（"Lessons Learned from Leaders Project—International IDEA"），巴西圣保罗，2012 年 3 月 16 日和 19 日，见比塔尔和洛文塔尔编：《向民主的转变：来自政治领导的经验》（*Transitions towards Democracy：Learning from Political Leaders*）（手稿），斯德哥尔摩：国际民主和选举援助学会（International IDEA），2015 年。

② 例如，在卡多佐执政时期，现役军官不再担任政府部长职务。1995 年卡多佐上任时，有六位军官任政府部长职务。1999 年，这一数字为零。

③ 温迪·亨特（Wendy Hunter）：《巴西后独裁时期军民关系评估》（"Assessing Civil-Military Relations in Postauthoritarian Brazil"），见提莫斯·J.鲍尔斯（Timothy J.Powers）和彼特·R.金士顿（Peter R.Kingstone）编：《民主的巴西：行为者、制度和过程》（*Democratic Brazil：Actors，Institutions，and Processes*），匹兹堡大学出版社，2000 年，第 114 页。

巴西国际地位的关键所在。[1] 他认为巴西的包容性和多元文化主义可以作为世界上冲突多发地区的榜样。他认为,巴西的外交使团需要对外输出这种多元文化主义,使其成为全球典范。[2]

卡多佐执政期间巴西的国际战略

截至 20 世纪 80 年代末苏联解体之时,巴西再也无法安然置身于国际事务之外。[3] 在科洛尔政府时期(1990—1992),巴西国内就已激发了关于如何更好适应新环境的外交政策辩论。辩论一方认为巴西需要向世界开放,并与世界经济发展趋势建立更密切的联系。另一方则认为美国主导的单极化格局将是短暂的,巴西不应为此而调整其战略。科洛尔总统试图通过在国内施行影响深远的自由化和私有化项目来弥合双方的分歧,使巴西的经济政策摆脱进口替代工业化,加大对国际资本和竞争的开放程度。作为计划的一部分,他还开始了巴西大部分国防工业的私有化进程,并结束了巴西的秘密军事核计划。此前因为缺乏国家的资金支持,巴西的大部分国防工业已纷纷倒闭。外交政策方面,科洛尔政府仍然注重加强与南美洲的关系以寻求在国际体系中的自主权,与邻国乌拉圭、巴拉圭和阿根廷共同缔

---

① 瑞奥丹·罗伊特(Riordan Roett):《卡多佐的时代,1995—2002》("The Cardoso Era, 1995 - 2002"),《新巴西》,布鲁金斯学会出版社,2010 年,第 95—103 页;《共和国总统的国会声明》,巴西利亚,1999 年 1 月 1 日,见达西·德·奥利维尔编:《演说选集》,第 47 页。

② 马拉·吞(Mala Htun):《从"种族民主"到反歧视行动:巴西民族政策的变化》("From 'Racial Democracy' to Affirmative Action: Changing State Policy on Race in Brazil"),《拉丁美洲研究评论》(Latin American Research Review),2004 年第 39 卷第 1 期,第 69 页。

③ 塞尔索·拉斐尔(Celso Lafer):《巴西的国际身份和外交政策:过去、现在和未来》("Brazilian International Identity and Foreign Policy: Past, Present, and Future"),美国文理学会会刊(Daedalus),2000 年第 129 卷第 2 期,第 207—238 页。

结了南方共同市场关税同盟。①然而，巴西领导人认识到，同全球经济越来越密切的联系将不可避免地转化为国家间更加紧密的相互依存，而正在形成的国际秩序对巴西政策选择的限制也会随之变得更为复杂。②

自卡多佐在科洛尔的继任者——伊塔马尔·佛朗哥政府担任外交部长起，他的外交政策就开始初步形成，直至就任总统后变得更为成熟。他的外交政策有三个基本要素。第一个要素是认识到巴西仍然需要国际体系的资源，以帮助其经济回到稳步增长的轨道上。这就意味着巴西必须接纳由美国在全球秩序中所主导的政治和经济自由化趋势带来的制约。第二个要素是需要巩固巴西的民主，实现对美洲民主化的支持并取消对威权主义国家模式的支持。第三个要素是加强对南美洲的关注，因为这是最有利于巴西在国际体系中保持相对自主性的区域。③卡多佐政府一方面强调利用国际体系中的资源，另一方面注重保持睦邻友好关系，这就必然增加了总统在外交政策中的作用，超越了以往总统的外交参与程度。④

与其前任和继任者不同，卡多佐更愿意与现任强国（如美国和欧盟）进行建设性的合作。他的目标之一是减少巴西外交政策中易引起非议的南南国家倾向。他还想向现任强国传递巴西愿意与之合作的信号，既愿意接受自由

---

① 马蒂亚斯·斯佩克托尔（Matias Spektor）：《巴西对冷战结束的评估》（"Brazilian Assessments of the End of the Cold War"），见阿特曼·M.卡里诺维斯盖（Artemy M. Kalinovsky）、谢尔盖·拉德琴科（Sergey Radchenko）编：《冷战结束和第三世界：关于地区冲突的新视角》（The End of the Cold War and the Third World : New Perspectives on Regional Conflict），纽约：劳特利奇出版社（Routledge），2011年。

② 卡森（J.W.Cason）、鲍尔斯（T.J.Power）：《总统化、多元化和巴西外交部的倒退：对卡多佐—卢拉时期巴西外交政策制订变化的解释》（"Presidentialization, Pluralization, and the Rollback of Itamaraty: Explaining Change in Brazilian Foreign Policy Making in the Cardoso-Lula Era"），《国际政治科学评论》（International Political Science Review），2009年第30卷第2期，第117—140页。

③ 图鲁·威吉瓦尼（Tullo Vigevani）：《时代变迁中的巴西外交政策：寻求自治——从萨尔内到卢拉》（Brazilian Foreign Policy in Changing Times : The Quest for Autonomy from Sarney to Lula），马里兰哈姆（Lanham）：列克星敦出版社（Lexington Books），2009。

④ 卡森、鲍尔斯：《总统化、多元化和巴西外交部的倒退》。

国际经济秩序带来的制约因素,也希望从中获益。这种政策使巴西在1998年亚洲金融危机期间受益良多。巴西虽遭受了严重打击,却获得了国际货币基金组织提供的价值415亿美元的大笔援助,而相应的条件是巴西必须在国内实现初级财政盈余。①国际货币基金组织的这笔交易虽然体现了国际社会对卡多佐领导层的信心,但也凸显了巴西在这一时期面临真正的国际(和现在国内)制约。

然而,同巴西传统外交做法一致的是,卡多佐也一直致力于维持和加强多边机构,利用外交和调解的手段解决紧迫的国际问题。②卡多佐在执政时期对多边主义的支持实际上是巴西与美国的接轨点,特别是在全球贸易领域。巴西支持建立世界贸易组织(WTO),并充分利用其争端解决机制获取对自身利益的支持。为了彰显其可靠性,巴西还参加了其他多边条约,特别是《核不扩散条约》。巴西早先曾拒绝签署《核不扩散条约》,认为该条约对于非核武器国家不平等且具有歧视性。因此,卡多佐借签署该条约向现任强国释放和解信号,证明巴西是一个值得信赖的伙伴。③

在卡多佐执政时期,巴西还公开支持促进民主和人权发展的国际行为。这同巴西绝对尊重主权的传统背道而驰。但卡多佐认为,一个摆脱了军事独裁的地区将带来一个更加和谐的环境,有助于巩固巴西的国内民主制度。巴西运用外交手段先后解决了危地马拉、巴拉圭、厄瓜多尔和委内瑞拉所面临的潜在民主威胁,并积极争取该地区国家对此外交政策的响应。卡多佐主张将民主条款引入区域性多边机构的成员国条约,如美洲国家组织(OAS)、南方共同市场(Mercosul)和美洲国家组织(OAS)的国际补充机构——里约集团(Rio Group)。他还支持美洲国家组织(OAS)于2001年9月通过的《美洲民

---

① 罗伊特:《卡多佐的时代,1995—2002》,第95—103页。

② 詹姆斯·F.胡戈(James F.Hoge):《实现巴西的承诺:与卡多佐总统的对话》("Fulfilling Brazil's Promise: A Conversation with President Cardoso"),《外国事务》(*Foreign Affairs*),1995年第74卷第4期,第62页。

③ 威吉瓦尼:《时代变迁中的巴西外交政策》。

主宪章》，该机制旨在对该区域的民主破坏行为实施应对协调。①

如前所述，卡多佐总统认为南美洲的其他地区对发展巴西的自主权和提高其全球影响力有着重要意义。巴西国土面积庞大，显然有潜力成为该区域的领导者，但卡多佐对此非常谨慎，避免公开陈述该观点，担心引发来自西语邻国的抵制，并对巴西冠以"帝国主义"之名。1996 年巴拉圭军人发动兵变，巴拉圭的民主制度受到威胁。对此，巴西没有公开干预，而是通过幕后策划实施区域性的应对策略来化解该危机。② 鉴于从南方共同市场所获得的经验，卡多佐将区域一体化视为巴西施展影响力的最佳途径。③ 2000 年，他倡议召开了首届南美国家首脑会议，旨在加深区域合作，特别是基础设施建设的合作。随后举行的该区域各国首脑峰会最终提议成立了南美洲国家联盟（UNASUR）。该机构是卡多佐的继任者卢拉·达席尔瓦极力倡导的一个多边实体，目的在于替代美洲国家组织行使解决争端和区域协调的机制功能。④

20 世纪 90 年代为巴西在南美创建相对影响力和自主性的势力范围提供了有利契机。阿根廷本是巴西争取该地区"霸权"的传统竞争对手，但它在马尔维纳斯战争中被英国击败。此次失败极大地破坏了阿根廷的军事力量，并

① 见西奥多·皮柯内(Theodore Piccone)：《五大新兴民主国家和国际自由秩序的命运》(Five Rising Democracies and the Fate of the International Liberal Order)，布鲁金斯学会出版社，2016 年。该书就卡多佐执政期间巴西的民主推广举措展开了大量讨论。20 世纪 70 年代，巴西的"次帝国主义"(subimperialism)曾引起人们的广泛关注；对比鲁伊·玛乌罗·马里尼(Ruy Mauro Marini)：《巴西的次帝国主义》("Brazilian Subimperialism")，《每月评论》(Monthly Review)，1972 年 2 月第 23 卷第 9 期，第 14—24 页。

② 肖恩·W.伯吉斯(Sean W.Burges)：《无大棒也无胡萝卜：卡多佐时期巴西在南美洲的领导地位，1992—2003》("Without Sticks or Carrots：Brazilian Leadership in South America during the Cardoso Era, 1992 - 2003")，《拉丁美洲研究简报》(Bulletin of Latin American Research)，2006 年第 25 卷第 1 期，第 23—42 页。

③ 路易斯·菲利普·兰普雷亚(Luiz Felipe Lampreia)：《巴西外交》(Diplomacia Brasileira)，里约热内卢：拉瑟达出版社(Lacerda Editora)，1999 年，第 11 页。

④ 安德烈·路易斯·赫斯·达席尔瓦(André Luis Reis da Silva)：《费尔南多·恩里克·卡多佐外交政策下的南美洲：留给卢拉政府的遗产？》("South America in Fernando Henrique Cardoso's Foreign Policy：A Legacy for Lula's Government？")，《南部环境》(Conjuntura Austral)，2010 年第 2 卷第 3—4 期，第 92—102 页。

使执掌政权的这一代阿根廷政治家们致力于促进该地区的和平与民主。阿根廷的新领导人支持签署阿根廷—巴西关于加强安全合作的协定,包括双方核技术项目的非军事化以及建立基于相互监督的创新型核军备监控体制——巴西—阿根廷核材料衡算和控制机构。在早期区域一体化努力的基础上,阿根廷和巴西效仿欧盟的做法,致力于将政治层面的合作纳入南方共同市场关税联盟。通过发展全新的经济、政治和安全关系网络,巴西和阿根廷的关系变得更加紧密。这也意味着巴西在该地区享有更大的自主权,因为阿根廷将不再与其进行对抗。

此外,巴西在该区域的另一个传统竞争对手——墨西哥,自 1994 年北美自由贸易协定(NAFTA)颁布后,很快在经济上就与美国加强了联系。在政治上,由于墨西哥越来越注重北美为其提供的经济福祉,所以也开始在安全方面与美国更密切地合作。这些趋势使墨西哥远离了其在拉丁美洲外交中的传统显著地位。

卡多佐希望能与美国进行更密切的合作。但矛盾的是,他在该地区的主要战略挑战也来自美国。冷战结束后,美国的国际议程强调自由市场、自由贸易和自由选举。20 世纪 80 年代,中美洲各国在美国的支持下通过谈判结束了地区冲突问题。此后美国在该半球的安全议程主要侧重于解决非国家行为体带来的威胁,特别是毒品走私问题。由此产生了一系列新的半球倡议,包括该区域所有民主国家首脑聚集的美洲国家首脑会议、美洲国防部长会议和美洲自由贸易区(FTAA)。①

在政治方面,巴西对美国所主导的半球倡议持相对合作态度,但在经济方面,巴西试图发挥更大的自主权。这符合卡多佐的观点,他认为巴西的经济实力是其实现崛起最重要的支撑。因此,即使巴西同意共同主持美洲自由

---

① 保罗·罗伯特·德·阿尔梅达(Paulo Roberto de Almeida):《致力于外交政策:卢拉政府的外交政策》("Um politica externa engajada: A diplomacia do governo Lula"),巴西国际政治杂志(*Revista Brasileira de Política Internacional*),2004 年第 47 卷第 1 期,第 162—184 页。

贸易区谈判，它仍悄悄地向其他南美洲国家暗示，南方共同市场提供了一个更为平等的经济伙伴关系的平台。从巴西的角度看，考虑到南北力量悬殊，在美洲自由贸易区的谈判进程中，与其让美国与每个国家进行双边谈判，不如让美国与一个联合的南美洲（最好首先通过南方共同市场进行联合）进行谈判，后者将更有可能保证交易的公平性。[①]

卡多佐执政时期的外交政策战略评估

至 2003 年 1 月 1 日卡多佐卸任时，巴西国内的局势已大为改观，通货膨胀在很大程度上得到控制，国际金融危机的影响也已被遏制。卡多佐实施的社会融合政策也获得成功，包括有条件的现金转移支付项目。[②] 巴西的民主制虽仍有待进步，但毫无疑问已得到巩固，最佳的证明就是 2002 年大选权力和平地移交到选举获胜者——左翼劳工党领袖路易斯·伊纳西奥·卢拉·达席尔瓦手中。他的潜在胜利使巴西右派深受困扰长达二十多年之久。

国际上，巴西在卡多佐执政时期注重区域一体化和多边机构的作用，特别是世贸组织的作用，所以在经济方面保持了较大自主权。而在政治和安全问题上，诸如《核不扩散条约》等，巴西则做出了让步。这主要是因为巴西的国际声誉受军事独裁和 20 世纪 90 年代经济危机的影响遭到破坏，为提升其声誉，巴西被迫做出相应妥协。尽管卡多佐政府对美国借美洲自由贸易区谈判推进其半球议程的行为表示抵制，但依然与美国保持着良好的关系。然而，美国的单边行为也使他感觉不安，因此悄然加强了与中国、印度和南非的关系。[③] 总体而言，巴西支持民主的区域外交是成功的：一方面致力于创造和平的区域环境，另一方面尽力避免外界对巴西领导地位的强烈抵制。

----

① 　S.W.博格：《冷战后的巴西外交政策》，佛罗里达大学出版社，2009 年。

② 　罗伊特：《卡多佐的时代，1995—2002》。

③ 　威吉瓦尼：《时代变迁中的巴西外交政策》。

随着卢拉政府的序幕拉开,巴西在稳定经济方面取得了重大进展,民主制度的巩固为提高软实力奠定了基础。虽然巴西的军事实力在这段时期仍未得到提升,但这一目标并不是卡多佐外交政策的核心。此时巴西在全球秩序中发挥更显著作用的时机已经成熟,即将上任的卢拉总统已蓄势待发,准备充分利用这一时机实现其强国抱负。[①]

达席尔瓦执政时期

在本章所谈论的三位总统中,卢拉·达席尔瓦最具雄心抱负,其政府试图影响多个领域的全球秩序治理规则,包括全球经济、全球安全和全球公域治理。而其目标的实现不仅得益于巴西经济实力的提升,也得益于恰逢合适的国际形势,彼时正值其他国家如中国、印度和俄罗斯的崛起,而美国却疲于应对在阿富汗和伊拉克的两场战争。卢拉上任时,巴西国内宏观经济稳定,民主制度得以巩固,这就意味着卢拉在追求其国际抱负时不会面临太多的国内制约。他充分利用了这一时机,在某些人看来,他甚至是过分利用了该时机。

卢拉的出身与费尔南多·恩里克·卡多佐有着天壤之别。卢拉出生在巴西东北部一户贫民家中,童年时期搬迁至圣保罗的郊区,其家族中没有将军也没有政府部长。他很小就开始工作,一开始是街头小贩,不到17岁时就开始他的第一份正式职业——金属制造工和车床操作工。

---

① 费尔南多·恩里克·卡多佐:《在俄罗斯总统普京主持宴会上的讲话》("Discurso por ocasião do jantar oferecido pelo Presidente da Federação Russa, Senhor Vladimir Putin"),俄罗斯莫斯科,2002年,国家总统图书馆(Biblioteca da Presidencia da Republica),www.biblioteca.presidencia.gov.br/ex-presidentes/fernando-henrique-cardoso/discursos - 1/2o-mandato/2002 - 1o-semestre/05.pdf/view。

卢拉在步入成年后才开始对政治产生兴趣，他对国家及政权的善恶观都受到其经历的影响。一方面，作为一名受过训练的金属制造工，卢拉属于一个具有相对特权的工人群体，他们拥有一份正式的工作，而当时非正式工占城市总劳动力的 25％以上。①此外，他受益于国家资助的技术教育项目，所以才能在毕业后获得正式工作。然而，他成年时巴西正处于军事独裁时期。卢拉的哥哥是一名左翼激进分子，他鼓励卢拉从政，后来被军方逮捕并饱受折磨。此外，卢拉人生中还有一段惨痛的经历：军政府时期医疗保障体系不健全，他的妻子在分娩时因医疗条件落后而丧生。②

卢拉的这些经历促使他走上从政之路；他特别感兴趣的是国家如何利用其权力减轻贫困，以及如何改革国家机构以避免重蹈他在巴西独裁时期所观察到的过度行为。他最开始是一名工会活动家，接着成为圣保罗的工会领导人。他在 1982 年创立巴西劳工党(PT)，联合了工会成员、知识分子和左派活动家。③卢拉同其新政党参加了"现在选举"(Diretas Já!)运动，呼吁在 1982 年进行自由普选。该运动声势浩大，在全社会的共同努力下，巴西军政府被迫默许了 1985 年的民主过渡。1986 年他以最高民选票当选为全国制宪大会联邦议员。到 20 世纪 80 年代末，他成为巴西全国公认的左派领导人。④

作为巴西劳工党的领导者，卢拉同世界各地的其他左派政党建立了牢固的联系，特别是在拉丁美洲。巴西劳工党是"圣保罗论坛"(Foro de Sao Paulo)的创始成员，该论坛将拉美及加勒比地区的各左翼政党——从智利的社会民

---

① 亚历杭德罗·波特斯(Alejandro Portes)、理查德·肖夫勒(Richard Schauffler)：《拉丁美洲非正规部门的竞争性观点》("Competing Perspectives on the Latin American Informal Sector")，《人口与发展评论》(*Population and Development Review*)，1993 年 3 月第 19 卷第 1 期，第 33—60 页。

② 理查德·伯恩(Richard Bourne)：《巴西的卢拉：遥远的故事》(*Lula of Brazil：The Story so Far*)，纽约：泽德图书(Zed Books,)，2008 年。

③ 同上。

④ 《传记：路易斯·伊纳西奥·卢拉·达席尔瓦》("Biografia：Luiz Inacio Lula da Silva")，国家总统图书馆，2015，www.biblioteca.presidencia.gov.br/ex-presidentes/luiz-inacio-lula-da-silva/biografia-periodo-presidencial。

主党到古巴共产党——都聚集在一起,在这些左翼政治家们(包括卢拉)之间建立了一个团结的网络。随着他们中许多人在 21 世纪初执掌政权,这个网络变得更为重要。此外,圣保罗论坛发布的年度报告还强调将区域一体化作为外交政策的组成部分:区域一体化是卢拉奉行的美洲外交政策的重要方面。

尽管同卡多佐在生活经历方面截然不同,卢拉同他一样,也是一个民族主义者;他为巴西感到自豪,对巴西在全球秩序中发挥重要作用的潜力满怀信心。在他赢得总统竞选期间,卢拉不得不向巴西民众和外国伙伴们保证他非常清楚他所面临的国内制约因素,包括巴西的民主宪法、巴西的市场经济,甚至是卡多佐与国际货币基金组织签署的协议。但在外交政策方面,他不愿受到束缚。[①] 他认为,巴西规模庞大,已然是一个强国,也应该被承认为强国。2003 年,卢拉在以"巴西外交官摇篮"著称的里奥布朗科学院发表演讲时说道:"我们参与国际政治时,绝不再接受将自己视作拉丁美洲的可怜小东西或小小的第三世界国家。这是个伟大的国家……它同世界上任何其他国家都是平等的。在这一点上,我们绝不妥协。"[②]

卢拉执政时期的外交政策:机会与能力

卢拉上台时,巴西正受益于在国际秩序中崛起的新机会。第一个新的机会是恰逢其他几个新兴大国几乎同时崛起,这些国家都希望改变现行的国际秩序。其实"金砖四国"(BRIC)这一缩写最初是美国高盛公司设计的营销口

---

① 安德鲁·道尼(Andrew Downie):《巴西"卢拉"的演变》("The Evolution of Brazil's 'Lula'"),《基督教科学箴言报》(*Christian Science Monitor*),2002 年 10 月 4 日,www.csmonitor.com/2002/1004/p06s01-woam.html。

② 路易斯·伊纳西奥·卢拉·达席尔瓦(Luiz Inacio Lula da Silva):《共和国总统演说,路易斯·伊纳西奥·卢拉·达席尔瓦,白河学院学员结业午餐会发言》("Discurso do Presidente da Republica, Luiz Inacio Lula da Silva, em almoço oferecido aos formandos do Instituto Rio Branco"),巴西外交部,2003 年。

号的一部分,特指在巴西、俄罗斯、印度和中国的投资机会,但这一概念反映了这些新兴大国财富和实力的迅速积累。尽管"金砖四国"成员国共同利益甚少,但在削弱美国、日本和欧洲对自由国际秩序体制的控制方面志趣相投。此外,中国经济的快速增长和对原材料的巨大需求为巴西的商品出口带来了福音,巴西迎来了长达十年的经济繁荣,这也为卢拉的国内发展议程提供了财政资源。

　　美国因全球反恐战争及伊拉克和阿富汗的军事行动无暇顾及其他国际事务,这为巴西提供了第二个新机会。尽管拉丁美洲在"9·11"事件发生后对美国普遍表示同情,但对于美国后来所采用的一些具体措施存在广泛的分歧,例如非常规引渡恐怖主义嫌犯以及在关塔那摩海军驻地对嫌犯未经审判进行拘留。这些行动与美国过去十年间在拉丁美洲大力推行的人权和民主准则相悖,从而破坏了美国在该地区的领导地位。南美洲国家普遍不赞同入侵伊拉克的决定,认为这违反了不干涉准则和主权准则。巴西也对此持有看法,尽管卢拉最终与美国总统乔治·华盛顿·布什建立了良好的工作关系,但他利用这第二次机会扩大了巴西在南美洲的影响力。[1]

　　巴西的第三次机会得益于新的"巴西利亚共识",该共识为其他发展中国家带来了希望,即一个国家有可能在实现经济增长、减少贫穷和增强社会包容性的同时发展维护人权的民主制度。2002 年至 2010 年期间,巴西对中国的商品出口强劲增长,增幅超过 1000%,这使得卢拉政府执政期间的经济增长率高于平均水平,其中仅有一年(2009 年)的经济呈轻微衰退,国内生产总值出现负增长(−0.3%)。在保持这一增速的同时,巴西的通胀率也维持在历史较低水平;其公共债务率,按占 GDP 的百分比计算,从 2002 年的 76.7%下降到 2010 年的 53.4%。外汇储备也显著增加,从 2002 年的不足 376 亿美元增加到 2010 年的 2552 亿美元,使其能够有效地抵御 2008 年的全球金融危

---

① 马蒂亚斯·斯佩克托尔(Matias Spektor):《卢拉和卡多佐为赢得布什支持携手合作的 18 天》,里约热内卢:客观出版社(Objetiva),2014 年。

机。在经济增长的同时,巴西的社会包容性也得到大幅度提升。在卢拉担任总统期间,由于中产阶级规模的大幅扩张,巴西的基尼系数从 0.64 下降到 0.56。[①]此时的巴西似乎已不再受制于其传统上的制约因素——经济和政治不稳定,这些因素曾使巴西实现崛起的尝试屡屡受阻。

卢拉的外交政策偏好与其对巴西能力的评估相一致:它的能力在于它的外交力量、不断增长的经济以及"巴西利亚共识"对其他发展中国家的吸引力。[②]事实上,这一时期对巴西软实力的各种评估都表明,巴西的排名位于所有发展中国家及其金砖伙伴国之前,但仍然落后于现任强国和领先的发达中等国家,如加拿大、瑞典、意大利和澳大利亚。[③]

卢拉倾向于淡化军事力量在外交政策中的重要性,尽管在程度上同卡多佐有所不同。也许是因为卢拉认为自己的当选理所当然,所以他不像其前任那样关注文人政府—军队关系及民主制度的巩固。在卢拉执政期间,军费预算大幅增加,国防开支从 2002 年的 290 亿美元增长至 2010 年的 380 多亿美元。[④] 2008 年,卢拉还发布了一项国防战略,这是巴西文人政府前所未有的做法。该战略并未设定敌对方,其国防重点几乎完全侧重于空间、核和网络领域新技术能力的获取。[⑤] 卢拉还加大了巴西在国际维和行动中的参与程度,特别是在联合国的海地维和行动中担任指挥:联合国海地稳定使团(MINUSTAH)。然而,卢拉一直避免参与更具争议性的第七条任务,反对使

① 保罗·索特罗(Paulo Sotero):《全球力量均衡转变期巴西日益增长的野心》("Brazil's Rising Ambition in a Shifting Global Balance of Power"),《政治》(*Politics*),2010 年第 30 卷第 S1 期,第 71—81 页。

② 罗德斯·卡萨诺瓦(Lourdes Casanova)、朱莉安·卡萨姆(Julian Kassum):《从软实力到硬实力:寻找巴西获胜的综合因素》("From Soft to Hard Power:In Search of Brazil's Winning Blend"),教职员工研究工作文件(Faculty & Research Working Paper),法国枫丹白露(Fountainebleu):欧洲工商管理学院(INSEAD),2013 年。

③ 乔纳森·麦考利:《新说服者(三):2012 年度世界软实力排行榜》。

④ 作者的计算是基于 SIPRI 军队开支数据库,www.sipri.org/research/armaments/milex/milex_database。

⑤ 《国防战略:巴西的和平与安全》(*National Strategy of Defense:Peace and Security for Brazil*),巴西利亚:巴西国防部,2008 年。

用强制性的军事行动来实现和平。[①]大体上说，他将国防开支投入视为其国家发展总体战略的一部分。

卢拉的外交策略

卢拉的外交政策目标在某些方面与卡多佐（及其许多前任）有相似之处：在国际体系中追求更大自主权，以及倾向于以和平对话作为解决国际争端的手段。然而，卢拉更加强调多边主义的重要性，并希望在多边机构中获得与现任强国平等的地位。卢拉积极寻求与其他新兴大国建立联系，并将"金砖四国"从营销策略转变为建立制度化关系的基础。他恢复了巴西外交政策中发展南南关系的倾向性，并以此作为其外交策略的核心。基于在圣保罗论坛的经验，卢拉更加关注区域一体化的政治层面，强调南美洲在巴西外交政策中的重要性，并悄悄阻止和破坏美国所采取的可能影响巴西区域地位的半球举措。南美洲国家联盟成立于2008年，最终成为卢拉地区战略的主要工具。该多边论坛将美国和加拿大（以及墨西哥，巴西在该半球的传统外交对手）排除在外，从而使得巴西成为该联盟中最重要、最具影响力的行动体。尽管南美洲国家联盟从未获得过重要的制度能力，但它能够为巴西提供外交空间，以维持区域的稳定与和平，这不仅使巴西的安全受益，也限制了现任强国——特别是美国——插手巴西后院事务的机会。[②]

---

① 费尔南多·卡瓦尔坎蒂（Fernando Cavalcante）：《提供维和工具？卢拉执政时期巴西采取的联合国维和行动方案（2003—2010）》("Rendering Peacekeeping Instrumental? The Brazilian Approach to United Nations Peacekeeping during the Lula da Silva Years [2003–2010]")，《巴西国际政治》(*Revista Brasileira de Política Internacional*)，2010年第53卷第2期，第142—159页。

② 乔斯·安东尼奥·桑那胡加（José Antonio Sanahuja）：《南美洲的多边主义和地区主义：以南美洲国家联盟为例》("Multilateralismo y regionalismo en clave suramericana: El caso de UNASUR")，《自我思潮》(*Pensamiento Propio*)，2011年第33卷，第115—158页。

卢拉的整体策略是挑战国际体系所施加的制约,改革现有全球秩序的制度基础,为巴西的崛起创造发展空间。在他2003年1月发表的就职演说中,卢拉把多边机构改革作为其外交政策议程的前沿和中心,并指出:"我们将重视国际组织,特别是联合国……我们将倡导安理会的改革,安理会理应代表当前现实,常任理事国应该同时包括发达国家和发展中国家。"[①]这一声明的具体含义是,巴西希望获得联合国安理会常任理事国席位[②]并希望在重要机构,特别是世贸组织和联合国粮食及农业组织中发挥领导作用。这两个多边机构对巴西的国际贸易战略以及世界上最大农产品出口国之一的地位至关重要。因此,巴西在世贸组织多哈回合中也发挥了积极的作用。卢拉还努力推动多边金融机构如国际货币基金组织的改革,以增加巴西在这些机构的投票权重。[③]2008年全球金融危机爆发后,巴西是较早倡导由八国集团(G8)转向二十国集团(G20)以应对危机的国家之一。与前者相比,后者更具包容性,既包括现任强国又有较大的发展中国家。[④]

卢拉认为,巴西已然成为一个强国,所以他利用每一个机会展示巴西的重要性。在他的推动下,巴西成功获得了2014年世界杯和2016年夏季奥运会的举办权。过去,主办这些全球体育赛事是其他主要强国展示自我的盛会,如日本在1964年举办的夏季奥运会。对巴西而言,在全球聚焦下承

---

① 路易斯·伊纳西奥·卢拉·达席尔瓦(Luiz Inacio Lula da Silva):《卢拉2003年的就职演说》("Lula's Inaugural Address 2003"),巴西国家图书馆,2003年,www.biblioteca.presidencia.gov.br/ex-presidentes/luiz-inacio-lula-da-silva/discursos-de-posse/discurso-de-posse - 1o-mandato/at _ download/le。

② 阿玛多·路易斯·塞尔沃(Amado Luiz Cervo):《巴西在国际舞台上的上升:巴西与世界》("Brazil's Rise on the International Scene: Brazil and the World"),《巴西国际政治》,2010年第53卷特刊,第7—32页。

③ 威吉瓦尼:《时代变迁中的巴西外交政策》。

④ 塞尔索·阿莫林(Celso Amorim):《卢拉总统执政期的巴西外交政策(2003—2010):概况》("Brazilian Foreign Policy under President Lula(2003 - 2010): An Overview"),《巴西国际政治》,2010年第53卷特刊,第214—240页。

办这些活动将向世人展示其成就，同时也有助于其软实力的提升。[①]

在卢拉担任总统期间，巴西大大加强了与其他新兴大国的合作，共同推动全球治理改革。最早的举措之一是 IBSA（印度、巴西和南非）三方机制对话论坛，该论坛汇集了三个新兴民主国家：印度、巴西和南非。这三个国家在同时促进经济增长以及社会包容和民主发展方面有着共同的兴趣。他们同样都致力于多边机构的改革，特别是联合国安理会。此外，巴西还与印度、德国和日本合作推动安理会改革，并与二十国集团中的印度和中国合作以应对 2008 年的全球金融危机。2009 年，在巴西的推动下举办了首次"金砖国家"首脑峰会，峰会聚集了俄罗斯、印度、中国、巴西和南非（从 2011 年开始加入）的领导人。卢拉和时任巴西外交部长塞尔索·阿莫里姆认为，加强与非传统伙伴的紧密联系有助于提高自由国际秩序改革的呼声。[②]

卢拉还坚定地致力于加强南南关系，并出于历史和人口因素的考虑，将非洲视为巴西特别关注的地区。20 世纪 70 年代，军政府已经开始同非洲建立联系，而卢拉政府则努力加深这种联系。非裔巴西人是巴西人口的主要组成部分，巴西和撒哈拉以南非洲所面临的发展问题有许多相似之处。按照官方的说法，这项努力是卢拉政府团结发展中国家政策的一部分，但实际上也是扩展巴西软实力的一种尝试。[③]这项战略旨在获取大量发展中国家的支持以推动多边机构的改革，因为非洲在多个多边机构拥有大量投票权。对南南关系的追求使巴西政府增加了海外发展援助项目和非洲技术顾问的数量；这些顾问分享了他们在解决巴西东北部地区农村贫困问题的积极经

---

① 安德瑞亚·苏特雷斯（Andreia Soares）、卡斯特罗（Castro）：《2014 年世界杯和 2016 年奥运会：巴西借助运动和足球赢得人心的策略》（"2014 FIFA World Cup and 2016 Olympic Games：Brazil's Strategy 'to Win Hearts and Minds' through Sports and Foot-ball"），《公共外交》（*Public Diplomacy*），2013 年，第 28—35 页。
② 阿莫林：《卢拉总统执政期的巴西外交政策（2003—2010）》。
③ 安德鲁·哈瑞尔（Andrew Hurrell）：《巴西和新世界秩序》（"Brazil and the New Global Order"），《当代历史》（*Current History*），2010 年第 109 卷第 724 期，第 60—66 页。

验,这些问题与一些非洲国家所面临的社会经济问题相似。此外,为了扩大影响力,巴西将其大使馆和外交使团的总数由 33 个增加到 136 个,特别是在非洲和加勒比地区,而外交人员的规模从 1000 人增加到 1400 人。①

　　卢拉在南美洲最充分地实现了巴西劳工党的外交政策手段。卡多佐与南美其他国家在经济和基础设施方面开展了密切合作,而卢拉则将重心放在政治和社会一体化的层面。此外,卢拉对南美洲的重视使墨西哥失去了与巴西在该地区角逐领导地位的可能。而该区域一些中左翼和左翼领导人几乎同时获选执掌政权,这也为卢拉更快推进一体化议程提供了机会。通过圣保罗论坛,巴西劳工党同该地区新当选的左翼国家领导人建立了长期的党际关系,劳工党的外交政策专家——马科·奥雷里奥·加西亚也从中获益并声名鹊起。加西亚经常绕过巴西外交部,在位于巴西利亚的巴西总统府办公室外处理与邻国的关系。卢拉及其团队致力于扩大南方共同市场,提议委内瑞拉作为新成员加入其中。南共市的小成员国一开始不接受此方案,特别是巴拉圭,但后来该提议由卢拉的继任者迪尔玛·罗塞夫达成。在这一时期,卢拉面临来自委内瑞拉总统乌戈·查韦斯对其区域领导人地位的挑战。委内瑞拉试图逼迫巴西接受以国家为中心的区域一体化模式,而卢拉成功地化解了这一挑战。②

　　在这一时期,美国在南半球对巴西的挑战相对减少,这主要是受到政治和经济原因的影响。首先,美国将重心放在应对恐怖主义和中东战争的挑战上,所以在南美洲的影响力得到削弱;此外,拉丁美洲国家对伊拉克战争本身及美国发动战争的方式均持不赞同态度,这些都阻碍了美国的外交。其次且更重要的是,商品繁荣对南美经济的总体影响是使它们获得更大的

---

① 阿莫林:《卢拉总统执政期的巴西外交政策(2003—2010)》。
② 肖恩·W.伯吉斯(Sean W.Burges):《打造一个世界南部联盟:巴西卢拉总统和委内瑞拉查韦斯总统的竞争性手段》("Building a Global Southern Coalition: The Competing Approaches of Brazil's Lula and Venezuela's Chávez"),《第三世界季刊》(*Third World Quarterly*),2007 年第 28 卷第 7 期,第 1343—1358 页。

独立性和自主权，而不再过分受制于美国及其主导的多边机构，如国际货币基金组织。事实上，卢拉能够阻止美洲自由贸易区谈判，直至 2005 年谈判终止，这也是他明确的竞选承诺之一。

卢拉外交政策的评估

卢拉政府中具有高度影响力的外交部长塞尔索·阿莫里姆认为，巴西应当采取一种"独立的态度——无畏而不鲁莽——与巴西的规模和抱负相称"。[①] 卢拉的外交政策无疑正体现了这一特点。事实上，来自发达国家的一些观察员们对其向独立态度的转变持批评意见，他们将巴西称为"不负责任的"大国。[②] 卢拉当然不会错过世界历史在这一时刻提供的机会。他出访外国的时间远远超过了其前任及后任。[③] 他将巴西外交的全球影响力扩大到前所未有的水平。正如我们在接下来几章中将看到的，巴西全方位地参与了全球治理，涉足范围广泛，从伊朗核谈判到应对 2008 年全球金融危机、气候变化、贸易和社会包容等。通过这些努力，巴西一直致力于对现有秩序做出修订——不是质疑现有秩序的前提，而是为争取自身利益和话语权创造空间，以图对全球秩序规则产生影响。

尽管在卢拉执政时期巴西外交空前活跃，但其外交政策战略与国际秩序的现实不符，其目标也未能得以实现。如同其前任们一样，卢拉主要依赖巴西的软实力来实现其国际目标。巴西的软实力在这一时期确实很强大：经济增长的同时实现了社会包容、减贫和民主的发展，这些对于发达国家和发展中国家都极具吸引力。但巴西却将目光转向发展中国家，希望在全球

---

① 阿莫林：《卢拉总统执政期的巴西外交政策（2003—2010）》。

② 斯图尔特·帕特里克（Stewart Patrick）：《不负责任的股东——整合上升力量的困难》（"Irresponsible Stakeholders—The Difficulty of Integrating Rising Powers"），《外交事务》，2010 年第 89 卷，第 44—53 页。

③ 卡森、鲍尔斯：《总统化、多元化和巴西外交部的倒退》。

机构中争取候选资格时获得它们的广泛支持,以实现其最终目标:改革全球多边机构,为自身利益和政策倾向谋取更大话语权。然而,多边机构的改革进程并非仅仅取决于南方国家的支持,而是更多地由现任强国悉心守卫。虽然巴西与对改革具影响力的国家——俄罗斯和中国——恢复邦交,却也未能赢得它们对巴西崛起的支持。

罗塞夫执政时期

迪尔玛·罗塞夫于 2011 年 1 月 1 日就任巴西总统。彼时,卢拉的知名度和国际声望如日中天,势头盖过罗塞夫。巴西也仍处于上升时期,比发达国家更快地从 2008 年全球金融危机中恢复过来。但卢拉领导下的巴西此前在崛起之路上已经历了一些挫折,特别是在国际安全领域。随着全球商品市场的衰退,巴西经济增长放缓,罗塞夫总统疲于应对国内政治事务。在她担任总统期间,对强国地位的追求已偃旗息鼓,并最终由于日益严重的国内和国际制约而蒙上阴影。

罗塞夫代表巴西劳工党竞选总统是她首次担任当选公职,这也反映了她作为技术官僚而非政治家的背景。迪尔玛的性格与其前任相比更为温和,她在世界舞台上并没有像卢拉所追求的那样扮演光彩夺目的角色。事实上,她因对外交政策和外交缺乏兴趣而广受诟病。然而,在她担任总统期间,巴西不再受益于有利的国际环境,并且很快开始陷入消费主导型国内经济模式所导致的各种制约。尽管任期时间长,卢拉却未能实现其目标:改革联合国机构,获得联合国安理会常任理事国席位,以及使现任强国接受巴西在重构全球秩序规则方面发挥更大作用。面对经济增速下滑、通货膨胀上升和政治动荡日益严重的局势,迪尔玛几乎没有可利用的资源来实现卢拉雄心勃勃的国际议程。此外，经济衰退和政治两极分化的加剧，加上在其第二任期开始时爆出的巨大腐败丑闻，都使巴西在全球秩序中崛起所依赖的核心能力——软实力——受到了侵蚀。

　　和许多在 20 世纪 60 年代成年的人一样，罗塞夫因其在巴西军事独裁时期（1964—1985）的经历而变得激进。20 世纪 50 年代至 60 年代间，罗塞夫生长于巴西米纳斯吉拉斯州首府贝洛奥里藏特的一个中产阶级家庭，她的父亲是保加利亚移民。[①]高中毕业后不久，罗塞夫加入了一个名为"工人政治"（POLOP）的组织，该组织是巴西社会党的一个分支。20 世纪 60 年代末，"工人政治"内部就是否应该武装反抗军政府争论不休。罗塞夫选择了武装反抗独裁统治并加入了民族解放军（COLINA），该组织后来因 1969 年绑架美国驻巴西大使而臭名昭著。[②] 罗塞夫因为近视症而无法参与对军政府的直接行动，但她因其组织能力而出名。1970 年，罗塞夫被捕，接下来两年间她在狱中饱受酷刑。获释后，罗塞夫开始学习经济学，并任职于南里奥格兰德州政府。[③]

　　20 世纪 80 年代和 90 年代，罗塞夫活跃于左翼政坛并于 2000 年加入巴西劳工党，在那里她开始受到卢拉的关注。2003 年卢拉任命罗塞夫担任国家能源部部长。卢拉欣赏她坚韧和务实的政治作风，对她充分信赖并将许多棘手的问题交由她处理。2005 年罗塞夫开始担任总统府民事办公室主任。[④]但是，关键的问题是，她在政府中担任的所有职务都集中于国内政治而非外交

---

① 路易斯塔·洛佩兹·托雷格罗萨（Luisita Lopez Torregrosa）：《一个巴西女人的崛起》（"A Woman Rises in Brazil"），《纽约时报》（*New York Times*），2010 年 9 月 28 日。

② 路易斯·马克洛夫·卡瓦略（Luiz Maklouf Carvalho）：《战争与夏天：教育政策和迪尔玛·罗塞夫的内心世界》（"As armas e os verões: a educação política e sentimental de Dilma Rousseff"），《皮阿乌评论》（*Revista Piauí*），2009 年第 31 期。

③ 乔纳森·瓦特斯（Jonathan Watts）：《叛军与贵族：罗塞夫和内维斯在巴西总统竞选中的对决》（"Rebel v Patrician: Rousseff and Neves Face off in Brazil's Presidential Duel"），《卫报》（*The Guardian*），2014 年 10 月 21 日。

④ 《传记：迪尔玛·罗塞夫》（"Biografia: Dilma Rousseff"），巴西国家图书馆（Biblioteca da Presidencia da República），www. biblioteca. presidencia. gov. br/presidente-atual/biografia，2015 年 1 月 29 日访问。

政策。

罗塞夫延续了卢拉的外交政策。她在其总统就职演说中说道:

　　巴西第一次面临着成为,作为,一个发达国家的真正机会。一个铭刻着巴西固有的文化和风格印记的国家——爱、慷慨、创造力和宽容……我们的外交政策将以巴西外交传统的经典价值观为基础:促进和平、尊重不干涉原则、捍卫人权和加强多边主义。[①]

此外,罗塞夫还承诺将延续卢拉政府的主要思路:推动南美洲的区域一体化、加强对非洲的援助和外交、团结发展中国家——特别是并肩参与全球抵御饥饿的斗争。

制约因素显露及能力逐步消退时期的外交政策

正如我们在第一章开头所述,2009 年 11 月 12 日《经济学人》杂志的封面设计是:科尔科瓦多山上的基督雕塑如火箭一般自里约热内卢湾发射而出,其标题为《巴西腾飞》。而仅仅时隔 4 年,该杂志却又以《巴西没落了吗》为标题撰写了另一篇新闻报道。撇开其新闻职业性不谈,在这短暂的时间里究竟发生了什么,以至于该杂志对巴西做出了两种截然不同的评价?

中国经济增速放缓和十年商品繁荣期结束是这一时期制约巴西崛起的主要外部因素。这两者都与 2008 年全球金融危机有关。巴西(和中国)由于拥有大量外汇储备余额,最初尚能较好地应对危机。但随着欧洲和美国的增

① 迪尔玛·罗塞夫(Dilma Rousseff):《巴西总统演讲,迪尔玛·罗塞夫在国会宪法宣誓仪式上的发言》("Speech Delivered by the President of the Republic of Brazil, Dilma Rousseff, before the National Congress during the Constitutional Oath Ceremony"),巴西利亚:2011 年 1 月 1 日。

长减缓,巴西经济增长所受影响逐渐加大。巴西的国内生产总值年均增长率从 2006—2010 年间的 4.5% 下降到 2011—2014 年间的 2.1%,2014 年的增幅仅为 0.1%。在经历了 14 年的贸易顺差之后,巴西于 2014 年 12 月首次出现贸易逆差。这意味着巴西已无法再依靠商品出口来推动其崛起。[①]

此外,在罗塞夫担任总统期间,"巴西利亚共识"的限制越来越明显。劳工党将赌注压在了创建消费型社会以减少贫困和扩大中产阶级的战略上,并在这一点上取得了显著成功。超过 3000 万巴西人成功脱贫,失业率也下降到 5%。然而,规模扩大后的中产阶级群体依赖消费信贷来支撑其新地位,信贷的平均额度很快就增长至消费者收入的近 50%。由于巴西的通货膨胀率开始超过中央银行制定的宏观经济目标,2015 年基准利率上升至 12.75%,加重了高负债消费者的财政压力。而巴西经济中一些持续的结构性问题,包括港口、道路和交通方面的投入不足,劳动生产率低,意味着巴西无法再通过增加工人和消费者的数量来实现经济增长。这些教育和基础设施方面长期存在的问题将继续抑制巴西在近期内的崛起。[②]

在罗塞夫的第一任期内,民众对巴西政府的表现开始感到焦虑不安。随着时间的流逝,这种焦虑感与日俱增。2011 年的腐败丑闻使一些公众对劳工党的诚信出离愤怒,五位政府部长因此引咎辞职。2013 年,公共交通费用的上涨引发了公众抗议活动,且规模不断扩大,招致了罕见的镇压行为——第一批抗议者遭到了警方的严厉镇压。而此时关于举办 2014 年世界杯成本超支以及 2016 年夏季奥运会成本预测的负面报道犹如火上浇油,加剧了社会动荡。[③]抗议的背后是许多巴西人共同的心声,他们担心政府的大笔支出花

---

① 大卫·比勒(David Biller):《近 12 年间巴西增速最快的一月份通货膨胀》("Brazil January Inflation at Fastest Pace in Nearly 12 Years"),彭博社(Bloomberg),2015 年 2 月 6 日;世界银行:《概况》,2015 年,www.worldbank.org/en/country/brazil/overview。

② 皮特·梅尔(Peter Meyer):《巴西—美国关系》,华盛顿特区:国会研究服务(Congressional Research Service),2013 年。

③ 怀尔·戴维斯(Wyre Davies):《世界杯前夕巴西疯狂的第 11 个小时》("Brazil's Frantic Eleventh Hour World Cup Preparations"),BBC News,2014 年 5 月 6 日。

费在面子工程上,而不是用于公共服务。巴西中产阶级规模的扩大为公共服务创造了更广泛的用户基础,例如全民医疗保健、教育和治安,新用户们也对服务质量有较高的期待。民众们的不满情绪日益高涨,这也使得罗塞夫2014年的连任竞选近乎是一场殊死战斗。①

2014年和2015年,在社会动荡和经济衰退的同时爆出了一个重大的政治腐败丑闻,该国极负盛名的国家石油公司——巴西石油公司——深陷其中。加上受其牵连的子公司、供应商和承包商,该丑闻预计影响了巴西整个国民经济的20%。政府、政党联盟、行政部门和立法部门参众两院的政府官员以及巴西石油公司和主要建筑公司的高管均牵涉其中。②由于巴油公司(Petrobras)丑闻的爆发,罗塞夫在其第二任期之初就面临推进其外交政策最重要的能力——软实力的严重削弱。③

在这些制约因素的影响下,罗塞夫领导下的巴西国际竞争力逐步下降。这不仅是因为其软实力不断削弱,政府开支的限制也使得一系列国际活动受到影响。巴西停止向联合国、美洲国家组织和国际原子能机构等主要国际组织缴纳全额会费。与此同时,它还减少了海外发展活动。④巴西外交部在卢拉

---

① 肖恩·杜恩(Sean Durns):《罗塞夫能否在2014年大选前重整巴西?》("Can Rousseff Reform Brazil before Elections in 2014?"),《全球风险洞察》(*Global Risks Insight*),2013年10月16日,www.globalriskinsights.com/2013/10/can-rousseff-reform-brazil-before-elections-in-2014。

② 伊丽莎白·洛佩兹(Elizabeth Lopes):《卡多佐说,我为巴油案深感耻辱》("'Tenho vergonha do que está acontecendo na Petro-brás', diz FHC"),《圣保罗州报》(*O Estado de S.Paulo*),2014年11月14日,www.politica.estadao.com.br/noticias/geral,tenho-vergonha-do-que-esta-acontecendo-na-petrobras-diz-fhc,1592913。

③ 大卫·比勒(David Biller)、瑞蒙德·克里特(Raymond Colitt):《巴油案丑闻重创巴西经济,罗塞夫噩梦缠身》("Petrobras Scandal Eclipses Economy as Rousseff Nightmare"),彭博社,2014年12月18日。

④ 帕特丽夏·坎波斯·梅洛(Patricia Campos Mello):《巴西获美洲国家组织付款810万美元》("Brasil dá calote de US\$ 8,1 milhões na OEA"),《圣保罗页报》(*Folha de S.Paulo*),2015年3月10日,www1.folha.uol.com.br/mundo/2015/03/1600620-brasil-da-calote-de-us-81-milhoes-na-oea.shtml。

任期内大幅扩张,但在罗塞夫第二任期开始时面临预算严重削减的情况。①
虽然军队不是巴西国际战略的重要组成部分,但其力量也受到了经济增长放
缓和随后国防预算削减的负面影响。总体来说,罗塞夫领导下的巴西实力逐
渐减弱,已无法实现卢拉在八年前绘制出来的崛起蓝图。

罗塞夫的外交政策战略

按照官方的说法,罗塞夫和卢拉的外交政策目标在很大程度上保持了连
续性。但事实上,罗塞夫对国际事务不太关心。卢拉卸任时仍然颇具威望,
对于她来说更是如此,因此她在这一领域延续卢拉的做法是有意义的。②巴
西继续争取联合国安理会常任理事国席位,支持多边主义,深化南南关系以
加强与非洲的合作,并继续通过海外援助计划消除饥饿。但罗塞夫最初确实
对巴西的外交政策做过一些重大调整,特别是寻求改善与美国的关系,并放
慢在南美洲的区域一体化战略。她还坚持加强与金砖国家之间的关系,倾向
于和中国、俄罗斯建立更密切的联系,尽管这些新兴大国对自由国际秩序持
反对立场。

在罗塞夫的领导下,巴西继续主张利用外交而非武力解决国际争端。
2014年,罗塞夫在联合国大会上说道:"使用武力不能从根源上解决冲突。这
一点是显而易见的,如长期存在的巴勒斯坦问题、对叙利亚人民的制度性屠
杀、令人唏嘘的伊拉克解体、利比亚严重的安全问题、萨赫勒(Sahel)冲突和乌
克兰冲突。每一次军事干预都不会使我们走向和平,而是让我们目睹这些冲

① 帕特丽夏·坎波斯·梅洛:《外交部声称无法支付该笔消费》("Itamaraty diz não ter como cobrir despesas"),《圣保罗页报》,2015年1月23日,www1.folha.uol.com.br/mundo/2015/01/1579222-itamaraty-diz-nao-ter-como-cobrir-despesas.shtml。
② 若·奥古斯塔·德·卡斯特尔·内维斯(Joao Augusto de Castro Neves):《巴西的外交政策:后退?》("Brazil's Foreign Policy: Moving Backwards?"),《外交政策》,2011年9月第3卷第9期,第8—10页。

突的加剧。"正如我们将在第四章讨论的那样,"阿拉伯之春"使国际社会意识到有责任对导致人道主义灾难的内乱进行干预。罗塞夫领导下的巴西对"阿拉伯之春"所做出的最初反应是,在联合国多边进程的批准和监督下,巴西愿意支持对利比亚的国际干预。而后来北约在利比亚政权更迭方面所起的作用使罗塞夫改变了这一做法。巴西恢复了以往反对干预主权国家的一贯立场,并在幕后阻止联合国批准对叙利亚实施干预的类似提议。①

在罗塞夫的第一任期内,南南合作的重点大多是拉丁美洲国家。然而,与通过南美洲国家联盟加强政治一体化相比,罗塞夫更重视加强与巴西邻国们的经济联系。②例如,巴西利用 2012 年巴拉圭被暂停南共市成员国资格的机会促成委内瑞拉(其成员国资格多年一直为巴拉圭议会反对)正式加入该组织。与此同时,巴西已不再愿意为区域领导者的地位承担代价,而将重点放在追求自身的利益上。③ 尽管如此,罗塞夫还是在其第一任期内组建了拉丁美洲和加勒比国家共同体(CELAC)。作为一个区域组织,CELAC 解决了巴西区域外交的两大问题:让墨西哥在被排除出南美洲国家联盟后重新加入,使古巴在冷战结束后重新融入拉丁美洲。拉丁美洲和加勒比国家共同体在这两方面取得了成功,但与对南美洲国家联盟的态度一样,罗塞夫政府对

---

① 安德烈·亚斯库伯(Andreas Kolb):《保护的责任和保护中责任:朋友抑或敌人?》(*The Responsibility to Protect*［*R2P*］*and the Responsibility while Protecting*［*RwP*］:*Friends or Foes*?),2012 年,www. globalgovernance. eu/images/sampledata/GlobalJustice/Kolb％20％20R2P％20and％20RwP％20-％20Friends％20or％20Foes％20-％20GGI％20Analysis％20Paper％202012.pdf。

② 迪尔玛·罗塞夫:《国家总统演讲,迪尔玛·罗塞夫在南美国家联盟特别峰会上的发言》("Discurso da Presidenta da República, Dilma Rousseff, na Cúpula Extraordinária da União das Nações Sul-Americanas"),厄瓜多尔基多(Quito),2014 年 12 月 5 日,www2.planalto.gov.br/acompanhe-o-planalto/discursos/discursos-da-presidenta/discurso-da-presidenta-da-republica-dilma-rousseff-na-cupula-extraordinaria-da-uniao-das-nacoes-sul-americanas-unasul。

③ 泰·那隆(Tai Nalon)、弗瑞克·弗拉维尔(Foreque Flavia):《迪尔玛支持巴拉圭入南共市,但本国必须获利》("Dilma defende volta do Paraguai ao Mercosul, mas pais cobra vantagens"),《圣保罗页报》,2013 年 9 月 30 日,www1.folha.uol.com.br/mundo/2013/09/1349558-dilma-defende-volta-do-paraguai-ao-mercosul-mas-pais-exige-vantagem.shtml。

于建立一个可能限制其区域外交的强大机构不感兴趣。

罗塞夫在其第一任期内还向现任强国发出信号，提醒它们考虑忽视巴西要求在国际机构中发出更大声音的后果。而在其改革多边机构的举措几乎遭遇全线溃败之后，巴西将目标转向金砖国家，特别是中国，力图创建新的多边机构，更好地体现其利益。在 2014 年金砖国家福塔莱萨（Fortaleza）峰会上，与会领导人宣布在成员国之间建立新的金砖国家开发银行以及货币储备安排。实质上，这些机构在运作上类似于传统的布雷顿森林体系——世界银行和国际货币基金组织，但凸显了新兴大国的作用。[1] 这些机构的形成旨在向现任强国发出信号，包括金砖国家在内的新兴大国拥有通过自身行动重构全球秩序的资源，尽管它们之间存在互补关系。罗塞夫急于和金砖国家保持良好关系，因而忽视了其合作伙伴恶劣的国际行为。特别是俄罗斯吞并克里米亚和对乌克兰的干预，这两项行为都深刻地违反了巴西奉行的国际边界不可侵犯性的原则，但此时却被巴西外交全然忽略了。[2]

在罗塞夫的第一任期内，巴西似乎在某个领域开辟了一条新航道，那就是与美国的关系。罗塞夫认为，美国是技术和教育的来源，而这两者是提高巴西生产力和创新能力的关键。[3]奥巴马政府意识到了巴西外交政策的新方向，与之建立了一系列的伙伴关系，旨在促进双方在全球治理、能源、教育、科学和技术方面的广泛合作。双边合作的激增促成了奥巴马总统 2011 年对巴

---

[1]　瑞·M.德赛（Raj M.Desai）、詹姆斯·瑞蒙德·沃瑞兰德（James Raymond Vreeland）：《金砖国新银行介绍》（"What the New Bank of BRICS Is All About"），《华盛顿邮报》（*Washington Post*），2014 年 7 月 17 日。

[2]　阿西斯·莫雷拉（Assis Moreira）：《迪尔玛提出巴西在乌克兰无立足之地》（"Dilma diz que Brasil não tem posição sobre a Ucrânia"），《巴西经济价值报》（*Valor Econômico*），2014 年 11 月 16 日。

[3]　拉利·维茂斯（Lally Weymouth）：《在巴西，从阶下囚到总统》（"In Brazil, from Prisoner to President"），《华盛顿邮报》，2010 年 12 月 5 日。

西进行国事访问,并于 2013 年邀请罗塞夫赴美进行国事访问。[①]

然而,两国之间的紧张局面依然存在,特别是在西半球关系和巴西试图推动多边机构改革方面。[②]在美国国安局前雇员爱德华·斯诺登曝光了美国针对巴西和罗塞夫总统本人的窃听活动之后,这一本来前景光明的双边关系新进程戛然而止。罗塞夫对此做出了回应,她取消了 2013 年对美国的国事访问并在当年的联合国大会年会上对美国的间谍活动予以谴责。[③]在随后的六个月中,巴美双边关系基本处于冻结状态。直至 2014 年 4 月在圣保罗举行的 NETmundial(世界互联网)国际会议上,美国对巴西在全球互联网治理中发挥更大作用的倡议给予支持,巴美关系才在这一不太可能的领域有所缓解。尽管罗塞夫重视改善巴西与美国的关系,但斯诺登事件恰逢其连任竞选年,于是她成功地化危为机。为了获得巴西左翼选民的选票,罗塞夫对奥巴马政府采取了更为批判的态度。

罗塞夫外交政策战略的评估

在罗塞夫第二任期开始之初,巴西面临的许多限制因素濒临紧要关头。罗塞夫政府随即决定转向正统的外交政策:朝着更自由的经济政策和与现任强国保持更加密切关系的方向发展。随着中国和欧洲经济放缓,巴西经济进入衰退,迅速回升无望。于是罗塞夫指定芝加哥大学经济学家阿金·

---

① 卡洛斯·佩雷拉(Carlos Pereira):《迪尔玛·罗塞夫治下的巴西:保持相似的政策方向》("Brazil under Dilma Rousseff: Similar Policy Directions Maintained"),佛罗里达国际大学西半球安全分析中心(Western Hemisphere Security Analysis Center, Florida International University),2011 年。

② 德·卡斯特罗·内维斯:《巴西的外交政策:后退?》。

③ 迪尔玛·罗塞夫:《巴西总统迪尔玛·罗塞夫在联合国大会第 68 届会议一般性辩论开幕式上的发言》("Statement by H.E. Dilma Rousseff, President of the Federative Republic of Brazil, at the Opening of the General Debate of the 68th Session of the United Nations General Assembly"),纽约,2013 年 9 月 24 日。

莱维（Joaquim Levy）为财长，由他领导其经济团队。莱维重视促进贸易，专注于推动与美国的贸易便利化进程。他认为美国是巴西的重要出口市场。莱维还赞成向跨国公司拍卖建设和运营基础设施"特许权"以促进外国直接投资。巴西政府各部门部长——包括经济、贸易、工业、农业和外交等各部门——接连访问华盛顿特区，为罗塞夫 2015 年 6 月对美国进行国事访问做准备。此外，在减少政府支出的压力下，巴西外交部的预算削减过半，这也使得巴西力图在非洲和加勒比海地区提升其国际地位的抱负遭遇迎头重击。

尽管罗塞夫在第一任期间试图延续卢拉外交政策战略的基本思路，但在其第二任期，面临的国内制约越来越大，巴西的软实力也因而日益削弱。鉴于巴西崛起的整体战略是以软实力为前提，经济停滞加上政治丑闻就减弱了巴西经济和社会模式对其他国家的吸引力。此外，由于国内政局混乱，巴西人对其外交政策更加不感兴趣，其他国家也无意支持巴西的强国抱负。

然而，罗塞夫领导下的巴西对全球秩序做出了两个潜在重要的贡献。第一个是"保护中的责任"（RwP）概念，强调将人道主义干预的合法性与北约在利比亚所采取的具争议性的政权更迭政策区分开来。尽管当时许多强国拒绝接受这一概念，但"保护中的责任"这一概念持续在学术界和外交界产生反响，由此可见它仍是判断解决人道主义危机的国际干预合法性的重要替代标准。第二个是罗塞夫对美国国安局间谍丑闻做出的反应——不仅强调了全球隐私权的重要性，还通过 NETMundial 会议使巴西在互联网治理问题上与国际社会拉近了距离——同时也拉开了同俄罗斯等威权主义政权的距离。因此，尽管她对美国的监听行动表示了强烈谴责，但为了占据互联网治理的道德制高点，她后来的反应也有所缓和。

总统战略和巴西在国际秩序关键领域中的影响力

崛起之路是一条漫漫长路,对于巴西这样的国家尤其如此。该国试图改革和修订国际秩序的规则,而不是简单地接受它们。总统的作用至关重要,因为他们将历史夙愿转化为具体的外交政策战略以获得国际影响力。在巴西最近的尝试中,其领导人面临着机会结构的改变。从冷战后的单极秩序到"9·11"事件后国际秩序初现的多极性为巴西领导人带来了不同的制约因素。在这一时期,巴西自身的能力也发生了变化,从卡多佐上任时的经济疲软和脆弱到罗塞夫时期成为世界第七大经济体。巴西在减少贫困和扩大中产阶级方面取得了长足的进步,其软实力也因而得以上升。但政府对许多问题的处理,引发的批评声音也不绝于耳,这些问题包括警察暴力、大规模监禁吸毒者和 2014 年世界杯的准备不足等。

巴西不可能只聚焦于某个单一的国际秩序方面以获取影响力。相反,国际秩序代表了一系列规则、规范、"软性的"法律、条约和实践,涵盖多个领域,受各国相互作用的影响。因此,巴西领导人需要在这些领域内运用不同的策略,其中一些有利于软实力,而另一些则有利于硬实力。在接下来的三章中,我们将探讨巴西最近几任总统所制定的战略如何在实际上转化(或没有)为三个关键领域的影响力:国际安全、全球经济治理和全球公域的监管。我们将分析巴西在何种程度上能够制定有意义的全球秩序规则。我们将重点关注其他国家对巴西战略的反应,无论是巴西声称所代表的全球南方国家,还是传统意义上制定当前秩序规则的北方发达国家。

巴
西
、
秩
序
制
定
和
国
际
安
全

就其所处的地理位置而言,巴西非常幸运。尽管它与周边国家间并非全无关系紧张之忧,但彼此之间的争端一般不易升级为重大军事危机。这也使得硬实力在巴西的即时区域环境管理中的作用日益减弱。①然而,由于在全球贸易、投资、移民和文化等方面与国际体系存在各种联系,巴西仍然容易受到世界其他地区破坏性冲突的影响。因此,巴西对改善国际体系秩序——包括安全领域的秩序——有着浓厚的兴趣。

巴西认识到,国际秩序正面临着来自国家和非国家行为者采取硬实力手段所造成的安全威胁。正在走下坡路的强国俄罗斯为了宣称其势力范围,不惜在格鲁吉亚公开使用武力,竟然将“小绿人”和代理民兵派往乌克兰,这一行径简直令人难以置信。有些地区毗邻无内部合法性的国家或政权,长期处于无政府管理或管理不力的状态,往往成为中东、非洲和亚洲激进“圣战”分

①　见塞尔索·拉斐尔(Celso Lafer):《巴西:外交政策的困境与挑战》("Brasil: Dilemas e desafíos da política externa"),《高级研究》(*Estudos Avançados*),2000 年第 14 卷第 38 期,第 260—267 页。

子竞相争夺之地。[①]

巴西一方面竭力应对硬实力威胁导致的系统性影响,另一方面尽量促成国际问题的和平解决。这一反应依赖于软硬实力双管齐下的策略,且基于其对历史的解读及其当代观点,即尊重主权是维持国际秩序稳定的根本。巴西领导人清楚,国际安全面临的一些威胁可能源自实现合法国内政变的行动,如最近发生的"阿拉伯之春"。但巴西关注的是,强国往往过分强调内部争端的安全部分并以此理由为其硬实力部署正名,实则是为了促进政权更迭或迫使政府改变与安全事项无关的政策。巴西还注意到,在国内争端中选择祖护某一方实际上可能会延长和加深冲突,并加剧国际安全的威胁。鉴于以上观点,巴西领导人认为,只有在自卫或支持国际维持和平行动(维和行动)中,且冲突各方都同意外国部队参与解决军事冲突的前提下,才能将硬实力视作解决国际事务的合法手段。

在国际上,对于像巴西这种希望利用软实力来影响安全领域结果的国家来说,它们面临的挑战不仅仅是"与强国谈和平"。国际体系中的强国认为它们使用硬实力是合法的,硬实力为国际体系的稳定奠定了基础。现任强国从未有过放弃使用硬实力而转向以软实力部署为重点的做法。无论是诸如美国、法国和英国这样希望保持现状的强国,还是想要挑战现状的强国,均是如此。例如,俄罗斯等国家都认为,它们应该限制美国使用其硬实力来维持现状,但它们也为自己保留了使用硬实力挑战现行体系的选择权。因此,一个试图通过软实力手段建立和维持国际秩序及安全的新兴大国必然面临来自硬实力领先的强国及其对手的怀疑。此外,那些屡弱的硬实力受害国可能也会质疑,究竟向谁求助更有意义:是求助于那些依赖软实力的国家,还是求助于靠硬实力发声的国家?前者可能为对抗侵略提供可能的长期解决方案,

---

[①] 安娜·科伦南(Anne Clunan)、哈罗德·特林昆纳斯(Harold Trinkunas)编:《不受辖制的空间:软主权时代的国家权力替代方案》(*Ungoverned Spaces: Alternatives to State Authority in an Era of Softened Sovereignty*),斯坦福大学出版社,2010 年。

而后者则可以在短期内为受害国提供武力庇护。

　　硬实力倡导者强调使用强制手段（军事、经济和隐蔽手段）来改变国内行为或替换它们认为有问题的政府。而软实力倡导者则设法说服这些政府使之相信，改变行为符合它们的自身利益，或者至少说服它们向国际社会更公开和可信地表明它们的行为不具威胁性。硬实力和软实力都面临战略失败的挑战，特别是在国际安全状况恶化时。在这种情况下，硬实力倡导者将采取战争作为其终极手段。虽然软实力倡导者也最终可能同意使用武力，但它们希望尽可能地延迟这一时刻的到来。例如，巴西的国防也不仅仅依靠软实力，因为单靠软实力无法对军事威胁造成威慑力。最终，关键问题在于，一个主要依靠软实力来解决安全问题的新兴大国是否在由硬实力倡导国维持的秩序中坐享其成。

　　硬实力倡导国关心的是软实力倡导国将坐享其成它们提供的公共产品。有鉴于此，如果软实力倡导国的首选策略得以实施并遭遇失败，它们将如何支付"成本"？又该如何定义策略的"失败"？具体来说，如果巴西仅依赖外交手段解决伊朗核问题的策略有误，它该如何改变策略？巴西已经表明了对核扩散者的谴责（见后面关于朝鲜的讨论），但其软实力根本不会对朝鲜放弃核武器或发展核使用能力造成任何影响。像巴西这种支持软实力策略的新兴国家如何才能阻止违反规则的行为和其他国家坐享其成的行为？

　　说服其他国家采取软实力策略一直是巴西在国际安全领域面临的难题。前几章中，我们详述了巴西期望建立基于强势主权的国际秩序，并以软实力作为应对安全危机的第一选择。① 在本章中，我们将分析巴西近期在重构国际安全秩序方面所做的尝试，并以此来阐述巴西在努力达成愿望时所面临的

① 麦克斯·费士曼（Max Fishman）、安德鲁·曼沃瑞（Andrew Manwaring）：《巴西的安全策略和国防宗旨》（"Brazil's Security Strategy and Defense Doctrine"），研讨会简报，www.strategicstudiesinstitute.army.mil/pubs/display.cfm? pubID=1049；《国防政策：巴西的和平与安全》（National Strategy of Defense: Peace and Security for Brazil），巴西利亚：国防部，2008年。

挑战。首先,我们概述了硬实力在巴西总体实力中所起的作用。我们观察到,巴西的军事力量主要服务于两个目的:对现任强国的干扰造成微乎其微的威慑;通过对本国科技发展的贡献提升巴西的名誉和声望。[①] 然后,我们将目光转向巴西为提高其在联合国安理会中的地位所做的努力。联合国安理会是多边体制中处理国际安全问题的领头羊,而巴西一直希望在该机构中争取到更显著、更有影响力的地位。然后,我们分析了巴西近期的崛起尝试中三大重点问题:大规模杀伤性武器的扩散是对国际秩序的根本威胁;联合国维和部队是以硬实力手段加强国际安全的最合法方式;以及强国在使用硬实力解决国际危机时,尤其是在以联合国名义行事时,实行克制的责任。

硬实力在巴西大战略中的地位

巴西 2008 年的国防战略对该国的国际抱负做了如下总结:

> 巴西是一个和平国家,无论传统和信念均如是。它与邻国和平相处。在处理国际事务和其他事务上,巴西奉行不干涉、捍卫和平和以和平手段解决冲突的根本原则。这种和平主义特征是其民族特性的一部分,也是巴西人民应当保留的价值观。
>
> 作为一个发展中国家,巴西在实现其强国崛起抱负的进程中既不推崇霸权也不追求控制权。巴西人民不愿意将其权力施加于其他国家。他们希望巴西实现发展,但并不凌驾于他国之上。[②]

---

① 《国防政策》,第 8—11 页,第 18 页。
② 同上,第 8 页。

　　然而,对软实力的重视并不意味着巴西完全忽视硬实力。虽然与邻国没有重大领土争端,但巴西一直重视捍卫其国家主权,坚决不允许任何人以保护生物多样性或保护环境的名义夺取亚马逊。巴西面临的最近挑战是保护其位于大西洋的盐前烃盆地(the pre-salt hydrocarbon basins)。[1] 正如巴西前总统迪尔玛·罗塞夫在 2013 年所说:"我们的确是一个和平的国家,但我们决不能成为一个毫无防备的国家。"[2]

　　该国还认为,拥有一支现代化且实力强大的军队将增强其声望和名誉,反过来也将提升其全球影响力。海军上将古伊列梅·马托斯·德·阿布里奥在第七届国防会议对与会者说到,一支设备齐全、训练有素、可以信赖的军队对国家的正面形象及软实力的运作至关重要。[3] 2013 年,国防部长阿莫林(2011—2014)以最简洁的方式阐述了这一观点:

　　　　然而,任何国家都不能单靠软实力来维护其利益。事实上,在一个不可预知未来的世界里,旧威胁与新挑战交织并存,决策者绝不能忽视硬实力。军事力量可以阻止对国家主权的威胁以维持和平;就巴西而言,军事力量是我们在实现全球稳定方面发挥建设性作用的支柱。这一

———————————

[1] 《国防政策》,www. infodefensa. com/wp-content/uploads/EstrategiaNacionalDefensa_ Brasil1.
pdf。

[2] 瑞蒙德·克里特(Raymond Colitt):《巴西国防部宣称巴西将建造航空母舰》("Brazil Plans to
Build Aircraft Carrier, Defense Minister Says"),彭博社,2014 年 3 月 11 日。关于俄罗斯竞标
的有关内容,见约翰·K.C.达利(John K.C.Daly):《俄罗斯败北于巴黎,失去巴西的潜水艇
订单》("Moscow Loses Brazil Submarine Deal to Paris"),《欧亚大陆每日观察》(*Eurasia Daily
Monitor*),2008 年第 5 卷第 27 期,被 R.伊万·埃利斯(R.Evan Ellis)所引用:《俄罗斯在拉丁
美洲和加勒比海地区的参与:回归至复杂且相互依存的后冷战世界的"战略游戏"?》
("Russian Engagement in Latin America and the Caribbean: Return to the 'Strategic Game' in a
Complex-Interdependent Post-Cold War World?"),美国军事学院出版社战略研究所(Strategic
Studies Institute, U.S.Army War College Press),2015 年 4 月 24 日。

[3] 海军少将格莱美·马托斯·德·阿波若(Contra-Almirante Guilherme Mattos de Abreu):《国
防与民主》("Defesa e democracia"),《维尔戈农》(*Revista Villegagnon*),海军战争学校(第 7
届国防学术会议),2010 年,www. mar. mil. br/en/REVISTA_ VILLEGAGNON_ 2010_
Suplemento_Ano_V.pdf。

作用比以往任何时候都更有必要。在过去二十年中,某些国家无视联合国安理会在战争与和平问题上的主要职权,执意采取单边行动,这导致了更大的不确定性和不稳定性。同样,由于对《核不扩散条约》的无视,核裁军也几乎毫无进展。

在为获取或控制自然资源的竞争日趋激烈的形势下,巴西丰富的能源、粮食、水和生物多样性增加了它在安全环境中的优势。要应对这一复杂现实的挑战,巴西的和平外交政策必须得到强有力的国防政策的支持。

2012 年更新的巴西国防战略指出,武装力量的现代化与国家发展有着内在联系。因此,它强调需要加强国防工业。根据该"战略",巴西正在提高其常规威慑能力,其中包括建造一艘核潜艇,作为与其在南大西洋所承担责任相匹配的海军计划的一部分。[1]

巴西在过去 15 年中大大增加了国防和武器购置开支,包括购买俄罗斯的 IGLA-S 式便携式防空导弹。[2] 巴西目前正在与俄罗斯协商购买价值约 10 亿美元的铠甲-Sl 车载防空系统的三组电池,[3]可能还将购买俄罗斯和印度共

---

[1] 塞尔索·阿莫林(Celso Amorim):《加强巴西的软实力》("Hardening Brazil's Soft Power"),《世界报业辛迪加》(*Project Syndicate*),2013 年 7 月 16 日,www. project-syndicate. org/commentary/a-more-robust-defense-policy-for-brazil-by-celsoamorim。

[2] 《巴西军人学习操作俄罗斯 Iga-S 防空导弹》("Soldados del Ejército de Brasil reciben capacitación para operar los misiles antiaéreos rusos Igla-S"),国防信息网(Infodefensa),2010 年 5 月 12 日,www.infodefensa.com。

[3] 《巴西军方对俄罗斯铠甲-S1 导弹系统的评价》("Militares brasileños evalúan en Rusia el Pantsir-Sl"),国防网(Defensa),2014 年 9 月 1 日,www.defensa.com。又见《巴西与俄罗斯签署铠甲导弹系统购买协议,未来巴西工厂的产量可能超过 10 亿美元》("El contrato ruso-brasileño por los 'Pantsir' y la futura planta de producción en Brasil superaría los 1.000 millones de dólares"),国防网,2014 年 7 月 22 日。上述引用均可见于埃利斯(Ellis)《俄罗斯在拉丁美洲和加勒比海地区的参与》("Russian Engagement in Latin America and the Caribbean")一文中;又见马修·米海利德斯(Matthew Michaelides):《俄罗斯与巴西关系的新局面》("The New Face of Russia's Relations with Brazil"),《政治风险》(*Journal of Political Risk*),2014 年 5 月第 5 卷,www.jpolrisk.com/the-new-face-of-russias-relations-with-brazil。

同开发的布拉莫斯（BrahMos）超音速导弹。[①]巴西还以 26 亿美元的价格从欧洲航空防务航天公司购买了 50 架直升机。

当然，硬实力的发展一直与工业和制造业的副产品相关，因此被认为有助于国家发展。当新战斗机计划被提出时，时任巴西国防部长内尔森·若宾指出："无论最终的合同是什么，它必须与国家发展密切相关，须有助于建立一个强大的国防工业并发展我们要求的技术优势。"[②]以前的军政府和巴西当代民主政府都认为，国防工业的发展有助于国家整体发展，正如《2012 年国防白皮书》中明确指出的一样。[③] 如此一来，发展硬实力便可以为软实力带来回报：硬实力可以加速国家发展和经济增长，从而使巴西模式对发展中国家更具吸引力。或许这也是巴西领导人将国防与发展以及巴西模式的吸引力联系起来的理论表述。[④]

壮大国防以提升软实力

巴西选择从不同国家购买武器，主要有以下原因：维持不容小觑的军事力量；尽量减少因制裁或技术转让限制产生的影响（如涉及美国国防技术的武器销售可能意味着限制）；以及提高本国产业含量。技术转让和提高本国产业含量的目标在多项采购协议中均有所体现。例如，巴西企业集团

---

① 《印度拟向越南提供布拉莫斯导弹》（"India Plans to Supply Vietnam BrahMos missiles"），《印度国防》（*Indian Defence*），2014 年 9 月 14 日，www.indiandefence.com。

② 《F-X2：巴西购买"鹰狮"战斗机引发不满》（"F-X2：Brazil Buys Gripen, Deal Raises Prosecutor Eyebrows"），《每日军事新闻》（*Military Daily News*），2015 年 4 月 14 日，http：//militarydailynews.com/2015/04/14/f-x2-brazil-buys-gripen-deal-raises-prosecutor-eyebrows。

③ 《国防政策》，第 18 页；《国防白皮书》（*Livro Branco de Defesa Nacional*），巴西利亚：国防部，2012 年，第 189—191 页。

④ 同上，第 54—55 页。

Odebrecht 与俄罗斯直升机公司合作,为从俄罗斯购买的 12 架 Mi‑35 攻击型直升机专门创建了一个国内维修运营基地,涉及所购直升机的组装、维护、修理作业,这是两国在 2008 年至 2014 年间价值 3 亿美元系列军事交易的一部分。[1]巴西军方选择了意大利的依维柯公司开发名为 Guarani 的新型载人装甲车。该公司已在巴西运营了一段时间,主要为其国内市场生产卡车。该项目利用了巴西汽车业的工程技术优势,意在借此机会推动国内电子和通信工业的发展。[2]

巴西国防部门及其学术盟友意识到自身在科学技术上的劣势,期望借国家之力解决这一问题。[3]《2008 年国防战略》要求在三个具有"战略重要性"的领域增强实力:航空航天、控制论和核能。巴西大量购买武器就反映了其对

① 《巴西将在 90 天内收到最后一架米格 35 战斗机》("Brasil va a recibir sus últimos MI‑35 en los próximos 90 días"),国防网,2014 年 9 月 23 日,www.defensa.com;《巴西与俄罗斯在智利加强军事技术合作》("Brasil y Rusia a afianzan en Chile su colaboración en tecnología militar"),国防信息网,2014 年 3 月 28 日,www.infodefensa.com。

② 何塞·卡洛斯·阿尔巴诺·阿马兰特(Jose Carlos Albano Amarante)、帕特里斯·弗兰科(Patrice Franko):《拉丁美洲的国防转型:技术基础会否被改变?》("Defense Transformation in Latin America:Will It Transform the Technological Base?"),密涅瓦倡议项目工作文件(Working Paper for Project Minerva Initiative),国防部长办公室和陆军研究办公室(Office of Secretary of Defense & the Army Research Office),2015 年,第 14 页。该文件是 PR # 0010352431ARO 提案第 61900‑LS‑MRI 号文件的一部分:军事‑工业‑科学综合体和新兴力量的崛起:概念,理论和方法论贡献与巴西案例("The Military-Industrial-Scientific Complex and the Rise of New Powers:Conceptual,Theoretical and Methodological Contributions and the Brazilian Case")。

③ "武装部队明确支持政府鼓励软件生产的政策,更具体地说,向自由软件平台迁移是武装部队避免外部依赖的战略需要"("O apoio claro das Forças Armadas à política governamental de incentivo à produção de software e,mais especificamente,à migração para as plataformas de Software Livre é uma necessidade estratégica das Forças Armadas por evitar a dependência estrangeira."),第 42 页。罗伯特·瑞森德·斯缪艾利(Roberto Resende Simiueli):《国家计算机科学政策和军事民族主义》("A politica nacional de informática e o nacionalismo militar"),《战略研究》(Revista de Estudos Estratégicos),2008 年 1 月至 6 月第 3 卷,www.unicamp.br/nee/epremissas/pdfs/3/ArtigoRobert orevistaPremissascorrigido.pdf;彼得森·佩雷拉·达席尔瓦(Peterson Perreira da Silva):《科技创新和国防:巴西辩论的新方向?》("CT&I e Defesa Nacional:Novos Rumos para o Debate Brasileiro?"),www.revistabrasileiradects.ufscar.br/index.php/cts/article/viewFile/123/50。

技术转让的浓厚兴趣。法国 DCNS SA 集团和巴西 Odebrecht SA 集团签署了一项建造 5 艘潜艇的联合合同,其中包括建造 1 艘核动力潜艇。[①]据报道,俄罗斯因其技术转让程度有限而与此交易失之交臂。[②] 来自执政党的一位具有影响力的议员何塞·杰诺伊诺表达了对俄罗斯可靠性的担忧:"每个人都了解这些困难。我们不知道未来十年将会发生什么,所以我们必须确保拥有必要的备件。"[③]国防部长阿莫林提出了一项为期 15 年的航空母舰发展战略,其规划是,实现从外国合作伙伴至民族工业的技术转让,同时将建造一艘新航母,并对现有航母进行翻修。经过多年的争论,2013 年巴西政府最终决定从萨博集团(Saab AB)购买 36 架喷气式战斗机。在这项价值 45 亿美元的交易中,萨博集团与世界第三大航空公司的巴西航空工业公司(Embraer)建立了合作伙伴关系,并同意向其实施技术转让。该交易还包括更广泛的补偿协议,包括所购战斗机与巴西 Avibras,Mectron 和 Opto 公司与南非 Denel Dynamics 公司联合生产的 A-Darrer 空对空热寻导弹之间的兼容性技术。[④]

作为巴西的明星企业之一,Embraer 公司虽然已经成为航空业全球价值链的一部分,但它与全球主要飞机制造商之间的技术差距并未减少。2014 年关于 Embraer 公司的评估结果不容乐观:"Embraer 公司的军用飞机技术不处于技术前沿地位,与富裕的发展中国家及发达国家所追求的技术标准存在差距。而 Embraer 公司的民用飞机不仅面临着传统竞争对手——加拿大庞巴迪(Bombardier)的激烈竞争,还面临来自日本、韩国、中国和新加坡等地区新

---

①　克里特:《巴西国防部宣称巴西将建造航空母舰》。

②　达利:《俄罗斯败北于巴黎,失去巴西的潜水艇订单》。

③　《F-X2:巴西购买"鹰狮"战斗机引发不满》。

④　克里特:《巴西国防部宣称巴西将建造航空母舰》;阿马兰特、弗兰科:《拉丁美洲的国防转型》,第 17 页。

喷气机生产商的竞争。"① 由此可以预见,Embraer 公司对巴西全球竞争力产业的创造和发展,以及对国家发展的总体贡献度极低。

　　同样,军事—工业—科学综合体对巴西出口的贡献也微乎其微,而希望借此推动国家发展和软实力提升的可能性更是渺茫。正如纳尔逊·阿尔塔米拉诺的研究指出的,富裕的发展中国家不太可能被巴西航空业吸引。虽然 Guarnani 所提供的保护和移动性尖端技术平台将有助于未来增加武器出口,但今日的巴西已不再是 20 世纪 70 年代军政府时期的主要武器出口国。表 4－1 表明,2002 年至 2014 年间,巴西的军用飞机、装甲车、火炮、导弹、传感器和船只的出口总额仅为 6.07 亿美元。图 4－1 列出了接受巴西武器出口的国家。该图表明,武器出口未能有助于提升巴西的软实力:所有 20 个接受国均为发展中国家,但没有一个是长期客户,且其中 1/3 的出口仅面向两个国家:哥伦比亚和厄瓜多尔。但作为美国在南美洲最亲密的盟友,哥伦比亚不可能在大多数巴美分歧中背叛美国而支持巴西。因此,到目前为止,巴西的国防部门对其软实力贡献甚微。而其技术的先进程度还不足以与现任强国的武器制造工艺相匹敌,自然也无法对其硬实力做出有力贡献。

---

① 尼尔森·阿尔塔米然诺(Nelson Altamirano):《巴西飞机技术的军方转让模式与巴西航空工业公司》("A Model of Aircraft Technology Transfer to the Military in Brazil and Embraer"),"军事—工业—科学综合体和新兴力量的崛起:概念,理论和方法论贡献与巴西案例"(The Military-Industrial-Scientific Complex and the Rise of New Powers: Conceptual, Theoretical and Methodological Contributions and the Brazilian Case)会议论文,圣地亚哥:加利福尼亚大学,2014 年 7 月 7 日,第 3 页;尼尔森·阿尔塔米然诺:《飞机技术转让:关于巴西航空工业公司的分析》("Aircraft Technology Transfer: An Analysis of Brazilian Embraer"),西部经济协会(Western Economic Association)国际会议论文,科罗拉多丹佛,2014 年 6 月 27 日至 7 月 1 日,第 1 页。

表 4-1　巴西武器出口类型

	飞机	装甲车	火炮	导弹	传感器	船只	总数
2002		2	17		8		26
2003							
2004	36					10	46
2005	1						1
2006	44						44
2007	53						53
2008	92						92
2009	33					11	43
2010	126		17		8		151
2011	31						31
2012	32			1			33
2013	35			5			40
2014	20		17	8	3		47
总数	502	2	51	13	18	21	607

来源：SIPRI 武器转让数据库（http：//www.sipri.org/databases/armscransfers/background），查询日期 2015 年 5 月 5 日。

表中的数字是按百万美元（以 1990 年为固定价格标准）显示的 SIPRI 趋势指示值（Trend Indicator Values，TIVs）。因四舍五入之故，细项数字相加不等于合计数。

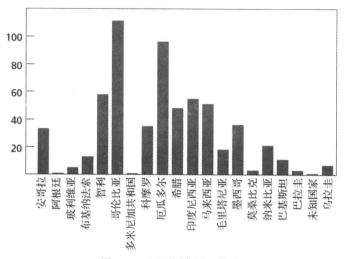

图 4 - 1 巴西军备进口情况
百万美元(以 1990 年为固定价格标准)

来源:SIPRI 武器转让数据库(http://www.sipri.org/databases/armscransfers/background),查询日期 2015 年 5 月 5 日。

表中的数字是按百万美元(以 1990 年为恒定价格标准)显示的 SIPRI 趋势指示值(Trend Indicator Values,TIVs)。

多边主义和联合国安理会在巴西国际安全战略中的作用

巴西在国际联盟的碰壁并没有阻止它参与"二战"后联合国的筹建和审议工作。当美国总统富兰克林·德拉诺·罗斯福推举巴西为联合国安理会常任理事国时,时任巴西总统、独裁者热图利奥·瓦加斯为此感到十分高兴。但罗斯福的不幸逝世、英国和苏联的反对以及美国新任总统哈里·杜鲁门对巴西成员国地位兴趣的缺乏导致巴西被迫接受差强人意的现实:作为联大会议首个发言国的仪式性荣誉和日复一日不断循环的安理会非常任理事国地位。此后,巴西一直毫无保留地昭示其对常任理事国席位的渴求,尽管总统迪尔玛·罗塞夫的表现与其前任卢拉相比低调许多。[①]

基于非殖民化改变世界的认识,联合国于 1965 年进行改革,安理会的非常任理事国席位从 6 个增加至 10 个。1992 年,联合国秘书长布特罗斯·布特罗斯-加利呼吁进一步改革,以反映新的国际现实。日本、德国、印度和巴西组成的"四国联盟"(G-4)开始寄希望于获得常任国席位。2004 年,由秘书长科菲·安南设立的工作组提出了 101 条改革建议,以更好地反映 21 世纪的地缘政治现实,使安理会更具代表性、更高效、更透明。这种相对有利的制度环境和不断变化的世界现实表明,巴西或许最终能够在这个全球治理领域中实现崛起。然而,充满希望的"四国联盟"却遭到"团结以谋共识"集团的反对。后者自 20 世纪 90 年代以来就呼吁不再增加新的常任理事国,而是扩大非常任国的席位。120 个成员国出席了该集团 2011 年的会议。

尽管拥有俄罗斯的支持,但巴西要通过软实力获取安理会常任理事国席位,面临的制约仍然数不胜数。[②]巴西想获取南方国家的支持,却面临两个主

① 维特·西恩(Vitor Sion):《巴西通过联合国安理会永久性空缺席位改变战略》("Brasil muda estratégia por vaga permanente no Conselho de Segurança da ONU"),歌剧蒙迪新闻网(Opera Mundi),2013 年 7 月 7 日,operamundi. uol. com. br/conteudo/noticias/30071/brasil+muda+estrategia+por+vaga+permanente+no+conselho+de+seguranca+da+onu.shtml;小阿尔塔米若·席尔瓦(Altamiro Silva Junior):《迪尔玛指责联合国安理会改革》("Dilma cobra reforma do Conselho de Segurança da ONU"),《国家机构》(Agencia Estado),2013 年 9 月 24 日,www. estadao. com. br/noticias/nacional,dilma-cobra-reforma-do-conselho-de-seguranca-da-onu,1078240,0.htm。如想了解卢拉的前任费尔南多·恩里克·卡多佐以及伊塔马尔·佛朗哥(Itamar Franco)的战略比较,详见艾沃林·维埃伊拉·布里吉多(Eveline Vieira Brigido):《巴西和联合国安理会改革:巴西为获得常任席位而采取的外交策略》("O Brasil e reforma do Conselho de Segurança da ONU: estratégias da diplomacia brasileira para a obtenção de um assento permanente"),南大河州联邦大学(Universidade Federal do Rio Grande do Sul),2010 年 1 月,www. lume. ufrgs. br/bitstream/handle/10183/22990/000740375. pdf? sequence =1。

② 《俄罗斯支持印度竞选联合国安理会永久席位》("Russia Backs India's Bid for a Permanent UNSC Seat"),《印度教报》(The Hindu),2015 年 8 月 18 日,www. thehindu. com/news/national/russia-backs-indias-bid-for-a-permanent-unsc-seat/article7551058.ece。

要问题。在拉丁美洲,阿根廷、哥伦比亚和墨西哥——该地区最有影响力的三个国家,作为"团结以谋共识"集团的成员,反对任何拉丁美洲国家入常。有观点认为,巴西代表着南方国家,若要保持目前后单极世界体系的稳定性和代表性,那么巴西就必须被纳入权力大厅。尽管这一观点得到英国和法国的支持[①],但却遭到主要发展中国家的反对,它们对巴西入常均持否定态度。[②] 然而,这在美国人眼中实际上都是毫无意义的争论。现实的结果是,只需常任理事国的一票否决便可以阻挠安理会的改革,而中国,同为金砖国家,却反对增加常任国的席位数量。

　　虽然奥巴马总统公开支持印度入常,却不支持巴西。印度对于美国来说是南方国家的突出成员。从发达世界的角度来看,印度入常可以传递安全治理结构多样化的意愿。事实上,巴西对印度获得常任席位的权利并无异议。更重要的是,印度与北方发达国家共有两个重要的地缘战略特征:拥有核武器及有潜力参与同另外两个核武器国家——巴基斯坦和中国——的战争。这样的战争将产生重大的系统性影响。虽然许多南方国家曾遭受过类似印度发生的恐怖主义袭击,但没有其他南方国家会担心这些袭击是受到核武器国家的支持。这些特点表明,印度入常并不能解决在巴西看来最重要的问题,即与被边缘化的南方国家利益息息相关的问题,而它自己也身涉其中。巴西对强国支持印度入常的自私视角心存恐惧。因此可以预计,巴西在欢迎印度入常的同时,仍将继续为自身争取这一席位,即便前路困难重重。

---

① 《联合国改革》("Reforma da ONU"),外交部(Ministerio das Relações Exteriores),www.itamaraty.gov.br/temas/temas-multilaterais/governanca-global/reforma-da-onu。

② 叶胡达·Z.布拉姆(Yehuda Z.Blum):《联合国安理会改革建议》("Proposals for UN Security Council Reform"),《美国国际法杂志》(*American Journal of International Law*),2005 年 7 月第 99 卷第 3 期,第 632—649 页;泽卡瑞·劳布(Zachary Laub):《联合国安理会》("The UN Security Council"),《外交关系委员会》(*Council on Foreign Relations*),2013 年 12 月 6 日,www.cfr.org/international-organizations-and-alliances/un-security-council/ p31649。

核不扩散

　　巴西虽拥有实力雄厚的核技术,但却没有核武器。作为世界第六大铀储备国,巴西拥有四个核研究反应堆和数个核燃料循环设施。该国已掌握铀浓缩超速离心技术,有两个正在运行的核电厂且计划建设第三个。巴西不仅希望实现核燃料独立,还努力成为燃料主要出口国。再加上该国在军政府时期的秘密核武器发展计划、当前的核动力潜艇项目以及拒绝签署 1997 年《不扩散核武器条约》及附加议定书(《核不扩散条约》)等种种因素,巴西成为美国推行的非核武器国家政策机制的重要挑战者之一。[①]

　　巴西迟迟不愿签署《核不扩散条约》。许多巴西学术界、国防和核技术领域的专家们至今仍在批评卡多佐政府对该机制的妥协。过去的军政府实施了秘密的核武器计划,后来的民主政府也并不认同他们“同意”接受《核不扩散条约》的管制。相反,巴西该领域的许多专家认为,卡多佐政府当时承受着由双边压力和国际规则带来的一系列代价,它无法按照自身的期望对这些规则加以调整,于是只能签署这项不平等条约(之所以不平等是因为核武器国家不用面对削减核武器的压力和制裁),但这却违背了巴西的最佳利益及其奉行的原则。[②]

[①]　艾尔玛·阿格艾罗(Irma Arguello):《一个新兴国际力量的地位》(“The Position of an Emerging Global Power”),《核不扩散评论》(*Nonproliferation Review*),2011 年第 18 卷第 1 期,第 183—200 页。

[②]　托各占·卡森诺瓦(Togzhan Kassenova):《巴西和国际核秩序》(“Brazil and the Global Nuclear Order”),见奥利弗·史东克尔(Oliver Stuenkel)、马修·M.泰勒(Matthew M.Taylor)编:《国际舞台上的巴西:力量,观点和自由化国际秩序》(*Brazil on the Global Stage: Power, Ideas, and the Liberal International Order*),伦敦:帕尔格雷夫/麦克米伦出版社,2015 年。

巴西认为自己是被迫放弃核武器的,其实不然,是巴西人自己合法地放弃了拥有或使用核武器的权利。1988 年的宪法以及巴西同阿根廷签署的一份双边条约都禁止了核武器的使用,并且没有权威的政治人物宣称赞成拥有核武器。相反,巴西对核扩散的立场是:在没有公开发展核武器的情况下,如果各国宣布不发展核武器,那么应该相信它们将奉行该政策。巴西谋求的是这样一种国际背景,即鼓励各国相信它们不需要核武器,从而不再使用武器。因此,巴西支持核不扩散制度的初衷是,不仅要防止核扩散,还要禁止一切核武器。但它认为,做出核不扩散的国家承诺比签署一项有缺陷的条约更加可信,如《核不扩散条约》。此外,巴西与阿根廷签订的双边条约(在巴西—阿根廷核材料核算和控制机构 ABACC 的推动下)设置了审查机制。巴西还认为,这项南南协议同北方国家成员发起的 1997 年"附加议定书"一样,对全球核不扩散做出了宝贵的贡献。

巴西因未能得到美国的信任而愤愤不平。美国虽致力于通过《核不扩散条约》推动核裁军,但其本身并未实现无核化。更令人恼怒的是,美国一面推动核不扩散机制,一面又支持某些国家发展核武器,两种行为严重不一。巴西领导人发现,以色列在发展核能力但并未受到美国制裁,这表明美国关心的不是核扩散本身,而是核扩散者是谁。此外,巴西人认为,印度的核武器(加上其地缘战略位置)促使美国认可了印度在发展中国家里的重要地位,并将其作为进入改革后联合国安理会常任理事国名单的首要候选国。从巴西的角度来看,自己结束了秘密核武器计划并建立了 ABACC 制度,为推动全球核不扩散做出了切实的贡献。美国对以色列和印度的做法实际上削弱了全球核不扩散机制。但是美国支持了以色列和印度,却对巴西进行打压,这对于核不扩散而言是适得其反的做法。

在核不扩散机制中,巴西希望看到的变化是,对原始核强国施加更大的压力以敦促它们消除核武器,正如它们提出《核不扩散条约》时所承诺的那样。为此,巴西积极参与由巴西、埃及、爱尔兰、墨西哥、新西兰、斯洛文尼亚、

南非和瑞典于 1998 年创建的新议程联盟,主张对核裁军予以更大重视。①巴
西是 2000 年《核不扩散条约》审议大会通过的核裁军十三步措施决议的主要
推动者。巴西还主持了 2000 年和 2005 年的《核不扩散条约》审议大会。巴
西核专家一直在国际组织中担任要职:2007 年,联合国秘书长潘基文任命巴
西外交官塞尔吉奥·杜阿尔特(Sergio de Queiroz Duarte)为裁军事务高级代
表;乔斯·高登柏格(José Goldemberg)多年来一直是国际核燃料委员会的联
合主席之一;巴西是核供应国集团和"导弹及其技术控制制度"的成员,②同时
还是美国尚未批准的《全面禁止核试验条约》的支持者。

　　根据国际条约的规定,《核不扩散条约》的附加议定书授予国际原子能机
构(IAEA)实施核保障监督的法律权力。尽管美国坚持认为,该议定书是核
不扩散机制的一个基本组成部分,但巴西依然拒绝签署,因为它希望签署的
是干预性较低的附加议定书,而非美国所推行的方案。巴西是少数几个拥有
完整核燃料循环并且能够出口重要核技术的国家之一;它还捍卫所有国家发
展用于和平目的的浓缩铀的权利。③ 巴西继续将核能发展作为国家优先发展
项目。④ 2003 年至 2004 年,负责核潜艇项目的巴西海军技术中心拒绝让国
际原子能机构视察员查看互联浓缩铀离心机,只允许他们对进入隐藏过程的
铀以及从隐藏程序中提取出的浓缩材料进行评估。⑤ 2011 年 6 月,巴西设法
使核供应国集团接受了 ABACC 的条款,从而允许阿根廷和巴西进入敏感核

① 见《新议程联盟》("New Agenda Coalition"),核威胁倡议(Nuclear Threat Initiative),www.nti.
　org/treaties-and-regimes/new-agenda-coalition/。
② 伯纳德·阿伦森(Bernard Aronson):《巴西能否阻止伊朗?》("Can Brazil Stop Iran?"),《纽约
　时报》,2012 年 4 月 3 日。
③ 玛丽亚·罗斯特·卢布(Maria Rost Rublee):《核门槛国:巴西和日本带来的挑战与机遇》
　("The Nuclear Threshold States: Challenges and Opportunities Posed by Brazil and Japan"),《核
　不扩散评论》,2010 年 3 月第 17 卷第 1 期,第 49—70 页。
④ 国防部:《2009 年度国防战略》(Estrategia Nacional de Defesa 2009),www.defesa.gov.br。
⑤ 若·罗伯特·马丁斯(Joao Roberto Martins):《巴西核潜艇项目》("The Brazilian Nuclear
　Submarine Project"),引用自《卢拉访问海军设施》("Lula marca visita a instalações da
　Marinha"),《圣保罗州报》(O Estado de Sao Paulo),2007 年 6 月 21 日。

材料及核技术的国际市场。[①]

尽管美国认可 ABACC,它依然担心巴西会打着和平利用核能和保有工业秘密权利的旗号利用其"浓缩漏洞"。例如,借助技术转让和一些当地需求的条约,巴西在法国的支持下正在建造一艘核动力潜艇。美国担心,如果没有附加议定书规定的保障,巴西可能会获得关键核技术(如果不是实际核材料的转让),使之能够实现制造武器级浓缩铀。虽然巴西明确支持核不扩散机制,但它一直无法说服美国相信它不会利用这个漏洞。正如塞巴斯蒂安·菲利普所指出的,巴西可以主张禁止将武器级材料用于潜艇推进装置,从而减轻外界对巴西核动力潜艇的担忧。如此,即便不签署"附加议定书",也能增强其支持非扩散的可信度。[②]然而,海军内部却坚持认为巴西应享有不受国际监督发展核技术的主权权利,加之对阻碍巴西科学发展的担忧,这些观点为巴西的核发展设定了方向,进而加深了美国的担忧。

巴西对核裁军承诺的批评并不只限于几个核强国及《核不扩散条约》。1998 年,巴西对印度和巴基斯坦的核试验提出批评,呼吁它们加入《核不扩散条约》并承诺进行核裁军。2003 年,巴西谴责朝鲜退出《核不扩散条约》并要求它立即重新加入该国际协议。[③]巴西支持伊朗发展和平利用核技术的权

---

① 卡洛·帕提(Carlo Patti):《大规模杀伤性武器:拉丁美洲将会倒退吗?》("Weapons of Mass Destruction:Will Latin America Backtrack?"),见戴维·R.马拉斯、艾瑞·M.卡克维兹(Arie M.Kacowicz)编:《劳特利奇拉丁美洲安全研究手册》(*The Routledge Handbook of Latin American Security Studies*),伦敦:劳特利奇出版社,2015 年,第 221—229 页。核供应国集团试图通过对核燃料国际贸易进行管制以阻止核扩散,但前提是在一国的法律框架内指导此类出口。见《关于核供应国集团》,核供应国集团,www.nuclearsuppliersgroup.org/en/about-us。

② 塞巴斯蒂·安菲利普(Sebastien Philippe):《维护海军核燃料循环》("Safeguarding the Military Naval Nuclear Fuel Cycle"),《核材料管理》(*Journal of Nuclear Materials Management*),2014 年第 42 卷第 3 期;又见于帕提(Patti):《大规模杀伤性武器》("Weapons of Mass Destruction"),第 226 页。

③ 卡洛·帕提:《巴西与路易斯·伊纳西奥·卢拉·达席尔瓦政府执政期间的核问题(2003—2010)》("Brazil and the Nuclear Issues in the Years of the Luiz Inacio Lula da Silva Government [2003—2010]"),《巴西国际政治》,2010 年第 53 卷第 2 期,第 181 页。

利,但也同意国际社会采取措施,确保伊朗合法的核能权益不会被转而用于发展核武器。然而,它认为美国及其盟国在该问题上使用硬实力而非软实力只会让伊朗人相信,成为一个核武器国家是保障其安全的必需手段。

巴西试图通过政府间合作说服伊朗和朝鲜放弃核武器。巴西不仅与土耳其一道参与有争议的谈判探讨如何限制伊朗核计划,还接待了伊朗领导人的访问,并支持伊朗加入关于中东安全问题的谈判。2010 年,卢拉总统访问德黑兰,扩大了与伊贸易(其中大部分贸易通过迪拜间接进行),并对伊朗石油行业进行投资。[1]由于统治者马哈茂德·艾哈迈迪-内贾德被指控侵犯人权,伊朗和巴西的关系在罗塞夫时期冷却下来,但她于 2013 年 8 月派遣其外交部长前往德黑兰参加伊朗新当选总统哈桑·鲁哈尼的就职典礼。在此访问期间,巴西外交部长指出,巴西依旧认为与伊朗的合作关系十分重要。[2] 同样,巴西一直关注朝鲜在国际舞台上的表现,但它侧重于运用软实力手段,并借助贸易和经济发展援助的积极刺激来影响朝鲜。卢拉于 2008 年在朝鲜开设大使馆,扩大与朝贸易,成为其第三大商业伙伴。此外,巴西的农业发展机构 Embrapa 还向朝鲜提供了农业援助。[3]

巴西的努力并非旨在向伊朗和朝鲜施压以迫使它们加入核不扩散机制,

[1] 爱德华多·J.戈麦斯(Eduardo J.Gomez):《伊朗-巴西友谊缘何变淡》("Why Iran-Brazil Friendship Has Gone Cold"),美国有线电视新闻网(CNN),2012 年 4 月 5 日,www.cnn.com/2012/04/05/opinion/gomez-iran-brazil-chill;安娜·马嘉-巴达斯(Anna Mahjar-Barducci):《巴西与伊朗渐行渐远》("Brazil Moves Away from Iran"),《盖特斯顿研究所国际政策委员会》(Gatestone Institute International Policy Council),2012 年 2 月 3 日,www.gatestoneinstitute.org /2815/brazil-iran。

[2] 《伊朗巴西外长讨论双边关系》("Iran, Brazil FMs Discuss Bilateral Relations"),伊朗英语新闻电视台(PressTV),2013 年 8 月 3 日,www.presstv.com/detail/2013/08/03/317045/iran-brazil-discuss-bilateral-relations。

[3] 娜塔莉亚·巴萨瑞尼奥(Nathalia Passarinho):《爱国人士谈及"巴西与关于北朝鲜威胁的担忧"》("Brasil vê ameaças da Coreia do Norte com 'preocupação', diz Patriota"),巴西环球时报网(Globo.com),2013 年 4 月 5 日,http://g1.globo.com/mundo/noticia/2013/04/brasil-ve-ameacas-da-coreia-do-norte-com-preocupacao-diz-patriota.html;贝蒂尔·林特纳(Bertil Lintner):《巴西和朝鲜:贸易兄弟》("Brazil, North Korea: Brothers in Trade"),亚洲时报在线(Asia Times Online),2010 年 6 月 3 日,www.atimes.com/atimes/Korea/LF03Dg03.html。

而是为了让其了解,如果明确放弃核武器,它们将能获得其他机会。这也反映了巴西运用软实力和外交手段来支持核不扩散机制的策略。这种方法与美国和其他国家基于威胁和基于成本的策略形成了鲜明对比,这两种截然相反的战略可能会降低彼此的有效性。巴西的软实力策略对伊朗和朝鲜的影响尚不可知,但外界对其有效性仍抱有极大怀疑。迄今为止,没有迹象表明巴西能够有效影响美国对伊朗和朝鲜的处理方式、《核不扩散条约》附加议定书的替代条约或附加议定书本身的合法性。虽然《核不扩散条约》被南方国家广泛批评为南方不平等条约,巴西的原则立场却未能吸引太多追随者。无论是因为南方国家害怕受到北方国家的制裁或是害怕核武器扩散,巴西在附加议定书上的立场注定了它需要为其对北方国家的影响付出代价,同时其软实力也不会受益于南方国家。

国际维和

长期以来,巴西一直都认识到第三方维和行动对缓解冲突的重要性,但参与这些行动对其主权平等至上的外交政策提出了重大挑战。根据其一贯持有的国际武力使用观点,巴西倾向于在联合国宪章第六章而非第七章的授权下派兵参与维和行动。第六章要求冲突各方在联合国部署特派部队前达成协议,并就部队的参与程度制定相关规则,而第七章则授权安全理事会可以在没有经过有关各方同意的情况下实施维和行动。[①] 然而,不幸的是,军事化冲突的复杂性给巴西在维和行动中的作用带来了挑战。在卢拉当政时期,

---

① 第 42 条:"如果安全理事会认为第 41 条规定的措施不足或已证明不足,可以采取必要的空中、海上或陆军军事行动以维持或恢复国际和平和安全。这种行动可包括联合国成员国的空中、海上或陆地部队的示威、封锁和其他行动。"

巴西不仅参与并且主导了阿里斯蒂德总统被推翻后联合国在海地的维和行动。这一政策在巴西国内广受诟病,因为卢拉政府没有坚持让阿里斯蒂德重新执政的使命,这似乎支持了美国的立场,助长了反阿里斯蒂德派的势力。①在另一个事例中,在1994年卢旺达种族灭绝行动开始时,巴西的投票与安理会多数派保持一致,几乎停止了联合国维和部队在卢旺达的所有任务。考虑到后来所发生的悲剧,巴西的这一立场并未体现它对南方国家利益的维护。

　　另一方面,巴西派出一支步兵营参加了联合国第一次国际维和行动(西奈半岛的第一个联合国紧急部队),并在任务期间(1956年至1967年)两次担任部队指挥。②在后一段时期内,巴西纯粹是象征性地参与联合国维和行动。在军政府时期,巴西甚至停止了参与,③直至巴西恢复民主制度后才又重新开始参与。1990年至2002年,巴西不仅参与了将近一半的联合国维和行动任务,而且派出人员的技能水平和级别越来越高。巴西还曾领导联合国派驻多个国家的军事特遣队,如海地(联合国海地稳定使团,2004年至今)、莫桑比克(联合国莫桑比克行动,UNAVEM,1993—1994)、安哥拉(联合国安哥拉安全核查团,ONUMOZ)和东帝汶(东帝汶过渡行政当局,UNTAET)。联合国秘书长还指派巴西人担任其驻东帝汶的特别代表和过渡时期负责人。此外,巴西还派遣了大量民警和专家协助完成文明社会建设的各项任务——选举监督、司法改革监督、人权支持和经济复兴——从而为持久和平奠定基础。在罗塞夫担任总统期间,该国成为首个在黎巴嫩海岸指挥海上巡逻任务(联

① 亚历克斯·桑切斯(Alex Sanchez):《巴西在联海稳定团中的角色终结?》(*Endgame for Brazil's Role in MINUSTAH ?*),华盛顿特区:拉丁美洲华盛顿办事处(Washington Office for Latin America),2011年8月29日。

② 《中东——联合国第一支紧急部队:事实与数据》("Middle East—UNEF I:Facts and Figures"),联合国,www.un.org/en/peacekeeping/missions/past/unef1facts.html,2015年10月18日访问。

③ 1965年美国入侵后,巴西确实参与并指挥了美洲国家组织在多米尼加共和国的军事行动。

合国驻黎巴嫩临时部队，UNIFIL)的非北约国家。[①]

塞尔吉奥·维埃拉·德梅洛曾担任联合国难民事务高级专员和联合国人权事务高级专员，这是巴西参与国际维和行动的重要例证。他后来还先后担任了联合国科索沃行政当局特派团负责人、联合国东帝汶指挥官以及联合国秘书长驻伊拉克特别代表。维埃拉·德梅洛甚至还有望成为下一任联合国秘书长，但他于 2003 年巴格达针对联合国特派团的恐怖袭击中不幸遇难。[②] 然而，与其参与维和行动的特点一样，当涉及国家利益时，巴西在人权多边维护方面的表现前后不一。这一点从巴西在 2011 年至 2013 年曾退出美洲人权委员会即可看出。当时巴西正在亚马逊地区建设世界第三大水电站贝罗蒙特(Belo Monte)大坝[③]，该地区土著人民的权利成为争论的焦点，巴西继而退出美洲人权委员会以示抗议。

巴西对维和行动的兴趣一直受到其国内利益和外交政策的驱动。在民主化进程中，为军队找到用武之地是文官领导者的重要目标。而军队本身也有兴趣发展其国际合作并提升能力，这将有助于其在国内充分发挥作用——支持警察和州民兵有效打击主要城市贫民窟的有组织犯罪活动。随着 21 世纪初巴西民主制度得以巩固及卢拉在 2003 年就任总统，外交政策利益的重要性日渐突出，这也为巴西参与维和行动提供了正当理由。在卢拉的两任任期内，巴西参加了联合国组织的 10 次新维和行动中的 8 次；维和人员数量也

[①] 瑞塔·桑托斯(Rita Santos)、特蕾莎·阿尔梅达·克雷沃(Teresa Almeida Cravo)：《冷战结束后巴西在联合国维和行动中日益提升的地位》(*Brazil's Rising Profile in United Nations Peacekeeping Operations since the End of the Cold War*)，奥斯陆：挪威和平建设资源中心报告(Norwegian Peacebuilding Resource Center Report)，2014 年 3 月。

[②] 乔纳森·斯蒂尔(Jonathan Steele)：《塞尔希奥·比埃拉·德梅洛》("Sergio Vieira de Mello")，《卫报》，2003 年 8 月 19 日，www.theguardian.com/news/2003/aug/20/guardianobituaries.brazil。

[③] 黛娜·谢尔顿(Dinah Shelton)：《美洲人权体系中的信访程序规则与现实》("The Rules and the Reality of Petition Procedures in the Inter-American Human Rights System")，2014 年 5 月，humanrights.nd.edu/assets/134027/sheltonia.pdf。

大幅增加,从 83 人增加到 1367 人①;建立了两个维和人员培训中心;将参与维和行动列入《2008 年国防战略》,包括提议将军队和平行动指挥中心变成和平和人道主义任务区域培训中心。卢拉政府的外交部长阿莫林对参与维和行动提供的新机会直言不讳。在谈及 2004 年开始的海地维和行动时,他以充满荣耀的口吻宣称:"迄今为止,对海地的行动以往均由强国领导,通常来说是美国…… 没有一个拉丁美洲国家或确切地说是南美洲国家曾经指挥过这样的行动。美国此次无法进行军事参与,这为巴西和其他南美国家的参与提供了机会。"②

然而,卢拉政府意识到,它不想也不可能取代发达国家在联合国制裁干预行动中的领导地位。其目的是促进维和行动的发展,增强其冲突调解职能,从而体现巴西作为南方阵线国家的立场。巴西外交部长阿莫林甚至提出了一个概念以区分这种新型维和行动——"积极的团结"。与北方发达国家强行通过武装干预维持稳定的观点不同,巴西倡导与冲突各方进行合作,强调通过减少贫困、加强医疗、发展农业和南南合作来促进国家发展。③

卢拉试图利用这一机会来提升巴西的软实力,但在无意中也使巴西陷入了难以解决的困境:地方行为体并不总是赞成维和行动。海地 2005 年的骚乱及 2010 年针对巴西和其他联合国海地稳定使团成员的抗议活动使巴西国内的民众感到愤怒,并加强了对海外维和行动的批评。2011 年,阿莫林不再担任外交部长,改为就任罗塞夫政府的国防部长一职,并决定终止巴西在联合国海地稳定使团的行动。④出于对他担任外交部长时倡导参与联合国海地稳定使团行动的解释,他在 2011 年表明,他和军方对参与重要维和行动带来的好处不再乐观。巴西仍发挥领导作用,但对联合国海地稳定使团已不再抱

① 桑托斯、克雷沃:《冷战结束后巴西在联合国维和行动中日益提升的地位》,第 3 页。

② 同上。

③ 同上。

④ 桑切斯:《巴西在联海稳定团中的角色终结?》。

有期望,它们认为该组织不能改善维和行动以更好地促进地方、区域和国际稳定。因此,巴西对维和行动的继续支持就导致了人们的疑问,即它对北方国家的维和观点是否已由挑战转向支持?甚至这个疑问提出的本身已经说明,巴西在维和行动改革中发挥领导作用存在危险,这对巴西在南方国家开展的软实力攻势构成了威胁。

在国内,巴西人民不仅质疑联合国海地稳定使团本来的良好意愿,而且对其经济成本也产生了质疑。[①]此外,一些分析人士认为,巴西早前参加的海地维和行动可能会鼓励警察和军队使用更加暴力的手段来解决国内的有组织犯罪行为。[②]

"负责任"地使用武力

因此,巴西意识到增加维和行动参与度所造成的困境,但也对北方国家建议和支持联合国对南方国家实施干预的措施持批评态度。这些措施往往打着人道主义的旗号,却导致政权更迭。在联合国,巴西代表提出了"保护中的责任"(RwP)的概念,应对北方国家提倡的"保护的责任"(R2P):"保护中的责任"不仅可以对硬实力的多边运用施以软实力的约束,也可能使巴西摆脱维和行动的困境。在本小节中,我们将重点分析巴西努力影响国际社会应对人类安全威胁的措施,这些威胁或对全球体系稳定构成潜在或实际的威胁,或违反诸如人权等集体准则。

---

① 桑托斯、克雷沃:《冷战结束后巴西在联合国维和行动中日益提升的地位》。

② 索托梅尔(Sotomayor):《民主维和人员的神话》;关于警察暴力,见安娜·维格娜(Anne Vigna):《合法的暴力》("Violência legalizada"),《公共机构》(*Agência Pública*),2014 年 12 月 18 日,apublica.org/2014/12/violencia-legalizada;英文翻译版见洞察犯罪组织官网(*InSight-Crime*),www.insightcrime.org/news-analysis/police-killings-brazil-legalized-violence。

我们应该理解,这是巴西认为自身相对弱势的领域。几十年来,北方国家一直要求以保护世界之"肺"的名义保存亚马逊以使之免遭破坏。巴西在亚马逊地区扩大水力发电规模,对当地的环境团体和土著人社区造成了影响,因而饱受抨击。而且,甚至更早以前,巴西在军政府独裁时期糟糕的人权记录使其成为北方国家"人道主义批评"的对象。对此,巴西大多数平民表示赞同,但巴西军方却深感不满。因此,以"人道主义"为由使用武力让巴西人备感威胁。这也是对巴西及巴美关系最具挑战性的一点。

近年来,美国和欧洲把俄罗斯在乌克兰和格鲁吉亚的军事冒险行动看作是对全球体系稳定性的主要挑战,因为他们破坏了国家领土完整的准则。但是,对巴西来说,其地理位置远离历史上被俄罗斯控制的地区,周边都是友好而弱小的国家,因此国际土地争夺在它看来是一种理论挑战,而非实际存在的威胁。此外,它还认为美国非常虚伪:一方面因为俄罗斯在乌克兰的行动对其进行制裁;另一方面,却对以色列攫取被占领土地扩充其定居点的行为视而不见,否决对以制裁。巴西和大多数南方国家一样,认为美国主导的对伊拉克、利比亚和叙利亚的军事干预违反了国际规则,不仅造成了国际体系的不稳定,对南方国家本身也构成了潜在威胁。相比之下,俄罗斯在乌克兰的行动虽然也破坏了国际体系的稳定,却不会对南方国家构成威胁。与两个发达国家之间的边界冲突相比,发展中国家更害怕一个或多个主要强国以自我宣称和自我定义的人道"责任"为名对其实行军事干预。[①]

由于安理会内部的否决权制度,要获得安理会核准使用武力强迫一方或多方根据国际(西方)定义的人道主义准则行事十分困难。在大多数情况下,从事恶劣行径的当事方之一通常是某否决权行使国的盟友,或者即使此事与其毫无关联,否决权行使国也会害怕实施干预将为其竞争对手积累优势。自

---

① 见瓦茨:《改变世界秩序和安全挑战的巴西视角》。

冷战结束以来,安理会更倾向于对军事干预予以授权,[①]但拒绝对某些备受瞩目的事件采取行动。卢旺达境内严重侵犯人权的行为(1994 年)以及波斯尼亚和黑塞哥维那境内的斯雷布雷尼察(Srebrenica)大屠杀(1995 年)引发了关于在没有安理会决议的情况下进行国际军事干预条件的重大辩论。虽然美国不愿意介入卢旺达事务,但在北约对科索沃实施单方面干预(1998 年)之后,它对人道主义干预的合法性颇感兴趣。

2005 年,由于其他强国普遍担忧美国可能在这些问题上完全无视联合国,而联合国秘书长也竭力在联合国引进重大改革,美国最终通过了即使在没有安全理事会决议的情况下,成员国也可以在特定环境下合法进行军事干预的决议。[②]"保护的责任"为联合国成员国设置了道德律令,即它们有责任使用军事力量保护平民免遭由政府引导或激发的暴力侵害。"主权不仅仅是保护国家免受外国干涉;它也意味着国家负有保障人民福利的责任。"这项原则载于《种族灭绝公约》第一条,体现在"作为责任的主权"原则和"保护的责任"(R2P)概念中。[③]"保护的责任"最终成为(至少从美国的角度)对利比亚进行军事干预和对叙利亚实施制裁的合法理由,尽管俄罗斯和中国都反对制裁叙利亚。

巴西对国家主权的关切使得它始终不愿实施干预之外的制裁,所以它最初对这些制裁行动的理由抱怀疑态度。对利比亚和叙利亚的外部干预导致

---

① "自 1977 年至海湾战争伊始,联合国安理会仅采纳了联合国宪章第七章中的两条决议。而在 1990 至 1998 年间,联合国批准了第七章中的 145 条决议。"见艾瑞克·菲顿(Erik Voeten):《联合国安理会合法化使用武力的政治根源》("The Political Origins of the UN Security Council's Ability to Legitimize the Use of Force"),《国际组织》(International Organization),2005 年 7 月第 59 卷第 3 期,第 531 页。

② 斯蒂芬·约翰·斯特丹曼(Stephen John Stedman):《联合国在软平衡时代的转型》("UN Transformation in an Era of Soft Balancing"),《国际事务》(International Affairs),2007 年第 83 卷第 5 期,第 933—944 页。

③ 联合国防止种族灭绝特别顾问办公室(United Nations, Office of the Special Advisor on the Prevention of Genocide):《保护的责任》("The Responsibility to Protect"),www.un.org/en/preventgenocide/adviser/responsibility.shtml,2015 年 8 月 27 日访问。

社会动荡和暴力加剧,随后又曝出利比亚政府过分渲染人道主义暴力,①这些为巴西阐明其观点提供了平台,它提出在担负人道主义责任的同时必须限制强国的单边行动。巴西抓住了这个机会展示其领导地位。罗塞夫总统在2011年9月联合国大会的开场发言中提出了"保护中的责任"(RwP)这一概念,并声称这一概念将为任何军事干预提供可遵循的标准和程序。

巴西在制定 RwP 粗略概要时曾征求过其金砖伙伴国的意见,但基本文件是由巴西外交部制定,于两个月后由巴西驻联合国大使呈交安理会。从该文件可以看出,自卢拉以来,巴西参与支持人权的合法国际行动的意愿逐渐增强。该文件对任何此类行动做出了非常严格的规定:首先必须穷尽所有和平解决方案;只有安理会(或在特殊情况下联合国大会)才能授权使用武力;必须在合法性、行动和时间方面对武力使用进行明确限制,无论是在字面意义或是精神实质方面,均不得偏离任务要求;以及安理会必须对特派团进行明确和持续的监督,以确保获得武力授权方的可靠性。②这些规定,特别是最后一项规定,使得武力干预很难获准。③美国和一些北约国家对 RwP 提出批评,认为这非但不能改进 R2P 反而成为障碍。

在 2011 年提出这一概念后,巴西迅速放弃推动 RwP 的主导地位,关于这一概念的最初争论也已消弭无形。巴西官方声称,它只是想把该问题列入议程,而取代巴西的安理会其他成员国则需继续抗争。但 RwP 是一种公共

---

① 艾伦·库珀曼(Alan Kuperman):《来自利比亚的教训:如何不干预》("Lessons from Libya: How Not to Intervene"),《政策简介》(*Policy Brief*),哈佛肯尼迪学院贝尔弗科学与国际事务中心(Belfer Center for Science and International Affairs),2013 年 9 月,belfercenter. ksg. harvard.edu/publication/23387 /lessons_from_libya.html.

② 索斯顿·贝纳(Thorsten Benner):《作为规范企业家的巴西:"保护中的责任"倡议》("Brazil as a Norm Entrepreneur: The 'Responsibility while Protecting' Initiative"),全球公共政策研究所工作文件,2013 年 3 月;又见瓦茨:《改变世界秩序和安全挑战的巴西视角》,第 4 页。

③ 理查德·方丹(Richard Fontaine)、丹尼尔·M.克利曼(Daniel M.Kliman):《国际秩序与全球摇摆型国家》("International Order and Global Swing States"),《华盛顿季刊》(*Washington Quarterly*),2013 年冬季第 36 卷第 1 期,第 98—99 页。

产品,巴西放弃推行该概念的决定就产生了一个问题:相对于美国(R2P 的主要倡导者),巴西愿意付出多少努力和政治代价来促进南方国家议程。联合国秘书长在关于 R2P 的十年报告指出,R2P 面临许多挑战,为有效贯彻 R2P,联合国还曾多次召开会议,但该报告中甚至完全没有提及"保护中的责任",这表明巴西试图影响这一关键多边环境结果的提议遭遇彻底失败。①

　　这也意味着巴西对南方国家软实力战略的必然失败。一方面,发展中国家并不认为 RwP 提案是巴西为保护他们主权而做的具体贡献。另一方面,许多南方国家的社会力量不仅要推翻暴政,还希望获得北方国家的支持以建立稳定、民主和尊重人权的政府。而巴西却摒弃了 R2P 中主要强国适当参与后续行动的主张,特别是为避免"阿拉伯之春"之后利比亚和叙利亚经历的种种崩溃而采取的行动,这令南方国家备感失望。最终,尽管开始大张旗鼓,但如今联合国已将 RwP 搁置一旁,一心致力于改进 R2P。

结语:通过软实力制订规则之路艰难曲折

　　巴西在制订国际安全领域规则方面处境艰难。鉴于其地处远离系统威胁性冲突的边缘地带,巴西不具备战略性地缘政治的重要性。巴西一直声称,自己应当被视作国际体系的主要参与者而非仅仅是某些领域的参与者。然而,它也知道,在重要政治群体中的缺席从根本上削弱了这一主张的有效性。巴西面临艰难的挑战:既要在安全领域做出建设性贡献,又不会因为承

----

① 联合国大会安理会 A/69/981-S/2015/500 号文件:2015 年 7 月 13 日,第 69 届联合国大会议程第 13 项和 115 项,联合国历次主要会议和经济、政治及相关领域峰会成果的统筹协调执行及后续行动;联合国成立 70 周年安理会千年首脑峰会成果的后续行动:《一项重要而持久的承诺:履行保护责任》,联合国秘书长报告,www.un.org/en/preventgenocide/adviser/pdf/N1521764%202015%20SG%20 Report%20R2P%20English.pdf。

担过高的代价而失去国内对其强国政策的支持,同时还不能损害其在国际秩序中维护被欺凌的南方国家的主张。巴西可以通过与发达国家合作寻求有效应对挑战的解决办法,例如维和行动。

然而,这一策略的实施却不容乐观。巴西利用其硬实力支持其软实力的尝试尚未产生红利,因此它必须在很大程度上依靠其外交和参与维和行动来赢得影响力。而南美洲的其他国家及所谓的金砖盟国均反对巴西入常进而发挥更大影响。当它通过维和行动切实投入硬实力时,巴西却陷入了北方国家的议程陷阱,它被迫妥协原则,并承担了更高的成本,这一点令巴西民众感到沮丧。在巴西看来,自己在核不扩散方面的努力为国际秩序做出了积极贡献,却遭到美国的无视;相反,那些削弱核不扩散制度的国家,例如以色列和印度,却得到了理想的回报。巴西呼吁更多地限制北方国家使用武力,于是特意提出了 RwP 的倡议,却遭到发达国家的敌视,发展中国家对此也毫无兴趣。

此外,巴西面临两个新的国内挑战,一个关于国内问题,另一个关于国际问题。这两个挑战可能会逐渐影响巴西对国际安全领域的期望。在国内,巴西民众越来越多地参与政治活动(从 2013 年至 2015 年反对世界杯和夏季奥运会等国际体育声望赛事奢侈支出的抗议活动可以看出),这对外交政策的影响可能扩展到安全领域。巴西人意识到了武力在国际关系中的作用以及核扩散的危害。根据民意调查的结果,如若一个非民主国家积极推动核武器发展,47％的巴西人支持联合国对该国使用武力。对联合国的武力制裁,他们甚至也能够进行批判性地思考:如果该扩散国是一个民主国家,支持率会显著下降至 38％。即使联合国没有授权军事打击,也有 31％的巴西人支持对非民主的核扩散国实施军事打击,26％的人甚至支持对民主核扩散国进行打击。[1] 虽然我们没有时

---

① 斯科特·德思博萨特(Scott Desposato)、艾瑞克·格茨柯(Erik Gartzke)和克拉若·苏翁(Clara Suong):《民主和平如何"民主"? 一项关于巴西与中国外交政策偏好的调查实验》("How 'Democratic' Is the Democratic Peace? A Survey Experiment of Foreign Policy Preferences in Brazil and China"),未发表论文,国际关系大会实验(Experiments in International Relations Conference),普林斯顿大学,2014 年 5 月。

间序列的数据来评估随着时间的推移公众对国际问题看法的变化,但可以预计,巴西中产阶级规模的扩大和巴西社会逐渐融入国际体系的趋势可能导致国内压力的产生,并改变巴西在国际秩序的传统立场,正如其在贸易(见第五章)和互联网治理(见第六章)上的立场逐渐改变一样。

　　然而,巴西目前在国际安全领域的行为也体现了一些积极的成果。由于近几十年来与中国和俄罗斯的关系更加密切,且这两国都在寻求对全球秩序进行更深入的修正,所以巴西对美国外交政策的态度可能更具批判性。此外,拉丁美洲传统的反美情绪在巴西政治中也能偶尔获得回应。那么为什么巴西仅批评美国,而不是反对美国呢?这是一个显而易见的问题。我们不妨提出一个有用的假设:巴西的国家利益和全球抱负意味着该国显然不会参与对国际体系进行无端的(假设中国和俄罗斯都不与美国直接对抗)或高风险的(如果中国和俄罗斯都与美国直接对抗)的批评;而且巴西已经足够成熟,可以更长远地看待它将如何影响国际体系,反之亦然。[1]

---

[1]　拉夫・埃斯巴赫(Ralph Espach):《实用主义风险:巴美关系与国际安全秩序》("The Risks of Pragmatism: Brazil's Relations with the United States and the International Security Order"),见奥利弗・史东克尔(Oliver Stuenkel)、马修・泰勒(M. Taylor)编:《国际舞台上的巴西:力量,观点和自由化国际秩序》(*Brazil on the Global Stage: Power, Ideas, and the Liberal International Order*),纽约:Palgrave Macmillan,2015 年,第 57—77 页。

第五章

巴西与经济全球化的多边结构

国际经济的治理改革

作为 2015 年世界第七大经济体,巴西希望能建立一个稳定的国际经济秩序以促进国家间的安全贸易,使其能够从国际资本市场获得大量资源,吸引外国投资并为巴西日益增加的海外投资提供保护。[①] 然而,作为一个力图崛起的新兴大国,巴西同样渴望在一些老牌的全球经济治理机构中获得更大的投票权并担任更重要的领导职位,特别是在国际货币基金组织和世界银行等多边金融机构中。巴西还推动设立新的国际经济机构,如南方银行、金砖国家新开发银行和应急储备安排。同时,它还致力于建立新的双边和区域一体化机制以提升自身在其他平台的影响力,以图有朝一日可以更加有效地参

[①] 安德鲁·哈瑞尔(Andrew Hurrell)、阿里塔·纳里卡(Amrita Narlikar):《对峙的新政治:多边贸易谈判中的巴西和印度》("A New Politics of Confrontation: Brazil and India in Multilateral Trade Negotiations"),《全球社会》(*Global Society*),2000 年第 20 期,第 415—433 页。

与全球经济治理。

巴西是要挑战现有国际经济秩序还是寻求现有秩序中权力分配的渐进式变革？对此，学者和政策制定者们各执一词。①从本章列举的有力证据中，我们可以得出结论：巴西希望改革目前的经济治理机构，例如国际货币基金组织，而不是摧毁它们。尽管巴西认为发达国家为了谋求自身国内利益已偏离规范，例如限制劳动力流动，但它仍然接受将全球资本主义作为国际经济体系的基本原则。它也支持替代性发展方式和建立新的经济机构。然而，这些新的经济机构旨在与现有机构形成互补——而非与之对立。巴西提出的全球经济治理策略是一种"软性的"修正主义，旨在促进主权平等的规范，对全球自由市场原则却不构成挑战。

巴西的外交官、政治家和学者都提倡替代性的发展理念，但问题的关键是这一替代性方案意在替代什么。北方世界的先进工业化民主国家政府支持促进国家安全、繁荣及其公民福利的发展方针。它们认为，经济增长需要保持可持续性，而可持续性需要金融稳定、基础设施发展以及来自公共、私有和多边来源（私有来源发挥主导作用）的投资流入——所有这些都基于法规为外国投资者和公民提供安全的背景。巴西的"替代性方案"在两个方面有所不同：它强调国家主权的重要性并且倾向于大部分资本流入来自公共和多边来源。

---

① 丹尼尔·弗莱姆斯(Daniel Flemes)：《金砖国倡议中的巴西：全球秩序移动中的软平衡》("O Brasil na iniciativa BRIC: Soft balancing numa ordem global em mudança")，*Revista Brasileira de Política Internacional*，2010 年第 53 卷第 1 期，第 141—156 页，www.scielo.br/pdf/rbpi/v53n1/a08v53n1.pdf；彼得·哈金(Peter Hakim)：《不情愿的伙伴》("The Reluctant Partner")，《外国事务》，2004 年第 83 卷第 1 期，第 114—123 页；玛利亚·瑞吉娜·索尔斯·德里马(Maria Regina Soares de Lima)、莫妮卡·赫斯特(Monica Hirst)：《身为中等国家和地区强国的巴西：行动、选择和责任》("Brazil as an Intermediate State and Regional Power: Action, Choice and Responsibilities")，《国际事务》，2006 年 1 月第 82 卷第 1 期，第21—40页；安德鲁·哈瑞尔(Andrew Hurrell)：《霸权主义、自由主义和全球秩序：未来大国面临何种空间?》("Hegemony, Liberalism and Global Order: What Space for Would-be Great Powers?")，《国际事务》，2006 年第 82 卷第 1 期，第 1—19 页。

　　尽管发达工业民主国家和个别金砖国家的发展理念差异在理论上是显著的,但实际上却不明显。金融稳定、保护本国的海外投资、为外国投资提供良好的环境,这些都是巴西为在全球治理中增加影响力而渴望实现的目标。如发达国家一样,减少腐败意味着提高透明度、促进法治和提高公信度,这些也正是巴西检察官和法官在调查石油腐败案时所奉行的行动方针。巴西在全球经济治理结构中追求的不是革命性的变革,而是对其进行修正。当旧机构无法为它提供足够的用武之地时,它踊跃支持建立新机构。

　　因此,我们将回顾一下有关巴西在促进发展、贸易和国际金融等领域行为的外交评价,并进而分析巴西如何追求其目标以及它为各领域的主要机构提供了何种支持。鉴于巴西的积极外交及其在某些机构中获得的领导地位,许多分析家们声称它已经在全球经济秩序中获得了巨大的影响力。[①]但是对这些说法的评价鲜有实证分析,如巴西希望这些全球经济机构做什么,在哪些方面它可以讨价还价而哪些方面不行,以及这些的实际表现如何。本章研究了巴西的政策目标和行动与其所在国际经济治理机构的表现之间的契合性,并以此来评估巴西的有效影响力。

　　本章论述的重点是巴西为在全球经济治理中获得影响力而采取的战略。对它而言,采取这些战略是为了有效表达其作为一个发展中国家的意见和需求,而它也相信这些意见和需求代表了大多数的发展中国家,因此与现有体系为发达国家所提供的优势和利益不一致。本章的讨论从巴西的"发展外

---

① 奥利弗·史东克尔、马修·泰勒编:《国际舞台上的巴西:力量、观点和自由化国际秩序》,纽约:Palgrave Macmillan, 2015 年;辛西娅·阿伦森(Cynthia Aronson)和保罗·索特罗(Paulo Sotero)的采访,《身为地区强国的巴西:基于半球的视角》(*Brazil as a Regional Power: Views from the Hemisphere*),普林斯顿:伍德罗·威尔逊国际学者中心拉丁美洲项目,2009年1月;迈尔斯·卡尔勒(Miles Kahler):《崛起的权力与全球治理:弹性现状中的谈判变化》("Rising Powers and Global Governance: Negotiating Change in a Resilient Status Quo"),《国际事务》,2013 年 5 月第 89 卷第 3 期, 第 711—729 页;安德烈·马拉穆德(Andres Malamud):《没有追随者的领导?巴西外交政策在区域表现与全球表现上日益增长的分化》("A Leader without Followers? The Growing Divergence between Regional and Global Performance of Brazilian Foreign Policy"),《拉美政治与社会》,2011 年第 53 卷第 3 期,第 1—24 页。

交"和筹资开始,这两者决定了其投射全球经济实力和软实力的能力。本节评估了巴西对美洲区域基础设施发展的新供资机构的支持及其在双边和区域发展项目中日益重要的作用。第二节和第三节分别就巴西在国际贸易和金融领域的表现,考量了该国在传统治理机构的影响力。本章还分析了这些领域的传统管理机构和巴西所推动建立的新机构之间的竞争程度和互补性。巴西以在传统治理机构中获得领导地位作为其崛起之重点。随着八国集团(现在的七国集团)制定了新的治理机制,例如跨太平洋伙伴关系(TPP)和跨大西洋贸易与投资伙伴协定(TTIP),这些传统机构正逐渐被搁置。在本章结论部分,我们对这一战略可能产生的后果进行了预测。我们还探讨了巴西软实力外交在全球经济治理中的有效性对其国内经济表现的依赖程度。

"发展外交"

就在不久之前,巴西曾是国际发展援助的主要受援国,而非施援国。作为受援国,巴西曾遭遇多边银行和发达国家贷款条件的种种限制,这种经历影响了巴西的对外经济政策。巴西的发展外交完全针对南方世界,而其形成则源于对发达工业化国家所倡导发展模式的批评。其发展论调重在团结而非条件。它展示了巴西自身成功的国内发展经验——换句话说,它将软实力策略——运用于海外发展援助之中。这反映了巴西希望在主权平等和互不干涉原则的基础上修订国际秩序。

巴西的对外经济政策是基于两方面的优势:巴西国家发展银行(BNDES)的出口融资项目 PROEX,及其在卫生保健领域的技术和社会进步,后者彰显了巴西与发展中国家合作的决心。它一直是倡导通过知识交流进行南南合作以促进能力发展的主要力量。与发达国家的知识转让相比,知识交流概念中所包括的技术援助可能更适合发展中国家的背景。[1]巴西通过自己在减少贫困、艾滋病毒/艾滋病治疗和粮食安全领域的成功经验建立了"发展软实力",它认为这些方案为其他发展中国家提供了参考模式。然而,它在促进能源一体化、基础设施一体化和替代性开发银行方面的尝试却不尽如人意,因此它在这些领域的国内模式对南方世界的其他国家普遍缺乏吸引力。

凭借国内成功赢得国外影响力

巴西"发展软实力"的核心是它过去 14 年来在减少极端贫困和增加中产阶级规模方面取得的巨大成功。巴西第一个获得国际认可的国内政策是有条件现金转移计划,即家庭补助金计划(Bolsa Familia)。巴西开创了向有需要的家庭提供小额现金转移的先河,使这些家庭得以保证子女入学并参加预防性医疗保健。家庭补助金计划使巴西约 25% 的人口受益(近 1400 万户家庭),在该方案执行的第一个十年间(2003—2012),巴西的极端贫困人口数减少了一半(从全国人口的 9.7% 降到 4.3%),而且巴西的基尼系数(在 2012 年为 0.527)[2]也同期下降了 15%,对于巴西这个历史上曾是世界上社会最不平等的国家之一而言,这些进步确实是成就斐然。该计划还具有长期的积极影响,如增加入学率和学生升级率;同时还对提高女性(超过 90% 的受益者)的福祉以及穷人的尊严和自主感产生了特别积极的影响。[3]

世界银行自 2003 年家庭补助金计划实施以来就一直支持该计划,还同

---

① 关于整体情况,见胡杰瑞(Hyunjoo Rhee):《通过知识交流促进南南合作》("Promoting South-South Cooperation through Knowledge Exchange"),见霍米·卡拉斯(Homi Kharas)、库吉·马金诺(Koji Makino)和吴金俊(Woojin Jung)编:《催化性发展:援助的新视野》(*Catalyzing Development: A New Vision for Aid*),布鲁金斯学会出版社,2011 年 6 月。

② 德博拉·韦特泽尔(Deborah Wetzel):《家庭补助金计划:巴西静悄悄的革命》("Bolsa Família: Brazil's Quiet Revolution"),《经济价值报》(*Valor Econômico*),2013 年 11 月 4 日,www.worldbank.org/en/news/opinion/2013/11/04/bolsa-familia-Brazil-quiet-revolution。

③ 同上。

巴西政府一起将其推广到南方世界的其他地区,并将此类计划作为实现其到
2030 年前消除极端贫困并促进共同繁荣的全球目标的关键。仅 2012 年一年
就有 120 多个国际代表团来到巴西学习和了解该方案。巴西社会发展部和
联合国开发计划署共同发起了"世界无贫困学习倡议",以促进基于巴西经验
的持续创新和学习。[①]

　　巴西在公共卫生领域首创的一些解决方案对南方世界同样具有吸引力。
健康不良是发展中国家的主要发展瓶颈,对劳动力、生产力、政府财政以及家
庭和公民的福利均造成负面影响。艾滋病毒/艾滋病在撒哈拉以南的非洲和
加勒比地区尤其严重,而巴西在国内医疗保健领域的成功得到了广泛的国际
认可,并提供了可借鉴的模式。

　　为抗击艾滋病毒/艾滋病,巴西采取了与生产抗艾滋病药物的国际制药
公司进行对抗的战略,而该战略的成功提升了它在南方世界的软实力。巴西
是首个以通用名形式(1991 年)制造抗艾滋病药物 AZT 的南方世界国家,这
导致了它与大型制药公司之间的冲突,因为这些公司的药物价格要高出多
倍。[②] 泰国和印度很快也如法炮制。知识产权是国际贸易中的一个主要议
题,因此巴西、南非、印度和泰国在重大医疗卫生危机中对这些药品专利的主
张对医疗保健治理产生了重大影响。这些国家先是宣称国家进入紧急状态,
然后声称自己将生产药品以应对危机,从而胁迫制药公司降价。在这一过程
中,他们成功地让世贸组织认可,如果专利权人没有以合理的费用提供这些
药物,则各国将拥有生产这些药物的权利。对于那些自己没有能力生产药物
的国家,世贸组织 2003 年的"多哈宣言"允许它们在国家紧急状态下从生产

① 德博拉·韦特泽尔(Deborah Wetzel):《家庭补助金计划:巴西静悄悄的革命》("Bolsa
Família: Brazil's Quiet Revolution"),《经济价值报》(*Valor Econômico*),2013 年 11 月 4 日,
www.worldbank.org/en/news/opinion/2013/11/04/bolsa-familia-Brazil-quiet-revolution。

② 尼茨坦·切洛维(Nitsan Chorev):《通过反应扩散改变全球规范 —— 以艾滋病药物知识产
权保护为例》("Changing Global Norms through Reactive Diffusion: The Case of Intellectual
Property Protection of AIDS Drugs"),《美国社会学评论》(*American Sociological Review*),
2012 年 10 月第 77 卷第 5 期,第 838、840 页。

这些药物的国家进口药物。[①]

　　巴西在公共卫生领域取得的国内外成功迅速蔓延到了南方世界,世界卫生组织(WHO)和 31 个发展中国家在卫生政策方面纷纷效仿巴西。巴西一直不断地将这些在例外情况下生产的药物捐赠给肯尼亚和南非。[②] 巴西还与联合国艾滋病规划署(UNAIDS)合作,设立国际技术合作中心(ICTC),将其防治艾滋病毒/艾滋病的国内卫生战略推向国外。2006 年,巴西与加勒比共同体—泛加勒比防治艾滋病毒/艾滋病伙伴关系组织签署了一项协议,旨在将这一领域的相关知识转移到加勒比地区。[③] ICTC 的成功体现在其吸引联合国人口基金、世界银行和其他国际伙伴支持的能力。[④]

　　巴西在发展现代农业方面取得的成功为其在南方世界扩大影响力奠定了另一基础。巴西农牧业研究公司(Embrapa)向四个非洲棉花生产国提供过技术援助:贝宁、布基纳法索、乍得和马里。"棉花四国计划"意在通过提高棉花生产力和产量来提高收入,创造就业岗位并缓解粮食无保障的状况。其他政府机构,包括巴西国家工业培训服务中心(Senai)、奥斯瓦尔多·科鲁斯基金会(Fundacao Oswaldo Cruz)和非洲—巴西社会发展合作方案均为促进巴

---

① 尼茨坦·切洛维(Nitsan Chorev):《通过反应扩散改变全球规范 —— 以艾滋病药物知识产权保护为例》("Changing Global Norms through Reactive Diffusion: The Case of Intellectual Property Protection of AIDS Drugs"),《美国社会学评论》(*American Sociological Review*),2012 年 10 月第 77 卷第 5 期,第 838,840 页。

② 吉莉安·克莱尔·科恩(Jillian Clare Cohen)和克里斯蒂娜·M.莱贝克(Kristina M. Lybecker):《艾滋病政策和制药专利:巴西的公共卫生保障战略》("AIDS Policy and Pharmaceutical Patents: Brazil's Strategy to Safeguard Public Health"),《世界经济》(*World Economy*),2005 年第 28 卷第 2 期,第 225—226 页。

③ 西印度群岛大学(UWI)咨询:《加共体泛加勒比防治艾滋病合作组织与巴西政府的艾滋病毒/艾滋病技术合作案例研究》("Technical Cooperation on HIV/AIDS between CARI-COM/PANCAP and the Government of Brazil Estudio de caso"),2011 年 5 月 31 日,牙买加金斯敦,www.southsouthcases.info/pdf/lac12.pdf。

④ 联合国艾滋病规划署(UNAIDS):《艾滋病规划署和巴西加强艾滋病方面的技术合作》("UNAIDS and Brazil to Strengthen Technical Cooperation on AIDS"),2008 年 5 月 30 日,www.unaids.org/en/resources/presscentre/featurestories/2008/may/20080530unaidsandbrazilstrengthentechcooper。

西的发展外交做出了贡献。[①]

　　巴西国家开发银行(BNDES)增加了其在南方世界的贷款,因而巴西现在是全球贫穷国家最大的贷款提供者之一。[②] BNDES 在 2011 年的国外贷款总额是世界银行所提供贷款总额的 3 倍,在 2014 年时其贷款额是所有国际金融机构提供贷款总额的 1.5 倍。BNDES 也是 2014 年南美洲最大的贷款机构。虽然 BNDES 通常不会公布其贷款的详细记录,但巴西一位法官最近要求其将信息公开,因为目前的腐败丑闻涉及这些信息。这些信息显示,BNDES 对外国项目贷款收取的利率远低于国内项目。[③] 巴西还与"巴黎俱乐部"一起免除了刚果共和国的全部债务。[④]罗塞夫总统曾免除了非洲国家拖欠巴西总计 7.4 亿美元的债务。

　　但是,当非洲人民在庆祝这些贷款和债务减免的同时,巴西国内却潜藏着阻挠 BNDES 海外活动的迹象。有人指控债务减免是为了使与总统有关联的建筑承包公司、矿业公司和农业公司可以获得 BNDES 对非洲投资的融资。[⑤]这些涉及 BNDES 外国贷款和债务减免的争议,特别是在当前腐败丑闻和经济衰退的背景下,可能使政府难以通过慷慨资助的方式继续提升其软实力。

---

① 冯伊·开普敦(Yvonne Captain):《卢拉执政时期巴西的非洲政策》("Brazil's Africa Policy under Lula"),《南方世界》(*Global South*),第 4 卷第 1 期特刊"全球时代的拉丁美洲",2010 年春,第 191—192 页。

② 理查德·方丹和丹尼尔·M.克利曼:《国际秩序与全球摇摆型国家》,《华盛顿季刊》,2013 年冬季第 36 卷第 1 期,第 93—109 页。

③ 拉丁美洲日报简报(Latin America Daily Briefing):《巴西发展银行数据引发对古巴贷款的疑问》("BNDES Data Feeds Doubts regarding Cuba Loans"),2015 年 6 月 5 日,latinamericadailybriefing. blogspot.com.br/2015/06/bndes-data-feeds-doubts-regarding-cuba.html。

④ 《巴黎俱乐部同意向刚果共和国提供 100％ 的债务减免》("The Paris Club Agrees to Provide 100% Debt Relief to the Republic of Congo"),巴黎俱乐部(Club de Paris),2010 年 3 月 18 日,www.clubdeparis.org/sections/communication/archives - 2010/congo2270/switchLanguage/en。

⑤ 乌达维·卡布拉尔(Otávio Cabral):《迪尔玛赦免 2014 年非洲国家债务》("Dilma perdoou dívida de países africanos de olho em 2014"),《观察周刊》(*Veja*),2013 年 5 月 31 日,veja.abril. com.br/noticia/brasil/dilma-perdoou-divida-de-paises-africanos-de-olho-em - 2014。

巴西 2010 年公布的官方发展援助(ODA)投入额为 9.23 亿美元(比起
2009 年的 3.69 亿美元有了显著提高)。然而,根据经合组织(OECD)的计算,
只有 5 亿美元的资金可被认定为官方发展援助。[①] 和其他官方发展援助提供
者相比,不论是发达国家还是发展中国家,巴西均无法匹敌。2010 年,经合组
织发展援助委员会(DAC)的 23 个成员国提供的官方发展援助总额平均占国
民总收入(GNI)的 0.49%,其中韩国以 0.12%排名垫底,[②]却也远高于巴西的
0.02%。在向经合组织报告的 18 个非发援会国家中(巴西不是其中之一),巴
西的慷慨程度也仅与排名最后的泰国相一致。[③]表 5-1 显示的数据来自全球
人道主义援助网站。该数据表明,巴西提供的外国援助少于其他金砖国家、
土耳其及主要的阿拉伯石油国家。

总体来说,南南发展援助的规模仍然很小且分散,因此这对巴西软实力
的助力有限。截至目前,它对巴西软实力产生的累积效应尚未有数据分析。
在加勒比地区,可能美国的软实力影响力更大;如果一定要做出选择,这些
国家可能更愿意与美国,而不是与巴西并肩。若该情况属实,那么巴西自称
在特定合作项目之外代表这些国家利益的声明对现任强国而言是不足
信的。

---

① "根据巴西政府公布的官方数据,巴西的发展合作金额明显高出很多。经合组织采用了这些
数据,但出于分析目的,在其评估中仅包括:1)在中低收入国家的活动;2)对多边机构的捐
助,其主要目的是促进发展中国家的经济发展和福利(或在多边机构不仅针对于发展中国家
的发展活动中,这些捐助所占的百分比)。经合组织也排除了双边维和行动。巴西的官方数
据可能排除了一些本应纳入发援会数据中的发展合作活动,因此基于巴西自身提供的数据,
经合组织也将这部分数据排除在其评估之外。"经合组织(OECD):《巴西的发展合作》,2015
年 12 月 30 日,www-oecd.org/dac/dac-global-relations/brazil-development-co-operation.htm.
② 经合组织:《表一:2010 年官方净发展援助初步数据》("TABLE 1: NET OFFICIAL
DEVELOPMENT ASSISTANCE IN 2010 Preliminary Data for 2010"), www.oecd.org/dac/
stats/47515917.pdf, 2015 年 12 月 31 日访问。
③ 经合组织:《对发展援助委员会成员国之外其他国家的发展援助》("Development Finance of
Countries beyond the DAC"), www .oecd.org/dac/dac-global-relations/non-dac-reporting.htm,
2015 年 12 月 31 日访问。

表 5-1 非经合组织官方发展援助提供者

国家	官方发展援助和类官方发展援助的减让性资本流动		人道主义援助,2013
	占国民总收入的比例	百万美元(可统计的最近年份)	百万美元
巴西	0.02	500	15
中国	0.03	3009	54
印度	0.06	1257	13
科威特	0.35	495	342
卡塔尔	0.29	543	162
俄罗斯	0.02	362	42
沙特阿拉伯	0.73	5530	755
南非	0.05	183	2
土耳其	0.38	3157	16
阿联酋	1.55	5472	375

来源:"Global Humanitarian Assistance: Brazil," using development initiatives based on OECD DAC, UN Office for the Coordination of Humanitarian Affairs, Financial Tracking Service(OCHA FTS), UN Central Emergency Response Fund(CERF), IMF, World Bank, and UN System Chief Executives Board (UNSCEB) data (www. globalhumanitarianassistance. org / countryprofi le / brazil ♯ tab - donors)[accessed December 30, 2015].

巴西对南南发展不尽如人意的贡献

但是,在巴西的南南发展议程上,还有一系列问题显然处理得不太成功。这些问题在巴西政治领域的各方领导人看来非常重要:能源安全和一体化、基础设施发展和一体化以及建立反映南方国家和新兴大国经验的替代性多边开发银行。巴西在这些方面失败的部分原因可能是该国设置的与这些问题相关的目标之间有时会发生冲突:它既希望在国际上扩大其影响力并促进主权平等原则,又希望实现经济繁荣。更关键的是,这些通常是巴西国内情况比较复杂的政策领域,它并不总能呈现出具有吸引力的国内模式。

　　能源开发。巴西拥有数家全球知名的国企和私企,专门从事基础设施和能源开发。这些企业都有助于巴西软实力的提升。巴西国家石油公司Petrobras 在 21 世纪的第一个十年内曾饱受国际赞誉:它拥有精湛的深水钻井技术,其国际规模曾一度扩展至墨西哥湾和西非,还在大西洋深水海域发现了潜在的巨大石油和天然气储量(估计相当于 500 亿桶石油)。面对这一突然的发现,卢拉向世界宣布:"上帝是巴西人。"[1]奥德布莱切特(Odebrecht)集团是一家专门从事工程和能源项目的大型企业集团,在全世界包括非洲和拉丁美洲的 23 个国家均有业务。[2] 巴西淡水河谷公司(Vale S.A.)是一家前国有公司,于 1997 年开始推行私有化,但巴西政府依然持有该公司的股份。作为世界第五大矿业公司,该公司的投资活动遍布全球。[3]巴西的石油新贵OGX 公司是巴西最大的私营石油公司,该公司在哥伦比亚也开展了业务。其首席执行官埃克·巴蒂斯塔在 2013 年以 300 亿美元的财富荣登《福布斯》全球最富有个人名单。[4] 在 BNDES 的支持下,以上这些公司和其他公司似乎都准备大展身手,帮助巴西实现发展中的"南方"伙伴的身份定位。在这一身份定位中,巴西没有对中国的基础设施和能源推广进行批评——由中国资助的"飞地"项目(对当地经济影响最小的项目),最低限度地使用了其国内劳

---

① 汤姆·菲利普斯(Tom Phillips):《巴西总统旨在通过数十亿石油美元消除贫困》("Brazilian President Aims to Eradicate Poverty with Oil Billions"),《卫报》,2009 年 8 月 31 日。

② 《业务范畴》("Businesses"),巴西奥德布莱切特建筑公司(Odebrecht),odebrecht.com/en/businesses,2015 年 8 月 9 日。

③ 《有价值的淡水河谷》("Valuable Vale"),《经济学人》,2010 年 9 月 23 日,www.economist.com/node/17095748;《2015 年基于市场价值的全球顶级矿业公司排名(按 10 亿美元计算)》,德国斯特提斯特(Statista)统计数据,www.statista.com/statistics/272707/ranking-of-top-10-mining-companies-based-on-revenue,2015 年 9 月 15 日访问。

④ 凯尼斯·拉博泽(Kenneth Rapoza):《国家石油公司放弃天然气,前巴西亿万富翁退出巴西OGX 石油公司》("Former Brazil Billionaire Delists OGX as National Oil Firms Step off the Gas"),《福布斯》(*Forbes*),2013 年 11 月 13 日。

动力,然后直接出口至中国市场或中国公司。

但国际化对于巴西的公司乃至 BNDES 来说都是一个艰难的过程。虽然似乎所有拉丁美洲国家都赞成能源一体化的想法,但就如何实现能源一体化却未能达成一致。巴西发现自己在这一过程中时常深陷泥沼,或耗资巨大,或徒劳无功。2005 年,委内瑞拉总统乌戈·查韦斯和阿根廷总统内斯托·基什内尔提议修建一条由委内瑞拉经由巴西到达阿根廷的天然气管道,该项目不仅造价昂贵(其高于 200 亿美元的造价甚至比航运更贵),而且对亚马逊生态造成威胁。尽管巴西石油公司 Petrobras 不愿参与此项目,但由于时任总统卢拉希望与委内瑞拉保持积极的政治关系,因而被迫在该项目上投入时间和精力。[①] 鉴于巴西在南美洲基于区域团结和一体化的外交政策,Petrobras 被迫参与委内瑞拉国家石油公司(PDVSA)在伯南布哥建造大型炼油厂的项目。PDVSA 在该项目上的不合作导致该项目被拖延多年,而最终 Petrobras 只能独自开展该项目。[②]

这些结果不仅仅是巴西这些表面上的一体化伙伴毫无执行力且不守承诺造成的。作为国际投资者和出资方,巴西的公共和私营企业常常受到东道国政府政策的不公正待遇。北方国家的跨国公司为保护它们的合同权利可以轻易地诉诸国际法并得到来自本国的支持,相比之下,巴西公司却一直经受来自巴西政府的压力,要求它们尊重东道国制定和改变条款的"主权权利"。当巴西 Odebrecht 集团在厄瓜多尔承建的圣弗朗西斯科(San Francisco)水电厂发生问题时,Odebrecht 集团不愿承担罪责。为此,厄瓜多尔总统拉斐尔·科雷亚于 2008 年将 Odebrecht 集团从该国驱逐出境。此外,科雷亚还派

---

① 卡洛斯·赤瑞诺斯(Carlos Chirinos):《无通向南方的石油管道》("Sin gasoducto al Sur"),*BBC News*,2008 年 10 月 1 日;肖恩·W.伯吉斯(Sean W.Burges):《作为区域领导的巴西:迎接查韦斯的挑战》("Brazil as Regional Leader: Meeting the Chavez Challenge"),《当代历史》(*Current History*),2010 年,第 57—58 页。

② 威尔·康纳斯(Will Connors):《炼油厂是巴西石油公司困境的标志》("Refinery Symbolizes Woes of Brazilian Oil Firm Petrobras"),《华尔街杂志》(*Wall Street Journal*),2014 年 12 月 7 日。

遣军队占领了该集团正在进行作业的四大项目——一个机场、两个水电站和一个农村灌溉项目,总价值为 8 亿美元。尽管 Odebrecht 集团同意接受国际仲裁并发行债券,该禁令仍持续至 2010 年。当 Odebrecht 集团最终于 2013 年回到厄瓜多尔时,它选择低调行事。[①]科雷亚还以不偿还 Odebrecht 项目的 BNDES 贷款作为威胁,巴西政府对此也做出了回应。外交部长阿莫里姆公开表示该贷款是"不可撤销的",并召回巴西驻厄瓜多尔大使进行磋商。尽管采取了这些行动,厄瓜多尔国有公司 Hidropastaza 还是将此案提交至国际商会仲裁,最终国际商会还了 BNDES 一个公道。[②]

Odebrecht 不是唯一一个国外业务受到东道国政治影响的公司。2010 年,当科雷亚开始掌控厄瓜多尔能源部门时,Petrobras 在该国的勘探和生产合同被单方面改为服务合同。对此,Petrobras 拒不接受并决定终止这些合同。但 Petrobras 仍是厄瓜多尔 OCP 管道的所有者和运营商,年损失约为 1400 万美元,该公司决定 2018 年不再续签合同。[③]此外,在莫拉莱斯政府主

---

① 《厄瓜多尔:巴西公司增加在厄业务》("Ecuador: Brazilian Firm Increases Its Operations in Ecuador"),《经济学人信息部》(*The Economist Intelligence Unit*),2013 年 11 月 1 日,www. eiu. com/industry/article/771136261/ecuador-brazilian-firm-increases-its-operations-in-ecuador/ 2013 - 11 - 04;《最新消息——巴西奥德布莱切特建筑公司接受厄瓜多尔条款》("UPDATE— Brazil's Odebrecht Accepts Ecuador's Terms"),水利世界网(HydroWorld.com),2008 年 10 月 3 日,www. hydroworld. com/articles/2008/10/update—brazils-odebrecht-accepts-ecuadors-terms.html。

② 丹尼尔・康瑟尔(Daniel Cancel,):《厄瓜多尔认为奥德布莱切特争端非外交问题(更新一)》 ("Ecuador Says Odebrecht Dispute Isn't Diplomatic Issue [Update1]"),彭博社,2008 年 11 月 26 日,www.bloomberg.com/apps/news? pid=newsarchive&sid=apyzX6_iSW0c;《拉丁律师: 巴西银行战胜厄瓜多尔》("Latin Lawyer: Brazilian Bank Prevails against Ecuador"),仲裁研究 小组(Grupo de Estudos en Arbitragem),2011 年 2 月 6 日,gearbpucminas.blogspot.com/2011/ 02/latin-lawyer-brazilian-bank-prevails.html;马拉穆德:《没有追随者的领导?》,第 14—15 页。

③ 克罗地亚・亚尔丁(Claudia Jardim):《巴西石油公司宣布在厄瓜多尔停止石油生产和勘探》 ("Petrobras anuncia fim de produção e exploração de petróleo no Equador"),*BBC News*,2010 年 11 月 24 日,www. petrobras. com. br/pt/quem-somos/estrategia/plano-de-negocios-e-gestao; 巴西石油公司(Petrobras):《重油管道 OCP:对观察周刊的回复》("Oleoduto OCP: respostas a revista Veja"),2014 年 4 月 27 日,www. petrobras. com. br/fatos-e-dados/oleoduto-ocp-respostas-a-revista-veja.htm。

要控制该项目后,Petrobras 似乎打算撤离玻利维亚。尽管该企业的能力因而减弱,但是巴西的区域外交政策利益再一次迫使该公司继续留在玻利维亚。[1]

Petrobras 在国内的声誉也同样受到损害。当巴西举国沉浸在发现盐下层油田的欢欣之时,卢拉政府及国会通过了针对该项目的立法。根据该法案,Petrobras 必须参与盐下层油田所有项目的经营,而且在每个项目中拥有至少 30％的股份。由此产生的人力和金融资本要求使该企业备感压力,Petrobras 被迫出售其海外资产,但即便如此,其项目进度仍严重滞后于之前大肆声张的生产计划。Petrobras 在 2014 年的净亏损进一步削弱了该公司对巴西软实力的贡献能力。Petrobras 的亏损受到包括石油价格下跌等诸多因素的影响,而其在美国、日本、玻利维亚、委内瑞拉、厄瓜多尔和非洲的收入也捉襟见肘。Petrobras 通过出售其在阿根廷、哥伦比亚、秘鲁和美国的资产及其所拥有的玻利维亚国有石油公司(YPFB)旗下玻利维亚管道公司 Transierra SA 的 44.5％股权抵消了部分负面影响。它制订的 2015 年至 2019 年的管理计划旨在减少负债,首先从剥离 2015—2016 年间的 151 亿美元债务开始。[2] 但是,规模缩减并不适合巴西正在崛起的强国身份。Petrobras 的工人们于 2015 年 7 月 24 日举行罢工,抗议资产出售的提议,反对国会可能提出的盐下层油田立法修改议案,即允许其他公司成为经营者并在没有 Petrobras 参与的情况下进行钻探开采。[3] Petrobras 自国际石油和天然气开发项目中撤离,又无法满足盐下层油田的规划开发要求,这些都削弱了巴西

---

[1]　马拉穆德:《没有追随者的领导?》。

[2]　《2014 年度管理报告》,巴西石油公司,2014 年,www.investidorpetrobras.com.br/en/annual-reports/report-administration;《重油管道 OCP》;亚尔丁(Jardim):《巴西石油公司宣布在厄瓜多尔停止石油生产和勘探》("Petrobras anuncia fim de produção e exploração de petróleo no Equador"),BBC,2010 年 11 月 24 日;《商业计划和管理》,巴西石油公司,www.petrobras.com.br/pt/quem-somos/estrategia/plano-de-negocios-e-gestao,2015 年 10 月 18 日访问。

[3]　《巴西石油公司工人全国范围内 24 小时罢工抗议出售资产》("Petrobras Workers on Nationwide 24 Hour Strike to Protest Sale of Assets"),默克新闻社(*MercoPress*),2015 年 7 月 25 日。

在发展领域的软实力。

此外,Petrobras 和其他公司均被卷入腐败丑闻,引发了人们对其行使社会责任问题的讨论。2015 年,Petrobras 成为腐败丑闻的主要涉事方,被爆向执政党(PT)提供回扣以获取在国会中的影响力。[①] 50 多名巴西高官被控收受回扣,数十名巴西高管——包括 Odebrecht 集团董事长——被逮捕。2012年,巴西淡水河谷公司获得了绿色和平组织和德国非政府组织 Erklarung von Bern 颁发的一项国际"奖"——"社会责任感最差公司"。[②] OGX 公司因其开发的大多数钻探井为干井而破产,这让人质疑 BNDES 向 OGX 提供贷款的标准。[③] BNDES 本身也深陷国内腐败丑闻,而在司法调查期间所披露的信息可能会使其对海外巴西公司的支持力度更加透明,其吸引力也会随之降低。

基础设施。卡多佐总统十分强调基础设施对于巴西和南美洲发展的战略重要性,其继任者卢拉和罗塞夫也延续了这一立场。巴西要保持其可持续发展,就必须获取邻国的资源和市场。由于连接巴西与其邻国的基础设施状况不佳,因此仍须大量建设必要的高速公路、铁路和电力设施。[④] 这些项目获得融资的传统来源为世界银行、美洲开发银行及公私合营的安第斯开发公司银行(CAF),但它们能够提供的融资量与任务需求相比却相形见绌。此外,它们的审批程序为环保主义者和土著社区提供了反对和游说的机会,后者希望能对那些位于环境敏感地区——亚马逊和安第斯地区——的大型项目进

---

① 康纳斯:《炼油厂是巴西石油公司困境的标志》。

② 萨比拉·切德哈瑞(Saabira Chaudhuri):《"公众之眼奖"选中淡水河谷矿业公司和英国巴克莱银行》("Public Eye Award Singles out Mining Company Vale, Barclays"),卫报,2012 年 1 月 27 日。

③ 拉博泽(Rapoza):《国家石油公司放弃天然气,前巴西亿万富翁退出巴西 OGX 石油公司》。

④ 据联合国预计,该地区要满足预期要求,必须将基础设施占国内生产总值的比重提高一倍以上(从 2007—2008 年的 2.0% 提高到 2006—2020 年的 5.2%)。但如果该地区希望缩小与韩国、马来西亚、新加坡和香港的基础设施差距,投资比例则须达到年度国内生产总值的 7.9%。"The Economic Infrastructure Gap in Latin America and the Caribbean," Bulletin FAL 293, no. 1(2001), p. 6.

行监管。因此,巴西正努力寻求更多的资金来源,这些来源应更符合巴西整体国家优先项目的要求,而非那些特定利益集团或其他政府的要求。

该资金来源就是中国。近期巴西正在扩大与这个金砖伙伴国的贸易和投资关系。反过来,中国对促进该地区的基础设施发展也非常感兴趣,主要原因有两个。首先,中国将发展基础设施方面的政治利益作为平息拉丁美洲不满的一种手段。拉丁美洲是中国初级商品进口的来源国,而中国的制成品以低于拉丁美洲公司生产成本的价格涌入该地区,这让拉丁美洲感到不满。其次,中国公司投入海外建设项目中对中国经济有利,特别是因为中国国内此类项目的市场已经饱和。李克强总理于 2015 年 5 月访问拉丁美洲时曾承诺中国在该地区基础设施项目的投入将增加 500 亿美元。①

为保持其作为南美洲领导者的地位,同时避免南美人将中国作为巴西的替代品,巴西扮演中国境外投资的伙伴角色不可或缺。南美洲区域基础设施一体化倡议(IIRSA)和南美洲国家联盟(UNASUR)是弥补南美洲基础设施缺陷的两个重要项目,而巴西是其中重要的项目参与者。第一个项目试图通过鼓励区域规划和推动基础设施发展来获取传统资金来源的融资。基于世界银行和安第斯开发公司银行为促进区域一体化而提出的建议,卡多佐总统于 2000 年发起了 IIRSA 倡议。IIRSA 的目标包括:协调交通、能源和电信领域的项目和投资;提高跨境基础设施项目的监管和体制之间的兼容性;以及建立公共和私人融资的创新机制。②

① 国际商业观察(BMI)研究:《中国的基础设施投资目标聚焦拉丁美洲》("China's Infrastructure Focus Targets Latin America"),2015 年 5 月 22 日,www.bmiresearch.com/news-and-views/chinas-infrastructure-focus-targets-latin-america#sthash.QBVJ1nu0.dpuf.

② 克洛德特·德·卡斯特罗·席尔瓦·维特(Claudete de Castro Silva Vitte):《南美地区基础设施融合倡议:南美洲的一体化、主权和领土》("A IIRSA〔Iniciativa de Integração da Infra-estrutura Regional Sul-Americana〕: integração, soberania e território na América do Sul"),第 6 届城市和地区规划全国毕业生联盟与研究大会(XI Encontro Nacional da Associação Nacional de Pos-Graduação e Pesquisa em Planejamento Urbano e Regional),2005 年 5 月 25—27 日,巴西巴伊亚州萨尔瓦多市,www.anpur.org.br/revista/rbeur/index.php/anais/article/view/2650。

区域项目对政府来说是加分,但从环境保护者和当地社区的角度来看却是减分。环境和社会影响报告可以缓解对项目的反对,但报告需要真实可信。世界银行和美洲开发银行是相对独立的机构,即使它们的影响报告详述了项目的好处,争议仍然存在。然而,IIRSA 作为依附于南美各国政府的机构,在核实其可信度方面面临更大的挑战。IIRSA 的方法对其事业毫无帮助;它使用自己的环境和社会评价方法,不需要替代路线的深入评估、公开或正式的公众意见,或对项目成本和效益的社区评估。如果需要,甚至可以规避关于影响声明的国家立法。例如,连接巴西和秘鲁的 Interoceânica 高速公路是通过基于高速公路分摊收费的收入债券进行融资,因此该项目不需要遵循公共资助项目的标准审查方法。[1]

2010 年,IIRSA 被纳入了南美洲国家联盟(UNASUR),旨在促进政治、国防、能源和基础设施方面的区域合作。这种合并有助于推动区域合作,巴西的私营企业借助 IIRSA 项目平台在整个地区表现更为活跃。然而,尽管巴西在促进这一合作方面发挥了领导作用,但它也必须证明 UNASUR 不会助长巴西在该区域发展霸权。此外,鉴于巴西人均国内生产总值低于智利、阿根廷、乌拉圭以及委内瑞拉(取决于石油价格),巴西对其他拉丁美洲国家项目的公共援助可能会引发国内的反对。[2]

巴西在促进区域合作方面的兴趣不足以确保该区域有效实现经济一体化。其影响力极其有限,因为该区域的其他国家主张国家和主权优先,这种考虑一方面使得各国的经济发展战略互不相容,另一方面甚至对合理的基础设施项目或贸易造成了经济阻碍。例如,玻利维亚曾在 19 世纪 80 年代与智利的一场战争中丧失了领土。因此,虽然玻利维亚需要开拓

[1] 见斯蒂芬·L.卡斯(Stephen L. Kass):《评估南美洲的通洋高速公路》("Assessing South America's 'Interoceanica' Highway,"),《纽约法律杂志》(New York Law Journal),2009 年 8 月 28 日,www.clm.com/publication.cfm? ID=260。
[2] 马拉穆德:《没有追随者的领导?》,第 5 页。

天然气市场,但拒绝经由或向需要天然气的智利运送天然气。巴西主张主权至上,因此在遵从该原则和不损害其对其区域邻国的软实力影响间徘徊不定。

替代性开发银行。巴西重构国际发展秩序的主要战略是建立多边供资机构以替代世界银行和美洲开发银行(IDB)。巴西的行动议程是修订国际秩序,通过替代性金融机构扩大自己的影响力,并以推进主权平等优先原则为基础。根据其设想,这些新的金融机构不仅要体现南南团结的原则,而且应将个别国家利益置于议程首位且不允许全球民间社会影响议程,从而实现国家主权原则的推进。巴西并不反对改善环境或保护人权和土著权利,所有这些都是民间社会组织试图纳入国际金融机构(IFI)借款议程的目标。然而,它认为传统国际金融机构将这种权利改善作为接受贷款的条件是侵犯国家主权。由于所有利益相关方持续不断地就发展、环境、人权等多个目标进行权衡,巴西希望确保南方政府的优先事项不会在与北美政府、民间社会团体和市场的交锋中长期落败。

巴西支持的第一个替代性供资机构,即南方银行,迄今为止是一个失败案例。委内瑞拉和阿根廷于2006年开始就其创立开展讨论。一年后,巴西和厄瓜多尔也加入了此谈判。该银行的口号是"主权和一体化",将主权置于首要地位是南方银行与传统发展贷款来源机构的主要区别。查韦斯声称,从此不用再向国际货币基金组织寻求资助,也不必再忍受其条件性贷款项目。[①]查韦斯甚至宣布,委内瑞拉将退出国际货币基金组织(其实并没有,但拒绝接受该机构对委内瑞拉的经济进行正式审查)。巴西的外交辞令相对温和,但它也早早偿还了国际货币基金组织的贷款,以摆脱该组织对巴西施加的影响

---

① 阿列克谢·巴里奥尼沃(Alexei Barrionuevo):《查韦斯的发展银行前行计划》("Chavez's Plan for Development Bank Moves Ahead"),《纽约时报》,2007年10月22日。

和条件,同时早日偿还贷款也是该独立性的象征。①

　　南方银行的范围被广泛界定为向社会项目和一体化提供融资,其初始资本预计为 200 亿美元,其中巴西、委内瑞拉和阿根廷各自出资 50 亿,剩余较少部分由其他成员国提供。一些分析人士称,巴西对该项目的态度摇摆不定,但鉴于当时委内瑞拉和阿根廷的经济蓬勃发展,项目似乎已成事实,巴西认为有必要参与该机构,故而决定加入。② 虽然该机构的成立初始文件于2007 年 12 月签署,但具体协议内容在两年之后才最终敲定。成员国们在投票权方面存在分歧,委内瑞拉坚称在所有事项上遵循"一国一票"制,而巴西和阿根廷希望对日常事务进行加权表决(基于两国对该银行财政贡献的规模),而只对一般性决策实行平等投票。③

　　然而,南方银行项目在获准 6 年后仍处于瘫痪状态。委内瑞拉总统马杜罗试图在 2015 年 4 月单方面宣布该银行将于下个月开始运作。④但是,由于巴西、委内瑞拉和阿根廷相继遭遇经济危机,因此截至 2016 年 2 月本文写作时,南方银行仍未完成资本注入,自然也无法提升巴西的软实力。

　　尽管南方银行未能顺利起步,巴西却正在参与创建其他替代性开发银行

---

① 劳尔·茨别赤(Raul Zibechi):《南方银行:走向财务自治》("Bank of the South: Toward Financial Autonomy"),北美洲拉美协会(NACLA),2007 年,www.nacla.org/news/bank-south-toward-financial-autonomy,2015 年 9 月 15 日访问;卢卡斯·伯格曼(Lucas Bergman):《南美人筹建独立区域性银行》("South Americans to Form Independent Regional Bank"),半球事务委员会(Council on Hemispheric Affairs),2007 年 12 月 9 日,www.coha.org/south-americans-to-form-independent-regional-bank。

② 奥斯卡·乌格泰切(Oscar Ugarteche):《南美国家签署南方银行协议》("South American Countries Sign Articles of Agreement of BANCOSUR"),废除第三世界债务委员会(Committee for the Abolition of Third World Debt),2009 年 10 月 14 日,www.cadtm.org/South-American-countries-sign;安图里奥·罗萨尔斯(Antulio Rosales):《南方银行与重返发展》("The Banco del Sur and the Return to Development"),《拉丁美洲观察》(Latin American Perspectives),2013 年 7 月 17 日。

③ 罗萨尔斯:《南方银行与重返发展》。

④ 《南美洲国家联盟的南方银行将于 5 月开始运营》("UNASUR's Bank of the South to Begin Operations in May"),南方电视台(TeleSur),2015 年 4 月 22 日,www.telesurtv.net/english/news/UNASURs-Bank-of-the-South-to-Begin-Operations-in-May-20150422-0006.html。

的项目,包括成为亚洲基础设施投资银行(AIIB,简称"亚投行")的创始成员,并参与筹建金砖国家新开发银行(NDB,简称"金砖银行")。亚投行包括 57 个成员国,自 2016 年 1 月 16 日起开始运行。与亚投行相比,巴西在尚未完全投入运作的金砖银行中的参与程度更高。2015 年,在获批参与金砖银行时,进步党参议员安娜·阿梅利亚·莱蒙斯就提出,巴西应抓住这一机会占据地缘政治的领导地位,而不是处于中国和俄罗斯的阴影之下。[①] 金砖银行旨在支持其成员国间的基础设施项目,金砖国家将这些项目视为在其他发展中国家的软实力影响的一部分。它们也乐于共享金砖银行带来的声誉优势:将总部设在中国,首任行长来自印度,成立条约的签署地则定在巴西。金砖银行的启动资本为 500 亿美元,包括 100 亿美元实缴股本和 400 亿美元可赎回股本,由 5 个创始成员平均出资。

　　按照设想,金砖银行应为新兴市场和发展中国家成员提供贷款、担保、其他金融工具、股权参与和银行所支持项目的技术援助。金砖银行对世界上所有国家都开放,加权投票将反映一个国家所持有的金砖银行股份。发达国家不能从中借款,且最多限于 20% 的股份。金砖国家创始成员国将持有至少 55% 的股份。根据金砖国家的一贯宗旨,即它们与发达国家主导的机构相比更关注发展中国家的需求,该银行要求项目所需的商品和服务必须从金砖银行成员国采购,除非金砖银行董事会批准例外申请。这一要求不仅可以通过刺激发展中国家的工业和服务业而使发展中国家直接受益,而且有助于银行资本增加。如果发达国家想为这些项目提供商品和服务,就必须成为金砖银

[①] 《议会批准建立金砖银行提议,启动资金投入为 500 亿雷尔》("Senado aprova criação do Banco do Brics,com capital inicial de R $ 50 bi"),国会焦点网(*Congreso em foca*),congressoemfoco. uol.com.br/noticias/senado-aprova-criacao-do-banco-dos-brics-com-capital-inicial-de-r-50-bi,2015 年 10 月 12 日访问。

行的成员。[①]

金砖银行还意在为南方国家提供其他利益。它不会资助任何项目所在国政府反对的项目,因为它不提供对环境和社会风险进行管理分析的人力资源。出于金砖国家尊重主权的宗旨,金砖银行将很可能遵从该国所做的环境和社会影响报告。巴西对国际机构进行的社会和环境影响评估持否定看法,它以国家主权为由拒绝接受美洲人权委员会的决定就是一个例证。该委员会认为,美丽山大坝(the Belo Monte dam)项目将对亚马逊地区的土著部落造成影响,因此要求巴西政府充分听取土著居民的意见。鉴于世界银行和美洲开发银行在项目周期的主要阶段——设计/准备、前期环境评估、实施/监督以及监测和评价阶段——对这些社会环境问题非常关注,所以对于大多数南方国家来说,有利于国家政府优先事项的替代性融资来源更具吸引力。

然而,金砖银行仍然需要向受南方国家批评的现有发展机构寻求资金,因此它对发展中国家产生的软实力影响将会减少。其规则约定,它将“在金砖银行认为适当的范围内与国际组织以及国家实体进行合作,无论是公共的还是私人的,特别是与国际金融机构和国家开发银行的合作”。[②] 这意味着金砖银行仍保持一定程度的经济和财政约束力。许多南方国家政府对此不满,因为这限制了它们利用项目进行分赃和腐败的可能。

巴西发展议程:扩大软实力的另一种途径

巴西在两个时代的更迭中由发展援助的主要接受国转变为主要捐助国,对国际发展所做的贡献越来越大,这显然是它日益崛起的迹象。不管是在北

---

① 第6届金砖峰会(VI BRICS Summit):《关于新开发银行的新协议——福塔莱萨,7月15日》,第一章第2条,第二章,第四章第21条第4款,brics.itamaraty.gov.br/media2/press-releases/219-agreement-on-the-new-development-bank-fortaleza-july - 15,2015年7月11日访问。

② 第6届金砖峰会:《关于新开发银行的新协议——福塔莱萨,7月15日》,第3条第2款。

方世界还是南方世界,越来越多的国家将巴西视为一个合法发展的强国。巴西在减少贫困、扩大中产阶级规模和粮食安全方面成果显著。然而,在某些情况复杂的内政方面,如基础设施和能源开发,却表现得不尽如人意。在金砖银行的支持下,或许有一天它在推动替代性发展供资机构方面所做的努力将为它带来回报,但到目前为止,这些努力对其软实力产生的只是负面影响。

巴西和国际贸易体系

值得注意的是,在全球十大经济体中,巴西的经济最为封闭。贸易占其国内生产总值的比例相对较低,其制造业企业,除了一些显著的例外,如巴西航空工业公司(Embraer),在很大程度上与全球价值链都毫无联系。这是因为巴西历来认为国际经济是不公平的,同先进的工业化经济体相比,诸如巴西这样的后进经济体处于不利地位。巴西接受关于后进劣势的"幼稚产业"论点(见后面的讨论),因此赞成在贸易管控上国家应发挥更大作用。巴西为提高国际贸易体系的公平性采取了两大战略:一是与其南美洲邻国缔结贸易协定,促进区域一体化,这一组织称为"南方共同市场"(Mercosul,简称"南共市");另一战略是在世界贸易组织(WTO,简称"世贸组织")中发挥领导作用。世贸组织是一个负责协商订立全球贸易体系规则的多边机构。然而,这两种战略都没能带来预期的益处。相对于巴西其他贸易来说,南共市太小,巴西制造商的竞争力不能产生显著影响。而世贸组织在过去20年来订立重要的贸易协定时都面临着巨大困难,这就是为什么北方国家越来越多地通过"意愿联盟"进行多边贸易谈判,如跨太平洋伙伴关系(TPP)和跨大西洋贸易与投资伙伴协定(TTIP)。

南共市。巴西一直积极倡导,在拉丁美洲国家向全球市场开放其经济

（而不仅仅是其金融市场）之前需要实现工业和服务业的更高水平发展。这反映了巴西的一种经济传统，它植根于巴西在 20 世纪 50 年代采取的进口替代工业化模式。该传统认为，发展中国家的工业无法与发达国家竞争，除非它们的国内市场能得到保护，或与其他发展中国家签署区域贸易协定。拥有受保护的市场将使它们能够随着时间发展具备竞争力的公司和部门（"幼稚产业"的论点）。这一观点也符合巴西在南美洲区域事务中保持重要影响力的倾向。

为将此观点付诸实践，并将与阿根廷的关系从对抗转向伙伴关系，南共市于 1991 年成立。对此，巴西遵循了欧盟开创的模式，并未倡导在国际体系中实行革命性变革。它倡导将南共市作为一种机制，允许阿根廷和巴西通过包括巴拉圭和乌拉圭在内的关税同盟（而不是自由贸易协定）发展有竞争力的工业和服务业。巴西和阿根廷都认为这一平台将提高它们影响全球治理的能力。[1]

但是，南共市作为一个经济一体化项目是失败的，这主要是因为巴西和阿根廷分别在 20 世纪 90 年代后期和 21 世纪初遭遇国内经济不稳定的局面，而随后的全球商品繁荣也对其产生了影响。南共市无法做出适当调整以促进这一背景下的一体化。成员国之间的贸易量实现了增长，但不敌成员国与非南共市国家之间的贸易增速。大多数分析家认为，南共市在成立十年间始终停滞不前。事实上，南共市伙伴国之间的贸易量仅占所有成员国贸易总量的 15.5%，[2]阿根廷只是巴西的一个次要贸易伙伴（虽然排名在欧盟、中国和美国之后位居第四）。和对美国的进出口额相比，巴西自阿根廷的进口是

---

① 哈克尔・帕茨・多斯・桑托斯（Raquel Paz dos Santos）：《卢拉对南美洲外交政策背景下的南共市复兴》（"A revitalização do Mercosul no contexto da diplomacia de Lula para a America do Sul"），《波利斯拉丁美洲杂志》（*Polis，Revista Latinoamericana*），2014 年第 13 卷第 39 期，第 67 页。

② 《集团内贸易价值占出口总额百分比：15.549%（2013）》（"Value of intra-group trade as a percentage of total exports：15.549% [2013]"），《南共市统计数据》，密歇根州立大学全球尖峰网，www.globaledge.msu.edu/trade-blocs/mercosur/statistics，2015 年 7 月 31 日访问。

美国的一半,对阿根廷的出口比美国少四分之一。① 2011 年,南共市区域内出口量占总出口的份额已经低于 1997 年单个南共市成员国的出口额。② 南共市与其说是经济一体化的手段,不如说它已成为各国政治合作和文化一体化的重点,而这对于提升巴西在其直接邻国之外的软实力和影响力作用不甚明显。③

然而,巴西和阿根廷仍然将南共市视为实现经济一体化和工业和服务业可持续增长的平台。它们设法为南共市注入新的活力:与欧盟谈判达成贸易协定;扩大其委员会规模,将委内瑞拉(2013 年)和玻利维亚(2015 年)纳入其中。然而,这两种策略都无济于事,无法为此关税联盟注入经济活力。尽管已与欧盟进行了多年谈判(自 1999 年),但协议始终未能达成,因为欧洲国家对阿根廷和委内瑞拉所坚持的保护主义程度不予接受。乌拉圭甚至威胁,如果谈判仍然停滞不前将单独与欧盟签署双边协定。巴西希望降低而非消除保护主义的愿望则沦为其需求的牺牲品,它希望保持南共市作为次区域团结的象征,并梦想着将拉丁美洲一体化的条款融入全球经济体系中。

多年来关于是否允许委内瑞拉加入南共市一直存在争议。根据南共市的规则,新成员的加入需要得到全体成员国一致同意,而巴拉圭一直反对委内瑞拉加入。由于巴拉圭总统费尔南多·卢戈被议会采取非正常手段罢黜,巴拉圭在南共市的活跃成员资格一度被暂停。阿根廷充分利用了这一时机,声称所有南共市的活跃成员支持委内瑞拉加入该组织。巴西对此表示支持,于是委内瑞拉于 2013 年获准加入南共市。但是委内瑞拉的加入几乎毫无裨益。这不仅因为委内瑞拉的市场与其他南共市国家实际上毫无联系,而且其

---

① 世界贸易组织:《2013 年度贸易概况》,www.wto.org/english/res_e/booksp_e/trade_profiles 13_e.pdf,第 311 页。

② 《南共市安息了吗?》("Mercosur RIP?"),《经济学人》,2012 年 7 月 14 日,www.economist. com /node/21558609。

③ 多斯·桑托斯:《卢拉对南美洲外交政策背景下的南共市复兴》;马拉穆德:《没有追随者的领导?》。

经济互补性也很小,该国政府实行的政策实际上破坏了除石油工业之外的其他经济基础设施。巴西和阿根廷各自通过开发其盐下层和页岩油储量均有可能成为主要的石油生产国,这一事实进一步降低了委内瑞拉的经济互补性。

世贸组织。正是在国际层面上,巴西被认为对国际贸易治理的影响最大。自 1995 加入世贸组织之后,巴西在 2003 年作为二十国集团的"助产士"担任了积极的角色。在墨西哥坎昆举行的世贸组织第五次部长级会议上,巴西为建立"另一个"以贸易为重点的二十国集团(金融二十国集团更为人们所知,见下文)起到了重要作用。巴西是以世贸组织中一个发展中国家的身份与美国和欧盟相抗衡,而不是一个将退出世贸组织并创建对立性贸易组织的集团成员。巴西与印度和南非立场一致,都认为发达国家仍在继续保护其竞争力较弱的行业,并以多种方式扭曲贸易,同时甚至还要求发展中国家开放其市场。此外,北方国家无视自己所做的决定,即多哈回合谈判的本意是一个"发展回合谈判"的决定。巴西时任外长阿莫林指出,在坎昆会议和巴西主导的以贸易为重点的二十国集团发展之前,世界上的大多数人都必须接受世贸组织中主要强国所做的任何决定;而现在,他宣称,他们终于可以发出自己的呼声了。①

然而,巴西在世贸组织中所起的作用比仅作为南方国家的代表更加复杂。它将巴西和阿根廷的大型出口导向型农业企业的利益与印度和中国的

① 马塞洛·帕西尼·马里亚诺(Marcelo Passini Mariano)、小哈若多·拉曼齐尼(Haroldo Ramanzini Junior)、拉斐尔·A.R.德阿尔梅达(Rafael A.R.de Almeida):《巴西在世贸组织的经历:棉花诉讼和参与 G-203 的教训》("O Brasil na OMC: as lições do contencioso do algodão e da participação no G-203"),巴西国际关系组织学术会议(*Encontro Nacional ABRI*),2011年,www.proceedings.scielo.br/scielo.php? pid=MSC0000000122011000200020&script=sci_arttex;谢珀德·福尔曼(Shepard Forman)、德克·赛格尔(Derk Segaar):《全球治理新联盟:多边主义的变化动态》("New Coalitions for Global Governance: The Changing Dynamics of Multilateralism"),《全球治理》(*Global Governance*),2016 年 4—5 月第 12 卷第 2 期,第 210 页、212 页、214 页。

自给型农业结合在一起,并在这一进程中成为世贸组织的决策中心。以前,中国和印度不会和巴西采取一致行动,但巴西做出了必要的妥协,将这些国家团结起来。巴西向印度关于粮食安全的立场靠拢,并接受了印度、中国和南非保护发展中国家国内农产品市场的愿望。这些步骤表明巴西有兴趣为农业贸易松绑,这是巴西具有比较优势的行业,因此它借用了基于北方国家发展哲学的逻辑。但是,与全球化专家约翰·鲁吉(John Ruggie)对"嵌入式自由主义"的描述一致,[1]巴西坚持认为,特别保护措施是有必要的,只要它们是最终刺激市场自由化和降低关税过程的一部分。在 2008 年的多哈谈判中,巴西摒弃了二十国集团提出的关于农业部门的立场,因为它自己的农产品出口可能受到负面影响,它希望这种妥协可以有助于多哈回合谈判圆满成功。[2]

巴西现在是世贸组织争端解决机制的顶级用户之一,其外交部向其他拉丁美洲国家呈现了关于如何开发和提交案例的一种路径。[3]巴西还推动世贸组织对贸易和汇率的关系给予更多关注。[4]伴随着全球贸易谈判的受阻,巴西人在 2013 年成功获得世贸组织总干事一职。尽管不是美国、英国或日本

---

[1]　约翰·G.鲁杰(John G.Ruggie):《国际政权、交易与变革:战后经济体系中的嵌入式自由主义》("International Regimes, Transactions, and Change: Embedded Liberalism in the Postwar Economic System"),《国际组织》(*International Organization*),1982 年春第 36 卷第 2 期,第 379—415 页。

[2]　索罗·诺盖拉(Saulo Nogueira):《世界金融危机和多哈发展回合中的巴西》("The International Financial Crisis and Brazil in the Doha Development Round"),国际贸易谈判研究所,2009 年 9 月 28 日,www.nsi-ins.ca/wp-content/uploads/2012/11/2009-Brazil-at-Doha-Paper.pdf。

[3]　巴西外交部:《外交部就世贸组织争议问题展开讨论》("Itamaraty realiza debate sobre soluˆao de controversias da OMC"),2013 年 10 月 10 日,www.brasil.gov.br/governo/2013/10/o-brasil-e-o-sistema-de-solucao-de-controversias-da-omc。

[4]　《贸易、债务和金融工作组向世贸组织总理事会提交的 2013 年度工作报告》("Report of the Working Group on Trade, Debt and Finance [2013] to the General Council"),世界贸易组织,WT/WGTDF/12 号提案,2013 年 10 月 9 日,mc9.wto.org/system/files/documents/12.pdf。

的首选候选人,罗伯托·阿泽维多最终获胜,这体现了巴西在这一领域的软实力。①

巴西在世贸组织的行为受到了发达国家分析家们的批评,他们认为,鉴于巴西采取的市场保护政策,它在全球贸易治理中所起的积极作用与其在国际贸易中的实际参与度不相称。②在贸易方面,巴西的市场比中国、俄罗斯和印度更加封闭。巴西 2010 年的平均关税水平为 13.4%,而其他三国分别为 7.7%,8.1%和 11.5%。此外,其他金砖国家在过去十年中市场变得更加开放,而巴西却变化甚微。其贸易组成结构与中国和印度也不同:2000 年至 2011 年,其制成品出口下降了 50%以上,仅占出口总额的 33%。这一时期对巴西出口的主要刺激不是农产品,而是商品。③ 这些贸易数字不仅降低了巴西要求增强贸易治理影响力的合法性,而且也显示出巴西经济对外部事件更为敏感,正如过去几年证明的那样。这两点都削弱了巴西谋求全球领导地位的软实力战略。

巴西还面临着南方国家对其贸易治理改革的批评。巴西在多哈回合中放弃了印度的主导地位,这被视为此轮谈判未能结束的原因。④中国反对巴西在世贸组织提出将汇率和贸易联系起来的倡议。还有人怀疑,巴西利用该组织的规范为自己谋求利益,从而实现那些制度规范的合法化,并使巴西融

---

① 尼古拉斯·博思尔(Nicolas Bourcier):《罗伯托·阿泽维多出任世贸组织总干事让巴西坐拥顶级席位》("Roberto Azevedo's WTO Appointment Gives Brazil a Seat at the Top Table"),《卫报周刊》(*The Guardian Weekly*),2013 年 5 月 21 日。

② 贾米尔·查得(Jamil Chade):《世贸组织的巴西领导层获评褒贬不一》("Liderança do Brasil na OMC ganha admiradores e críticos"),《圣保罗州报》,2007 年 7 月 30 日。

③ 丹尼尔·格罗斯(Daniel Gros)、辛茨伊阿·阿尔茨第(Cinzia Alcidi)、亚历山德罗·乔万尼尼(Alessandro Giovannini):《全球经济中的巴西和欧盟》("Brazil and the EU in the Global Economy"),欧洲政策研究中心第 371 号工作文件,第 2—4 页;又见阿图鲁·C.波兹坎斯基(Arturo C. Porzecanski):《巴西在全球经济中的地位》("Brazil's Place in the Global Economy"),奥利弗·史东克尔、马修·M.泰勒编:《国际舞台上的巴西:力量,观点和自由化国际秩序》,纽约:Palgrave Macmillan,2015 年。

④ 方丹、克利曼:《国际秩序与全球摇摆型国家》,第 98—99 页。

入该制度,而南方国家并未从中获得相应收益。因此,巴西的软实力运用必须在已建立的区域性和全球性贸易机构之间保持微妙的平衡。

　　然而,在得出结论之前,即巴西在世贸组织的活动是其在全球贸易体系中具有重要影响力的一个指标,我们需要考虑国际贸易的治理结构发生了何种变化。重要的跨区域贸易协定逐渐兴起,例如由美国牵头的跨太平洋伙伴关系。这些协定制定了自己的会员制度和规则,旨在应对北方国家在通过世贸组织推动自由化进程中的挫败。这一趋势引发了对世贸组织未来重要性的质疑。在拉丁美洲,太平洋联盟(墨西哥、哥伦比亚、秘鲁、智利、巴拿马和哥斯达黎加都蓄势待发)与包括中国在内的亚太国家关于贸易协定的谈判对巴西在贸易领域的领导地位提出了重大挑战。鉴于太平洋联盟的开放性和南共市的保护主义,将该联盟和南共市联系起来的外交活动可能会无功而返。

国际金融体系

　　无论是在自己国家还是在多边机构中,巴西在国际金融体系中扮演的都是积极的角色。它关于国际金融治理体系的观点受到了金融危机、国际债务违约和国际货币基金组织所施加条件的影响。因此,巴西认为现有的治理结构对南方国家不利,现有体系将私人资本流动置于主权国家利益之上。因此,巴西在现有全球金融治理结构,如货币基金组织中谋求更加突出的领导地位的做法也就不难理解了。但鉴于巴西在谋求领导地位方面遭遇的阻力,它也同样接受开发替代性金融治理结构的方案,例如在2014年金砖国家峰会上提出的应急储备安排(Contingent Reserve Arrangement)。

　　控制资本流动。最近几届巴西政府都意识到资本流动可以刺激经济增长,但均坚持认为应设置监管保障(包括资本控制),以限制投资者将产生利润的风险转嫁他人。为应对 2008 年的金融冲击,全球金融流动调节逐渐减少,加之美国实行的低利率政策,这些举措刺激了更多的短期债务、货币和股票市场交易的流入;而在南方国家经济增长较快地区的房地产投机则导致了货币升值和资产泡沫。巴西抨击了美国和中国的货币政策,认为它们只考虑自身的国内利益,而不顾对其他国家的货币产生负面影响。巴西成功地说服 WTO 要求国际货币基金组织制定"监测报告",以跟踪汇率和贸易之间的关系。

巴西的货币在 2009 年至 2011 年间升值了 40%。过去十年间,巴西一直是制定资本账户管理新战略的领导者。从巴西的角度看,政府有责任制定法规以限制私人通过封锁或歪曲信息来扭曲市场的行为,防止他们在国家受市场调整影响的情况下携巨额利润逃离该国。为了规范非居民股权和固定收益投资组合流入的征税方式,巴西增加了其他两项策略:对外汇衍生产品交易的保证金征税,并对外汇现货市场的银行美元短仓征收非利息准备金。巴西在减少汇率波动方面取得了一些成功,它鼓励投资者进行长期且更有成效的投资,从而提高了其管理国内货币政策的能力。[①]巴西一直主导推动国际货币基金组织制定一个用以指导资本控制的新框架,但反对由此产生的改革,认为这些建议继续强调了流动的好处并表现出控制流动的倾向性。[②]

国际货币基金组织和国际收支调整。自国际货币基金组织成立以来,关

---

① 凯文·P.加拉格尔(Kevin P. Gallagher):《巴西:新兴市场可以调控全球金融》("Brazil:Emerging Markets Can Regulate Global Finance"),《金融时报》(*Financial Times*),2012 年 7 月 10 日。

② 国际货币基金组织:《国际货币基金组织制定资本流入的管理框架》("IMF Develops Framework to Manage Capital Inflows),2011 年 4 月 5 日,www.imf.org/external/pubs/ft/survey/so/2011/NEW040511B.htm;昆汀·皮尔(Quentin Peel):《巴西呼吁货币体系改革》("Brazil Calls for Currency System Overhaul"),《金融时报》,2011 年 2 月 19 日;桑德丽娜·瑞斯特罗(Sandrine Rastello):《国际货币基金组织正式批准逆转中的资本管制》("IMF Officially Endorses Capital Controls in Reversal"),彭博社,2012 年 12 月 3 日。

于赤字或盈余国家是否应该首当其冲调整成本以重新平衡外部账户,各国一直争论不休。作为国际货币基金组织成立时的主要盈余国家,美国成功地通过谈判达成了由赤字国家承担调整的决议;国际货币基金组织的方案也体现了这一点。国际货币基金组织强行要求债务国进行艰难的成本调整,并要求对其国内经济政策实施广泛监督,这引发了债务国的不满,因此它们努力寻求提供国际收支调整的其他途径。[①] 20 世纪 80 年代的债务危机是多种因素作用的结果,国际货币基金组织以外的其他机构在赤字融资方面发挥了重要作用。在以"石油美元回收"为主导的 20 世纪 70 年代,一些国际银行进入这一角色并帮助政府进行赤字融资。由于得到了赤字融资,这些债务国无需进行改革以确保一旦新钱不在,赤字亦不再出现的局面。[②]

　　千禧年之交时,国际货币基金组织在国际收支调整体系中的角色面临更大的挑战。深受金融危机影响的东亚国家拒绝了国际货币基金组织提出的 1997—1999 年东亚金融危机的应对方案,日本甚至建议创立一个亚洲货币基金组织,该组织实施的稳定政策将更为灵活,有别于国际货币基金组织的传统政策。巴西也身受东亚金融危机的影响,并且不得不在 1999 年实行国际货币基金组织的稳定方案。因此,国际货币基金组织不仅面临着历史上经济管理不善的发展中国家(例如大多数拉丁美洲国家)的批评,也面临着似乎擅长此游戏规则的亚洲国家的批评。

　　资本流动日益全球化的趋势产生了一个广泛共识,即国际收支调整机制有必要进行改革。由于许多发展中国家在全球经济中增加了相对权重,所以

---

① 见本杰明·J.科恩(Benjamin J.Cohen):《组织世界货币:国际货币关系的政治经济学》(*Organizing the World's Money:The Political Economy of International Monetary Relations*),纽约:Basic Books,1977 年;肯尼斯·W.丹姆(Kenneth W.Dam):《游戏规则:国际货币体系的改革与演变》(*The Rules of the Game:Reform and Evolution in the International Monetary System*),芝加哥:芝加哥大学出版社,1982 年。

② 本杰明·J.科恩:《银行与国际收支:国际调整过程中的私人借贷》(*Banks and the Balance of Payments:Private Lending in the International Adjustment Process*),新泽西州蒙特克莱尔(Montclair):Allenheld, Osmun & Co.,1981 年。

七国集团已无力应对日渐增加的挑战。1999年,二十国集团财长齐聚一堂进行非正式对话,探讨在这种新背景下该如何解决金融危机。这二十国集团包括三个拉丁美洲国家:巴西、墨西哥和阿根廷。[1]

然而,二十国集团无法达成统一的应对方案。在东亚金融危机和20世纪90年代末巴西和阿根廷危机发生之后,一些新兴经济体纷纷寻求帮助,此时它们发现,私人资本市场和私人商业银行可以满足它们的融资需求。东亚金融危机之后,各国普遍认为,问题的关键并不在于赤字国家经济政策的本质属性,而在于拥有足够的流动性来弥补国际收支赤字或捍卫本国货币。[2]正如卢拉在2008年指出的:"我们知道如何应对危机,因为我们已经采取了预防措施。…… 必要时我们已在国内做好准备,我们现在的储备足以应对此次和其他危机。"[3]巴西的外汇储备从2006年的500亿美元增加至2015年5月的3580亿美元,[4]这表明巴西切实采取了"自我保护"的路线,而不是国际金融协会(IFI)提供的传统集体保护路线。[5]

国际货币基金组织再次被搁置一旁,新金融危机主要由新兴市场自行应

① 尼瑞·伍兹(Ngaire Woods):《二十国集团与全球治理》("The G20 and Global Governance"),见约瑟夫·E.斯蒂格利茨(Joseph E.Stiglitz)、玛丽·卡尔多(Mary Kaldor)编:《追求安全:没有保护主义的保护和全球治理的挑战》,哥伦比亚大学出版社,2013年,第344页。

② 安东·马尔金(Anton Malkin)、巴斯玛·莫马妮(Bessma Momani):《新兴力量与国际货币基金组织改革:世界经济多极化引领基金组织》("Emerging Powers and IMF Reform:Where Multipolarity in the World Economy Is Leading the Fund"),《圣安东尼国际评论》(*St Antonyms International Review*),2011年4月第7卷第1期,第61—78页。

③ 《卢拉说,尽管全球遭遇金融危机,但巴西并未陷入风险》("Lula Says Brazil Not at Risk despite Global Financial Crisis"),人民网英文版,2008年10月6日,en.people.cn/90001/90778/90858/90864 /6510123.html.

④ 西尔维奥·卡西翁(Silvio Cascione):《巴西的外汇储备并不充足》("Brazil's Foreign Reserves Are Not All That Big"),路透社(Reuters),2013年8月8日,blogs.reuters.com/macroscope/2013/08/08/brazils-foreign-reserves-are-not-all-that-big;国际货币基金组织:《巴西的国际储备和外币流动性》("BRAZIL International Reserves and Foreign Currency Liquidity"),2015年6月8日,www.imf.org/external/np/st, a /ir/IRProcessWeb/data/bra/eng/curbra.htm.

⑤ 格雷戈瑞·T.钦(Gregory T.Chin):《建筑重构:新兴力量,自我保险和区域绝缘》("Remaking the Architecture:The Emerging Powers, Self-Insuring and Regional Insulation"),《国际事务》,2010年5月第86卷第3期,第693—715页。

对，它们建立了自己的国际储备，并及早偿还了国际货币基金组织的贷款。新兴市场在缓解这场危机方面的成功对于国际货币基金组织而言是一个讽刺。随着七国集团在全球金融治理领域影响力的恢复，二十国集团也逐渐丧失了其重要性，直至 2007—2008 年再次发生金融危机。[①]

此次金融危机源自北方国家，由雷曼兄弟引发，该公司在美国宣布破产，接着爱尔兰、西班牙、葡萄牙、意大利，尤其是希腊都先后陷入了欧元危机。这场严重的危机席卷了国际货币基金组织、世界银行和欧洲中央银行，使之陷入资金短缺，急需新的资金注入。由发达国家组成的七国集团论坛承认，它们和国际货币基金组织都没有足够的资源来应对这场危机，如果南方国家通过增加保护主义对该危机进行回应，必将使全球经济复苏复杂化。许多南方国家此时正在享受高商品价格、低通货膨胀率和大量国际储备的利好。它们的财政捐助和保持市场开放的意愿对于应对此危机来说十分必要，这就为二十国集团获得新的影响力提供了机会。[②]由于国际货币基金组织需要它们增加捐助，中国、巴西、俄罗斯和印度因而得以就集体否决权进行协商，决定该何时启动由它们提供融资的新信用额度。[③]

巴西在这四国中最直言不讳，它认为增加的捐助应在表决权的重新分配上有所体现，以反映欧元区配额减少而新兴经济体配额增加。[④]在 2009 年 4 月和 2010 年 6 月分别于伦敦和多伦多召开的二十国集团会议上，北方国家和南方国家产生了意见分歧，而美国和欧洲在关于应该刺激支出还是减少赤字方面也意见不一，这些都限制了四国集团对国际金融机构的影响。但是二十国集团支持增加发展中国家权重的改革，后者在世界银行中的权重较之

---

① 伍兹：《二十国集团与全球治理》，第 344—346 页。

② 马尔金、莫马妮：《新兴力量与国际货币基金组织改革》。

③ 伍兹：《二十国集团与全球治理》，第 347 页。

④ 格罗斯等：《全球经济中的巴西和欧盟》，第 12 页。

2008 年增加了 4.59%。[1]部分国家,特别是英国和法国,在国际货币基金组织通过的初步改革中丧失了投票影响力,而印度、巴西和西班牙收获颇丰。美国的投票权重有轻微增加,增幅为 0.5%。[2]

然而,直至 2015 年 12 月,国际货币基金组织的进一步改革仍然处于停滞状态。甚至英国也认为巴西和其他发展中国家应在国际货币基金组织中享有更多话语权,但是美国国会阻止了这一改革进程。在美国看来,如果执行董事会成员资格实行选举制,且在面临对国际金融稳定构成威胁(所谓的系统性豁免)的危机情况下,大多数董事会成员经过投票允许成员国增加资金贡献度,那么这将取消美国对国际货币基金组织重大改革的否决权。[3]由巴西和俄罗斯推动的二十国集团认为,国际货币基金组织应该在没有美国批准的情况下继续推进。[4] 最终,美国国会对国际货币基金组织的改革放行,但要求美国驻该组织的总裁在进行任何系统性豁免投票时必须得到美国政府

---

[1] 尼瑞·伍兹:《二十国集团对全球治理的影响:历史及观点》,见柯林·I.布拉德福德(Colin I.Bradford)和沃尼伍克·利姆(Wonhyuk Lim)编:《转型期的国际领导层:让 20 国集团更有效且更具响应性》(*Global Leadership in Transition:Making the G20 More Effective and Responsive*),布鲁金斯学会出版社,2011 年。

[2] 丹尼斯·里奇(Dennis Leech)、罗伯特·里奇(Robert Leech):《对国际货币基金组织优先投票权的新分析:近期的配额改革不值得庆祝》("A New Analysis of a Priori Voting Power in the IMF:Recent Quota Reforms Give Little Cause for Celebration"),华威经济研究论文系列(Warwick Economics Research Paper Series)第 1001 卷,wrap.warwick .ac.uk/53084/1/WRAP _Leech_twerp_1001.pdf。

[3] 詹姆斯·M.罗伯茨(James M.Roberts):《国会应该组织国际货币基金组织进行有悖道德的一揽子改革方案》("Congress Should Block the Morally Hazardous IMF 'Reform' Package"),传统基金会(*Heritage Foundation*),2014 年 1 月 14 日,www.heritage.org/research/reports/2014/01/us-congress-should-block-the-hazardous-imf-reform-package。

[4] 尼古拉斯·韦宁(Nicholas Winning):《英国敦促美国国会批准国际货币基金组织改革方案》("U.K.Urges U.S.Congress to Ratify IMF Reforms"),《华尔街日报》(*Wall Street Journal*),2014 年 4 月 7 日;帕特里斯·希尔(Patrice Hill):《国际货币基金组织关注无美国参与的备选改革方案 B》("IMF Eyes 'Plan B' for Reforming Itself without U.S"),《华盛顿时报》(*Washington Times*),2014 年 4 月 10 日;斯米亚莱克(Smialek)、瑞斯特罗(Rastello):《澳大利亚财长说,IMF 配额僵局损害美国声誉》("IMF Quota Impasse Hurts U.S.Reputation, Australian Treasurer Says");瑞斯特罗:《巴西财长曼特加呼吁出台无需美国批准的基金组织方案》("Brazil's Mantega Calls for Alternatives to U.S.Approval on IMF")。

的批准。① 鉴于巴西当前的经济衰退现状,这些改革将在多大程度上提升该国在国际货币基金组织的影响力仍不得而知。

金砖国家应急储备安排。作为金砖国家迈向国际金融体系主要地位的一步,应急储备安排(CRA)应运而生。该基金具有双重目的,"预防短期国际收支压力,相互扶持并进一步加强金融稳定性",以及加强"全球金融安全网并补充现有的国际货币和金融安排"。② 该基金最初由中国融资 410 亿美元,巴西、俄罗斯和印度各出资 180 亿美元,南非 50 亿美元。在仅有资金融出方同意的情况下,签署协议的资金融入国最高只能申请最大借款额度 30％的资金。如该国希望获取剩余 70％的贷款额度,不仅需要出资方的同意,还需提供"国际货币基金组织与申请方之间存在正常运行的贷款安排的证明"。③ 国际货币基金组织协定不仅必须包含相关的条件规定,还必须包括申请方遵守这些条款的证据。简言之,应急储备安排是对国际货币基金组织的补充而不是替代;在其供资决定中赋予国际货币基金如此重的分量表明,该安排并不是真正符合南方国家愿望的国际支付融资新手段。

---

① 列奥尼德·伯希德斯基(Leonid Bershidsky):《国际货币基金组织改革幅度太小,启动太晚》("IMF Reform Is Too Little, Way Too Late"),《彭博观点》(*Bloomberg View*),2015 年 12 月 18 日,www.bloombergview.com/articles/2015 - 12 - 18/imf-reform-is-too-little-way-too-late,2016 年 2 月 21 日访问;国际货币基金组织:《国际货币基金组织总裁克里斯蒂娜·拉加德欢迎美国国会批准 2010 年的配额和治理改革方案》("IMF Managing Director Christine Lagarde Welcomes U.S.Congressional Approval of the 2010 Quota and Governance Reforms"),《第 15/573 号发布文件》(*Press Release* No.15/573),2015 年 12 月 18 日,www.imf.org/external/np/sec/pr/2015/pr15573.htm,2016 年 2 月 21 日访问。

② 《建立金砖国家应急储备安排条约》("Treaty for the Establishment of a BRICS Contingent Reserve Arrangement"),巴西福塔莱萨,2014 年 7 月 15 日,brics.itamaraty.gov.br/media2/press-releases/220-treaty-for-the-establishment-of-a-brics-contingent-reserve-arrangement-fortaleza-july - 15。

③ 同上。

结　语

　　巴西谋求在国际经济秩序治理结构中的影响力,不仅仅是为了更好地表达其观点、改善其发展前景,也代表了其他发展中国家的需要。以应对2007—2008 年金融危机为目的且将发达国家和发展中国家都纳入其中的二十国集团就体现了这一点。巴西拥有跟发达国家一样的目标——国际稳定、民主和经济增长——但反对将其排除在真正的决策中心之外。它也不屑于用这种排斥来解释它为什么无法实现现代化、具有竞争力的经济发展。

　　然而,对于巴西的软实力而言,借助二十国集团扩大其影响力并非全然是加分项。增加南方国家的投票权符合巴西关于国际关系的一般看法,但也使南方国家不禁疑心巴西是现有国际治理结构的主要参与者。为了追求更大的影响力,二十国集团不仅要确保国际金融机构(国际货币基金组织、世界银行、欧洲央行等)履行其建议(二十国集团没有正式权力),而且还要确保二十国集团能开发出具有代表性且在南方国家眼中合法、负责任的解决途径。二十是一个很大的数字,不可能每一个成员国都具有重大影响力,所以仅仅作为二十国集团的成员并不足以凸显其重要性,特别是该组织中还有另外两个拉丁美洲国家:墨西哥和阿根廷。即使巴西脱颖而出,仅低于新兴市场的下一梯队国家也并不一定会因而服从巴西的领导;有些成员国,如智利和泰国,就曾抱怨二十国集团不具代表性。因此,巴西既要谋求影响力,又要坚持主权平等的全球治理原则,这两大战略的相互矛盾使其再次陷入困境(就像它曾经争取联合国安全理事会的常任席位一样)。

　　此外,巴西提出的替代手段并不意味着对现有国际金融治理结构思路的极端背离,也不是对现行国际秩序的组成部分——全球自由市场原则的挑战。金砖银行和应急储备安排都需要与世界银行、国际货币基金组织和其他多边机构进行合作,并在国际市场筹集资金以资助其项目和贷款。这就意味着,无论"替代性发展哲学"的说辞如何,项目和政府的信誉都将根据市场标准来判断。金砖银行和应急储备安排能够做出一些近乎可靠的承诺(正如美国为促进其外交政策目标实现所做的承诺一样),但如果就此相信南方国家能在比现有国际经济制度所要求的更宽松的条件下获得资金,那就大错特错了。但是,即使如此,巴西也至少巧言为其拟议的备选方案披上了更尊重主权平等原则的外衣。

巴西在国际经济领域的经验表明,软实力很容易被消耗殆尽,对于尚未解决经济结构性问题和政治问题的新兴经济体尤其如此。巴西目前面临腐败、国内不稳定、经济增速减缓以及国内制造业和服务业效率低下等多种困难,这导致巴西的吸引力下降,使它不再是南方国家效仿和跟随的对象。如果"巴西吸引力的第一来源是其经济模式的活力和表现",[①]那么巴西的崛起可能举步维艰。巴西的经济模式严重依赖高昂的商品价格,其制造业和服务业在全球市场都不具备竞争力。巴西如何进行国内经济改革并融入国际市场对其重构全球经济秩序的能力将产生重大影响。

---

① 罗德斯·卡萨诺瓦、朱莉安·卡萨姆:《从软实力到硬实力:寻找巴西获胜的综合因素》,教职员工研究工作文件,法国枫丹白露:欧洲工商管理学院,2013 年 6 月 5 日,第 5 页。

第六章

巴西与全球公域

正如全球经济和金融机构在过去一个世纪的蓬勃发展,全球公域作为全球化和技术发展的产物也在同一时期应运而生。19世纪时,人类对气候的影响还只是关于工业活动所产生的当地废弃物问题,而到了21世纪,这一影响则变成了全世界范围内人类导致的对气温和天气的影响。技术使得其他公域得以被定义且触手可及,例如深海采矿或地球同步卫星轨道,任何国家在相关领域所采取的行动都可能破坏他国获取利益的能力。[①]互联网的发展创造了全新的虚拟领域,个别国家的行为可能会对其他国家产生不利影响。例如,2008年巴基斯坦曾因一些被视为亵渎神圣的视频封锁了YouTube网站,并将该网站的流量进行重新转址,这一改变迅速通过全球网络传播开来并影响了全球用户对该网站的访问。

---

① 约翰·沃格勒(John Vogler):《全球公域研究:无政治治理?》("Studying the Global Commons: Governance without Politics?"),见彼得·多弗涅(Peter Dauvergne)编:《全球环境政治手册》(*Handbook of Global Environmental Politics*),英国切尔腾纳姆(Cheltenham):Edward Elgar,2012年,第6页。

　　全球公域专家约翰·沃格勒(John Vogler)将全球公域定义为"本质上不属于且不受主权管辖的领域或资源"。[①]对公域实行监管的主权缺失以及所有使用者对该公域不受限制的获取权激励着每一个使用者尽量快速地消耗尽可能多的资源,因为所有人均会如此。随之而来的就是所谓的公域悲剧,资源以不可持续的速度消耗殆尽,最终所有人都深受其害。可行的解决方法是建立一个能够规范公域参与者活动的制度,以此来控制资源消耗的速度并阻止"搭便车者"在不承担任何遵守规则的成本的情况下使用公共产品。[②]

　　传统意义上的全球公域包括不受国家控制的资源,如全球渔业和公海。对类似南极这样的公域的做法是各国达成共识的。而对某些公域,如外太空,其获取途径是全新的,主要依赖技术发展。其他如全球互联网这样的资源即是全新的,虽然并不符合全球公域的严格定义,但也被认为是公域的一部分。[③]近年来,一直存在着这么一种趋势,即将理论上由主权控制的其他全球重要资源,如大气质量、臭氧层和热带雨林,也视为"全球人类遗产"的一部分。[④]

　　在巴西参与的所有国际领域中,围绕全球公域的政策制定可以为其领导人施加影响力提供最大的机会。由于全球公域具有非排他性,巴西理论上有能力影响有关领域,正如国际体系中的其他国家一样。鉴于其人口和经济规

[①] 约翰·沃格勒:《全球公域研究:无政治治理?》,第 1 页。

[②] 罗伯特·基欧汉(Robert Keohane):《霸权后时期:世界政治经济中的合作与不和》(*After Hegemony: Cooperation and Discord in the World Political Economy*),普林斯顿大学出版社,1984 年。

[③] 伊恩·布朗利(Ian Brownlie):《国际公法原则》(*Principles of Public International Law*),第 7 版,牛津大学出版社,2008 年。

[④] 史丹利·约翰逊(Stanley Johnson):《不断变化的观念:非国家管辖权限制地区环境保护的相关法律方面(全球公域)》("Evolving Perceptions: Legal Aspects of the Protection of the Environment in Areas Not Subject to National Jurisdiction [Global Commons]"),《1994 年卡塔尔国际法大会论文集:联合国国际法实践十年间中的国际法问题》(*Proceedings of the Qatar International Law Conference '94: International Legal Issues Arising under the United Nations Decade of International Law*),马萨诸塞州剑桥:Kluwer Law International,1995,第 171—202 页。

模,巴西本应对全球公域有特别的兴趣和重要的影响力。因此,其他国家自然会将其视为参与决策的重要角色。由于保护全球公域免遭破坏需要建立国际制度,在此情况下,巴西优先使用软实力和多边外交的做法也应该更加奏效,特别是和传统上与硬实力最相关的领域相比,如国际安全。

事实上,巴西确实渴望在一系列全球公域,更广泛地说,在全球公共产品的国际制度设计方面,发挥有影响力的作用。巴西在围绕气候变化和全球互联网治理等问题的国际外交中十分高调。它还积极广泛参与了其他一些全球公共产品的外交活动,如公共卫生、大规模毁灭性武器不扩散和国际发展。

不出意料,巴西外交的历史性指导原则在其对全球公域的做法中得到了强有力的印证。国家间主权平等是这一做法的核心,这一原则在联合国框架内转化为对多边主义的强烈偏好。像大多数国家一样,巴西十分关注国际制度所造成的损益分配是否有利于其自身利益。巴西对那些更有利于现任强国的制度持否定批评态度,这一点在其对全球公域的外交中尤为明显,特别是那些对发达国家和发展中国家具有不平等影响的制度。

巴西通过外交手段竭力争取在全球公域国际治理体系中的最大权限。这反映了其对自治和主权的历史性愿望,但也可能限制其在重构国际制度形成方面做出的努力。巴西希望建立对参与者而言负荷较轻的制度,该提议不太可能有助于解决全球公域维护的永久性问题,即鉴别和惩罚"搭便车者"。巴西也不愿意承担给各国的补偿性支付,以鼓励它们遵守制度。因此,尽管巴西成功进入了制定此类制度的多边论坛,其提出的解决办法也不太可能约束制度背离者和"搭便车者"的行为。

正如在其他领域一样,由于巴西依靠软实力手段来重构全球公域管理制度,其国内制度对其推动外交能力的影响非同小可。一个国家管理全球公域方法的可信度是它管理地方或国家公域成功与否的折射。正如我们在本章所看到的,当国内政策"没有吸引力"时,如其在 20 世纪 80 年代和 90 年代的环境政策一样,巴西主要是扮演保护自主权的防御者角色并将负担转移至他人身上。然而在 21 世纪初期,为使巴西在全球气候变化谈判中获得影响力,解决自身环境政策的问题就势在必行了。正如我们在第五章中看到的那样,对全球发展议程的辩论受到巴西国内发展模式成功的影响。[①]当巴西的国内政策呈乐观态势时,它与他国合作意愿就更为强烈,一如其在过去十年中的一贯表现。

　　在其最近的崛起过程中,巴西将全球公域战略的重点放在与金砖国家和其他发展中国家建立关系上。在该领域中,大多辩论都通过多边论坛进行,因此这种战略在理论上对巴西应该有效。但即使在多边论坛上,美国等现任强国依然掌握着左右大局的权力。事实上,巴西在最近的崛起进程中与金砖国家组织中的中国和俄罗斯的密切往来在美国政策制定者中引发怀疑,其中部分人认为巴西的做法不负责任。[②]巴西外交官如果想要在多边环境中发挥自己的优势,其中一项重要任务就是改变这一负面看法。

　　在本章中,我们将探讨巴西在全球公域两个关键领域的政策,即全球环境治理和全球互联网治理。人类活动对全球气候的影响是全球公域悲剧的典型例证。科学共识认为,人类活动对全球气候产生了重大影响,并使人类从现有气候模式中的获益减少。此外,人类不可避免地在从全球气候中获益的同时导致全球气候退化,所以关于全球公域管理的理论讨论中的许多见解也具备应用性。[③]

---

① 彼得·多弗涅(Peter Dauvergne)、底波拉·B.L.法里亚斯(Deborah B.L.Farias):《巴西作为全球发展大国的崛起》("The Rise of Brazil as a Global Development Power"),《第三世界季刊》(*Third World Quarterly*),2012 年第 33 卷第 5 期,第 903—917 页。

② 乔治·G.卡斯塔涅达(Jorge G.Castaneda):《还未为黄金期做好准备——为什么将新兴大国纳入掌权阶层会损害全球治理》("Not Ready for Prime Time —Why Including Emerging Powers at the Helm Would Hurt Global Governance"),《外国事务》,2010 年第 89 卷,第 109—122 页。

③ 埃登霍费尔(Ottmar Edenhofer)等:《全球公共环境:国际合作与治理的挑战》("The Atmosphere as a Global Commons: Challenges for International Cooperation and Governance"),讨论稿第 13—58 页,哈佛大学约翰·肯尼迪政府学院,2013 年,belfercenter.ksg.harvard.edu/files/hpcadp58_edenhofer-flachsland-jakob-lessmann.pdf。

我们承认将全球互联网视为全球公域的一部分存在争议。毕竟,全球互联网的实体基础设施位于各国主权领土之上。①从某种意义上说,互联网属于俱乐部物品,因为只有其成员(用户)才能获得利益,而且有效利用网络还需要一定的技术和教育水平。②但它也是网络物品,盈利与用户数量成同比增加。事实上,通过激励措施尽可能地扩大互联网用户群基数,将每一个人包括在内,这符合所有人的利益。在互联网使用,特别是发展中国家智能手机的使用爆发的时代,地球上每个主权国家都可以使用互联网,互联网实际上已成为非排他性物品。然而,对它的使用可以是互斥性的,或通过国家强制执行审查制度进行限制,或通过安全性能差的网络降低每位用户的互联网体验(即垃圾邮件、身份窃取和分布式拒绝服务攻击)。③ 包括美国在内的许多主要国家将互联网视为其外交和安全战略中全球公域的一部分。④

巴西曾屡次表达出希望影响全球气候变化和全球互联网国际制度管理的意愿。这两个领域也是特别有用的研究案例,因为它们具有全球性的重要意义,同时也是新兴国家和现任强国进行持续谈判的对象,而这一阶段恰好与巴西最近尝试的崛起进程重合(20 世纪 90 年代初至今)。这意味着我们可

① 迈克尔·切尔托夫(Michael Chertoff):《网络公域的战略意义》("The Strategic Significance of the Internet Commons"),《战略研究季刊》(*Strategic Studies Quarterly*),2014 年夏,第 10—16 页。
② 马克·雷蒙德(Mark Raymond):《打破互联网作为共享资源的神话》("Puncturing the Myth of the Internet as a Commons"),《乔治敦国际事务杂志》(*Georgetown Journal of International Affairs*),2013 年特刊"第三代网络的国际参与",第 5—16 页。
③ 米莎·汉瑟(Mischa Hansel):《网络安全治理与公共物品理论》("Cyber Security Governance and the Theory of Public Goods"),《电子国际关系》(*E-International Relations*),2013 年 6 月 27 日,www.e-ir.info/2013/06/27 /cyber-security-governance-and-the-theory-of-public-goods。
④ 布雷特·威廉斯(Brett Williams):《网络空间:是什么,在哪里,谁关心?》("Cyberspace:What Is It,Where Is It and Who Cares?"),《武装部队杂志》(*Armed Forces Journal*),2014 年 3 月 13 日,www.armedforcesjournal.com /cyberspace-what-is-it-where-is-it-and-who-cares。

以更清楚地了解巴西目前的战略和能力对这两项新的国际制度自其建立至今的影响。此外,这些案例还阐释了巴西在其国内政策吸引力波动很大的情况下采取软实力战略的优劣势。这种波动不仅体现在总体治理绩效上,也体现在对各个问题领域所采取的内部手段上。

巴西与全球环境治理

为筹备 2015 年在巴黎举办的《联合国气候变化框架公约》(下称《公约》)缔约方大会(UNFCCC),政府间气候变化专门委员会报告如下:

> 在所有被评估的排放情景下,地表温度预计将在 21 世纪上升。热浪发生的频率很可能会更加频繁、持续时间更长,许多地区的极端降水事件也会变得更加强烈和频繁。海洋将持续变暖、酸化,且全球平均海平面会上升。[①]

2015 年,美国环境保护局同样预测,到 21 世纪末全球平均气温将上升 2—11.5 摄氏度,变化幅度取决于不同的地理位置及为减轻人类活动影响而采取的行动。[②]

自 20 世纪 70 年代以来,各国因诸如此类的预测开始着手解决人类对全球气候的影响问题,但迄今为止取得的成果极其有限。作为全球公域的一

---

① 拉金德拉・帕乔里(Rajendra K.Pachauri)等:《2014 年气候变化:综合报告》(*Climate Change 2014: Synthesis Report*),政府间气候变化专门委员会第五次评估报告,第一、第二和第三工作组撰写,2014 年,www.ipcc.ch /pdf/assessment-report/ar5/syr/SYR_AR5_FINAL_full.pdf。

② 《未来的气候可能》("Future Climate Chance"),美国环境保护署,www.epa.gov/climatechange/science/future.html。

种,气候改善(或恶化程度降低)将惠及所有地球人,但个人和国家均怀有将减缓气候变化的成本转嫁给他人的念头。①这种"搭便车"的动机引发了关于创建国际制度的辩论。而要建立一个可行的制度则不可避免地需要共享一些主权②,或正如因普及"公地悲剧"这一概念而闻名的加勒特·哈丁(Garrett Hardin)所说,"相互胁迫是相互同意的"。③

减缓气候变化在各国的成本和收益分配方面产生了影响。这些成本包括为减缓战略而实际投入的公共和私人资金以及摒弃的发展机会。如何分配这些成本是各国在设计减缓气候变化的国际制度时产生分歧的核心所在。④

随着时间的推移,为治理全球气候而达成的协议也会影响国际体系中的权力分配,因为缓解气候变化有可能造成增长减缓。因此,如果将大部分成本分配给现有的发达国家,新兴大国就有可能加快步伐赶超发达国家。因此,从现任强国的利益考虑,它们主张更平等地分配成本,这样后发展国家也会面临增长减缓。但最终,由于有关全球气候变化影响的预测如此恐怖,发展中国家和发达国家中气候问题的最大责任方——那些可以通过自身行动改变现状的国家——也有动机在为时已晚之前单独采取行动以减缓气候变化。新兴大国和现任强国辩论的一部分在于,计算出多少是可以推给他人的行动,多少又是各国自己在无可挽回之前必须采取的行动。⑤

---

① 哈丽特·布尔克利(Harriet Bulkeley)、皮特·纽维尔(Peter Newell):《气候变化治理》(*Governing Climate Change*),全球机构 41(Global Institutions 41),伦敦:Routledge,2010年,第 28—29 页。

② 埃登霍费尔(Edenhofer)等:《全球公共环境:国际合作与论理挑战》。

③ 加勒特·哈丁(Garrett Hardin):《公域的悲剧》("The Tragedy of the Commons"),《科学》,1968 年第 162 卷第 3859 期,第 1243—1248 页。

④ 麦斯威尔·T.博伊科夫(Maxwell T.Boykoff)编:《气候变迁政治学:一项调查》(*The Politics of Climate Change:A Survey*),伦敦:Routledge,2010 年,第 99 页。

⑤ 凯瑟琳·霍奇斯泰勒(Kathryn Hochstetler)、爱德华多·维奥拉(Eduardo Viola):《巴西与气候变迁政治学:全球公域之外》("Brazil and the Politics of Climate Change:Beyond the Global Commons"),《环境政治学》(*Environmental Politics*),2012 年 9 月第 21 卷第 5 期,第 753—771 页。

大气中温室气体(GHGs)的累积被认为是气候变化的重要驱动因素,历史责任因此被引入全球辩论中。基本上,中国、印度、南非和巴西等后发国家都不愿意因减缓气候变化而降低经济增速或支付直接缓解费用,因为气候变化实际上是由主要工业强国如美国和英国过去的人为活动造成的。由后发国家组成的联盟 BASIC(基于成员国葡语名称的首字母缩写,其成员国分别为巴西、南非、印度和中国)最初与由后发国家组成的更大集团——七十七国集团(G-77)一起反对限制发展中国家温室气体排放的约束性条款。[1] 然而,一些重要的发达国家,特别是美国,并不愿意接受全球成本分配,它认为有些发展迅速的发展中国家因获取自身利益而成为主要排放国,这种方案将使它们肆无忌惮地继续污染环境。[2]

历史责任的问题很快就演变成南北之间关于公平的辩论,因为最富的国家对温室气体的累积责任最大,但气候变化的后果却可能对较贫穷的国家造成格外严重的影响——一方面是因为它们所处的地理位置,另一方面则是因为它们拥有的资源相对有限,很难弥补不利的气候事件、干旱、海洋变暖和气温上升带来的影响。[3]随后,南北分裂的局势更加复杂化,发达国家被划分为不同联盟(如《公约》附件一中的国家),七十七国集团内部也分裂为不同派别(例如石油生产国与最易受海平面上升威胁的小岛屿国家针锋相对)。[4] 如此一来,各国都在寻找盟友,以期保护自身利益并将成本推向对手,全球气候辩论的分歧也随即出现。[5]

---

[1] 玛丽娜·卡索拉(Marina Cazorla)、迈克尔·托曼(Michael Toman):《国际公平与气候变化政策》("International Equity and Climate Change Policy"),见迈克尔·托曼(Michael Toman)编:《气候变化经济学与政策:未来资源选集》(*Climate Change Economics and Policy: An RFF Anthology*),华盛顿特区:Resources for the Future,2001,第235—236页。

[2] 布尔克利、纽维尔:《气候变化治理》,第30页。

[3] 博伊科夫:《气候变迁政治学》。

[4] 盖伊·爱德华兹(Guy Edwards)、蒂蒙斯·J.罗伯茨(Timmons J.Roberts):《一个支离破碎的大陆:拉丁美洲和全球气候变迁政治学》(*A Fragmented Continent: Latin America and the Global Politics of Climate Change*),麻省理工学院出版社,2015年,第48—51页。

[5] 霍奇斯泰勒、维奥拉:《巴西与气候变迁政治学》。

《公约》缔约国企图通过"共同但有区别的责任和各自的能力"这一表达来解决关于历史责任和公平的辩论。[1] 这一术语反映了一种理解,即发达国家将承担更大份额的气候变化减缓费用,并将技术和资源转让给发展中国家,以便后者可以自愿采取行动减轻气候变化。作为 1997 年《京都议定书》谈判的一部分,参与国家同意,减排温室气体的最大负担将由拟定协议附件一中的国家,即发达国家来承担。但最终,美国退出了该协议。美国国会不愿意接受这项强制美国大幅度削减排放量,而主要发展中国家如中国和印度却无需大幅削减的条约。2001 年,乔治·W.布什政府同意美国国会拒绝该协议。

非国家、跨国家和次国家行为体在气候变化中发挥着关键作用,一个减缓气候变化的国际制度必须反映上述行为体的重要影响。人类活动影响气候变化的根源——农业、森林砍伐、发电和汽车——在很大程度上掌握在私人手中,这些产业对政府的游说影响了国家谈判的立场。鉴于科学在预测不利气候对地球的影响方面的作用,大学、研究机构和科学家也是辩论的核心。例如,由联合国创建的政府间气候变化专门委员会得到了世界各地科学家的自愿支持,负责评估并提供气候变化预测的共识。此外,由于气候变化的潜在破坏性影响,该问题在许多国家的国内政治中地位日益突出,环境活动家们积极游说政府采取更严格的规定来限制人类对全球气候的影响。

要了解非国家行为体参与全球气候变化谈判的程度,可以参考 1992 年在里约热内卢举行的全球首脑会议与会者的构成情况,该会议后达成了《公约》。此次首脑会议汇集了 117 位国家元首和数十个其他国家代表团,几乎代表了所有的主权国家。[2] 然而,在参与主要活动或相关全球论坛的约20000名出席代表中,外交官或政府官员寥寥无几。出席 1992 年里约会议的绝大多

---

[1] 爱德华兹、罗伯茨:《一个支离破碎的大陆》,第 45 页。

[2] 爱德华兹、罗伯茨:《一个支离破碎的大陆》,第 44 页。

数代表是非国家行动体和利益团体。① 这种趋势一直延续至今。

因此,形成一个应对全球气候变化的制度已成为一项高度复杂的事业,必须解决国家间成本分配、相对权力和公平的问题。但其作为一种全球公域,也意味着各国必须考虑非国家行为体对它们试图达到结果的强大影响:限制人类活动对全球气候的影响。

巴西在全球环境政治中不断变化的作用

巴西近年来参与全球气候变化辩论的方式不断发展,但一直是辩论的核心参与者,这是因为它作为一个大型发展中国家,温室气体排放量显著,且境内蕴藏着丰富的自然资源。与其他发展中国家不同的是,巴西具有相对来说气候友好型的能源生产体系。20 世纪 70 年代的石油危机使得巴西转向使用水能、核能及生物燃料能源。所有这些对环境的影响都小于石油或煤炭产生的影响。然而,巴西是主要的食品生产国,特别是牛肉生产,其大型养牛业务导致甲烷的产生。它也是拥有世界上最大的天然碳渗坑之一——亚马逊雨林的主权国家。历史上,亚马逊流域的高森林砍伐率也是巴西致使全球变暖的主要因素。②

巴西本身的环境政治在过去几十年中发生了变化,从 20 世纪 80 年代初几乎只专注于发展,进步至 21 世纪初大多数人具备更强的环境意识。在军事独裁时期(1964—1985),政府认为经济发展和环境保护相悖,选择将发展置于首位。由于担心人口稀少的亚马逊地区会构成潜在的安全威胁,政府通

---

① 斯科特·巴雷特(Scott Barrett):《蒙特利尔对京都:国际合作与国际环境》("Montreal v. Kyoto:International Cooperation and the Global Environment"),见英吉·考尔(Inge Kaul)、伊莎贝尔·格伦伯格(Isabelle Grunberg)和马克·A.斯特恩(Marc A.Stern)编:《全球公域:21世界的国际合作》(*Global Public Goods:International Cooperation in the 21st Century*),牛津大学出版社,1999 年。

② 霍奇斯泰勒、维奥拉:《巴西与气候变迁政治学》。

过制定法律、政策和建立基础设施鼓励在该地区实行开垦和人口定居,特别鼓励发展矿业和农业。① 结果造成森林砍伐率迅速增长,更糟糕的是还导致了土地使用的高度浪费。这些政策引起了国际社会的广泛批评,加之军政府时期的人权侵犯行为,例如酷刑和审查制度,促成了巴西贱民阶层的形成。②

国际社会对巴西环保政策的批评使军政府处于戒备状态,③并做出了一些象征性的让步。1972 年联合国斯德哥尔摩人类环境会议之后,巴西建立了一个管理自然资源和环境问题的机构,即环境特别秘书处(SEMA)。④ 该机构的工作人员很少,真正实行的管理也极其薄弱。1981 年,巴西颁布了《国家环境政策法》,为处理环境问题的综合法律框架奠定了基础。然而专家估计,20 世纪 70 年代巴西在改善环境方面的支出仅为国内生产总值的 0.65%。⑤

1985 年的民主回归为强调可持续发展的新环境政治开放了空间,这一概念开始主张环境优先和增长优先两种政策间的适度调和。⑥尽管处于独

---

① 戴维·赫尔德(David Held)、查尔斯·罗杰(Charles Roger)、伊娃-玛丽亚·纳格(Eva-Maria Nag)编:《发展中世界的气候治理》(*Climate Governance in the Developing World*),剑桥:Polity,2013 年。

② 爱德华兹、罗伯茨:《一个支离破碎的大陆》,第 44 页。

③ 拉尔夫·埃斯帕赫(Ralph Espach):《发展中国家的私有环境制度》(*Private Environmental Regimes in Developing Countries*),纽约:Palgrave Macmillan,2009 年,第 65 页。

④ 乔治特·N.纳佐(Georgette N.Nazo)、东什奥·穆凯(Toshio Mukai):《巴西环境法:历史沿革与国际环境法的相关性》("O direito ambiental no Brasil: Evolução histórica e a relevância do direito internacional do meio ambiente"),《贸易法杂志》(*Revista de Direito Administrativo*),2001 年第 223 卷,第 80—83 页。

⑤ 赫尔穆特·韦德纳(Helmut Weidner)、马丁·耶尼克(Martin Janicke)、海尔格·乔根斯(Helge Jorgens)编:《国家环境政策中的能力建设:17 国比较研究》(*Capacity Building in National Environmental Policy: A Comparative Study of 17 Countries*),柏林:Springer,2002 年,第 75—78 页。

⑥ 安东尼奥·德·奥吉尔·帕特里奥塔(Antonio de Aguiar Patriota):《巴西环境法简介》("An Introduction to Brazilian Environmental Law"),《乔治·华盛顿国际法评论》(*George Washington International Law Review*),2009 年第 40 卷第 3 期,第 611—613 页。

裁时期,围绕环境问题展开的民间团体运动的核心早在 20 世纪 70 年代已
经出现,他们将巴西的活动家和科学家们与更广泛的全球环境运动联系起
来。民主化赋予了他们影响公共政策更大的空间。[1]然而在民主统治的最
初几十年内,在联邦和州一级的发展议程上,经济利益依然胜过对环境问题
的关注。[2]

　　20 世纪 80 年代,一些国内危机强化了巴西在环境方面的负面记录,迫使
其民主领导层为该国寻求更积极的国际形象和作用。随着媒体审查制度的
结束,巴西人更加深刻地意识到 20 世纪 60 年代和 70 年代激进的发展政策
对环境造成的破坏。一直强调经济增长的库巴唐城(Cubatao)成为 20 世纪
80 年代地球上污染最严重的城市之一。1984 年库巴唐的一条输油管爆裂造
成百余人死亡,次年由于森林砍伐造成的山体滑坡又使 5000 人被迫撤离,发
展带来的成本代价因而变得日益突出。[3] 1988 年巴西传统橡胶割胶园的领
导人奇科·门德斯被刺杀,这引起了国际社会的强烈愤慨。门德斯已成为利
用更可持续发展的方法使用亚马逊资源的全球象征。[4]此外,随着 20 世纪 80
年代后期卫星图像的日益普及,巴西亚马逊森林砍伐率高的问题也更加
凸显。[5]

　　20 世纪 80 年代,环境问题愈加备受关注。1985 年的《维也纳保护臭氧
层公约》、1987 年的《蒙特利尔议定书》和 1988 年组建的政府间气候变化专门

① 埃斯帕赫:《发展中国家的私有环境制度》。
② 帕特里奥塔:《巴西环境法简介》。
③ 豪尔赫·恩里克·哈多伊(Jorge Enrique Hardoy)等:《城市化世界中的环境问题:寻找非洲、亚洲和拉丁美洲城市的解决方案》(*Environmental Problems in an Urbanizing World: Finding Solutions for Cities in Africa, Asia, and Latin America*),弗吉尼亚州斯特林:地球瞭望出版社(Earthscan Publications),2001 年,第 104 页。
④ 简·罗查(Jan Rocha)、乔纳森·沃茨(Jonathan Watts):《巴西在奇科门德斯被谋杀 25 年后向其致敬》("Brazil Salutes Chico Mendes 25 Years after His Murder"),《卫报》,2013 年 12 月 20 日,www.theguardian.com/world/2013/dec/20/brazil-salutes-chico-mendes-25-years-after-murder。
⑤ 塞尔吉·奥马古利斯(Sergio Margulis):《巴西亚马逊地区森林砍伐的原因》(*Causes of Deforestation of the Brazilian Amazon*),第 22 卷,华盛顿特区:世界银行出版社,2004 年。

委员会汇集了全球范围内的数千名科学家向各国政府提供建议。[①]巴西的科学家和活动家们积极参与了这些国际性工作。但是巴西政府对于处理国际环境问题的政策仍然保持谨慎的态度,特别是在亚马逊热带雨林的相关问题上,担心其主权会受到影响。[②]

为尽量减少这一影响,巴西努力通过外交手段确保全球气候变化谈判将在联合国大会这一最广泛、最具代表性的多边机构的主持下进行。[③]巴西于1992年举办了里约全球高峰会议,该会议上达成了《公约》,巴西试图在环境问题上重塑其形象,积极参与全球辩论并凸显其作用。在峰会之前的谈判中,巴西提出了可持续发展的概念,要求发达国家为发展中国家的这种发展模式提供资助。[④]其战略与七十七国集团保持一致,主张发展中国家不应面临排放量的限制,发达国家应承担减缓气候变化的大部分成本。[⑤]

在全球高峰会议之后的全球气候变化谈判中,巴西逐步把自身定位为发达世界和发展中国家之间的桥梁,希望在此过程中最大限度地发挥作用。巴西的参与成为1997年《京都议定书》协议达成的关键。[⑥] 巴西是温室气体排放历史责任概念的主要倡导者,这意味着发达国家必须承担减排的大部分成本,不仅是在本国经济体内实现减排,还需要对发展中国家实施援助。最终,这一立场获得了普遍认可,发达国家(《京都议定书》附件一中所列的38个国家)均同意接受约束性的减排目标。[⑦]巴西还与美国一道提出了清洁发展机

---

① 巴雷特:《蒙特利尔对京都》。

② 路易斯·巴博萨(Luis Barbosa):《巴西亚马逊雨林守护者》(*Guardians of the Brazilian Amazon Rainforest*),纽约:Routledge,2015年。

③ 爱德华兹、罗伯茨:《一个支离破碎的大陆》,第69页。

④ 霍奇斯泰勒、维奥拉:《巴西与气候变迁政治学》,第758页。

⑤ 纳佐、穆凯:《巴西环境法》。

⑥ 霍奇斯泰勒、维奥拉:《巴西与气候变迁政治学》,第756页。

⑦ 赫尔德、罗杰、纳格:《发展中世界的气候治理》。

制,发达国家将通过资助发展中国家的减排量来获取减排认证。[①] 发达国家可以通过提供海外发展援助和多边银行融资来达到减排目标,而无须与不愿意承担更高成本的国内游说者进行斗争,这于发达国家有利。即使在美国退出《京都议定书》之后,巴西还作为中间人促使欧洲和发展中国家达成了最终协议,在挽回《京都议定书》方面发挥了主导作用。[②]

不可避免的是,国内政治和官僚主义影响了巴西的国际谈判立场。其国内林业和农业利益集团的游说力量巨大,以至于巴西的谈判代表们拒绝在全球气候变化谈判中接受与减排或森林砍伐相关的约束性目标。其国际气候谈判由科技部和外交部——而非环境部——主导。更特别的是,与寻求解决全球变暖的方案相比,巴西外交部更关注如何实现南南团结。自卢拉赢得2002年总统选举后,巴西劳工党开始掌权,由于该党对环境问题的兴趣远低于发展,巴西减缓气候变化的承诺因而进一步得到削弱。[③]

然而,21世纪头十年的后半期,亲环境行动者对巴西国际谈判立场的影响逐渐增大。2004年国内砍伐森林的丑闻,以及多萝西·斯坦(Dorothy Stang)——美国传教士、反对非法采伐活动家——的谋杀案,导致2006年《公共森林管理法》的出台,这一立法大大提高了受联邦保护的亚马逊热带雨林的比例。在环保人士玛丽娜·席尔瓦和卡洛斯·明克的领导下,环境部日趋强大。[④]席尔瓦还特别加强了执法力度,违法者需缴纳罚款甚至面临监禁的惩罚。巴西非政府组织提高了公众对森林砍伐在气候变化中所起作用的认识,而农业的供应链也开始逐步避免与涉嫌参与森林砍伐的供应商合作。截

---

① 肯·约翰逊(Ken Johnson):《巴西与气候变化谈判的政治》("Brazil and the Politics of the Climate Change Negotiations"),《气候发展杂志》(*Journal of Environmental Development*),2001年第10卷第2期,第189页。

② 霍奇斯泰勒、维奥拉:《巴西与气候变迁政治学》,第759页。

③ 同上,第758页。

④ 同上,第764页。

至 2009 年,90％的巴西人均认为全球变暖是一个非常严重的问题。[1] 这一趋势也反映在企业部门,大量面向出口的矿产和农业企业开始对更有力的环境保护予以支持。他们注意到,包括美国在内的一些发达国家,作为其产品的重要出口市场,正在考虑为来自积极应对气候变化的国家的进口提供有利的待遇。鉴于巴西具有相对绿色的能源体系,且在减缓森林砍伐率方面不断进步,这些大型出口商自然乐意塑造其亲环境的立场。[2]

截至 2013 年,巴西所消耗的 50％以上的能源均来自于可再生能源。因此,巴西发现可以通过控制森林砍伐和土地利用(如农业或牧场)减少温室气体排放,实现减排目标也因而变得较为容易。[3]例如,由于森林砍伐率大幅度降低,巴西在 2005 年至 2009 年间的温室气体排放量减少了 30％。由于 21 世纪头十年的后期巴西的森林砍伐得到有效控制,农业生产者们也确信更环保的供应链意味着更好的商机,其国际谈判代表们的态度也随之变化,在与发达国家合作共同减缓气候变化方面态度更为开放。[4]讽刺的是,巴西严重依赖水电能源,这一点损毁了它在其他方面的软实力,其中最突出的是土著人民的政治和政策深受亚马逊地区大型水坝工程的影响。

随着自身环境状况的改善,巴西更加积极地投身于全球范围内促进环境改善的多边努力,这一点在 2009 年哥本哈根《公约》缔约方会议(COP)中得到了充分体现。基于"承诺和审查"的原则,美国和 BASIC 就应对全球气候变化的新方法进行了协商。美国坚持认为,应对气候变化,人人有责,这一原则在该次会议上达成了共识;而 BASIC 则提倡,多边进程审查必须建立在各国

[1] 赫尔德、罗杰、纳格:《发展中世界的气候治理》。
[2] 霍奇斯泰勒、维奥拉:《巴西与气候变迁政治学》。
[3] 马可·安东尼奥·维埃拉(Marco Antonio Vieira)、克劳斯·吉马良斯·达尔咖德(Klaus Guimarães Dalgaard):《巴西的能源—安全—气候变化纽带》("The Energy-Security-Climate-Change Nexus in Brazil"),《环境政治学》(*Environmental Politics*),2013 年第 22 卷第 4 期,第 610—626 页。
[4] 霍奇斯泰勒、维奥拉:《巴西与气候变迁政治学》。

自主决定的承诺基础之上,这一原则也获得了支持(2011 年巴西也在类似的原则下充当了欧洲和 BASIC 之间的桥梁作用)。尽管这种新方法反映出巴西逐渐认识到必须做出减排承诺,但这也是巴西讲好环境政策"好消息"故事的产物。事实上,卢拉·达席尔瓦总统曾宣布巴西不需要外部支援以实现减排,并提出意义重大的自愿减排目标:到 2020 年达到比预期趋势低 36% 以上的减排目标。总而言之,巴西逐渐将自身定位为引领全球应对气候变化的主要国家之一。[1]

巴西影响全球气候变化谈判战略的有效性

巴西是否成功地影响了国际气候变化体制的重构?该领域为施展其愿景、战略和能力提供了较好的空间,这在诸如《公约》《京都议定书》以及 2009 年哥本哈根缔约方会议上 BASIC 与美国达成协议等方面均有所体现。全球公域的本质意味着累积性努力的重要性,巴西既是问题的来源(温室气体排放),同时又是解决方案(亚马逊雨林碳汇)的一部分,因此对这一问题产生了重大影响。巴西通过减少森林砍伐减少了温室气体排放,这表明它也能够同心协力增强其软实力,改善自己的国内模式。解决问题的领域及多边进程与巴西的外交也十分契合。它一方面保持在发展中国家的领导地位,另一方面在前者与发达国家之间发挥桥梁作用,这一战略也卓有成效。

因此,巴西确实成功影响了应对气候变化的国际制度的重构,实现了其希望达成的目标:由发达国家承担大部分的减排成本。当然,也有许多发展中国家支持类似的应对气候变化的做法,但巴西在促使发达国家和发展中国家达成共识方面扮演了关键角色。然而,布什政府决定退出《京都议定书》的决定使巴西取得的成功打了折扣。随着气候变化趋势在 21 世纪的头十年间

---

① 爱德华兹、罗伯茨:《一个支离破碎的大陆》,第 77—79 页。

继续恶化,巴西在一个不成功的国际制度方面的成功影响越来越近似一场空洞的胜利。[①]

在 2015 年巴黎联合国气候变化大会(COP21)的筹备阶段,巴西影响气候变化制度的软实力效能明显下降。巴西的环境警察和监管机构由于资金不足无法有效遏制非法采伐行动,导致森林砍伐率再次攀升。前总统迪尔玛·罗塞夫对森林保护不甚支持,且在其第二任期内开始与支持森林砍伐的农业利益集团结盟。2012 年《森林法》的改革使十年前采取的保护措施功亏一篑。在 2013 年华沙联合国气候变化大会上,巴西代表团再次回到了历史责任这一主题上,许多观察家认为这是巴西领导力落后的表现。而在 2015年,罗塞夫任命气候变化的怀疑论者阿尔多·雷贝洛(Aldo Rebelo)为科技部部长,并于同年 10 月任命他为国防部部长。[②]

然而,随着巴黎联合国气候变化大会的临近,巴西调整了战略以最大限度地发挥其软实力的影响力。巴西重新回到其作为连接发展中国家与发达国家的桥梁的定位,但这次它首先确保了与美国的合作,以保证所有强国都能同意签署最终协议。在 2015 年夏天罗塞夫总统访美期间,她和奥巴马总统联合宣布了一项协议,该协议确定了两国减少对全球气候影响的目标,并共同将之描绘为雄心勃勃的目标。一些批评家认为,鉴于巴西已经具备的绿色能源体系,罗塞夫宣布的目标不能称之为雄心勃勃。但美国和巴西在应对气候变化问题上站在同一阵线的象征意义却是毫无疑问的。事实上,巴西后来于 2015 年 11 月巴黎联合国气候变化大会召开之前,宣布了更为宏大的目标。

在 2015 年巴黎联合国气候变化大会上,巴西环境部部长伊莎贝拉·特

---

① 爱德华兹、罗伯茨:《一个支离破碎的大陆》,第 78 页。

② 理查德·席夫曼(Richard Schiffman):《巴西的森林砍伐率再次上升》("Brazil's Deforestation Rates Are on the Rise Again"),《新闻周刊》(*Newsweek*),2015 年 3 月 22 日,www.newsweek.com/2015/04/03/brazils-deforestation-rates-are-rise-again-315648.html。

希埃拉(Izabella Teixeira)是由法国主办方为确保巴黎谈判取得最后成功而选出的 14 位协调人之一。巴西主张应由发达工业化国家承担历史责任,履行减缓和适应气候变化的主要义务,①相对于过去的缔约方大会来说,巴西更倾向于批评发达国家未充分履行义务,例如,它对新加坡和韩国提出了特别批评。②事实上,巴西在最后的谈判中强调,它愿意承担高于其本应承担的"公平"责任,以寻求共同的解决方案。

最大的转变也许是巴西与过去在缔约方大会中一直合作的 BASIC 决裂,并加入了"雄心壮志联盟"。该集团由最易受气候变化影响的国家组建,例如小岛屿国家,在 2015 年巴黎联合国气候变化大会上最终有超过 100 个国家加入了该联盟。"雄心壮志联盟"试图将未来全球气温的升高限制在 1.5℃,而在 2015 年巴黎联合国气候变化大会筹备阶段提出的目标是 2℃。对于一些观察家来说,巴西决定加入该联盟是 2015 年巴黎联合国气候变化大会最终取得成功的决定性因素。③

归根结底,巴西擅长利用其在多边论坛上的优势来影响全球气候变化的规则。但数十年的气候变化谈判也显示出巴西的战略及其能力的局限性。尽管巴西可以提出和捍卫其首选的政策成果,然而在谈判结果有悖强国意愿时,它却无力阻止这些强国,特别是美国退出该多边进程。巴西在 2015 年巴黎联合国气候变化大会上的战略比早先在缔约方会议上采取的战略更为奏

① 薇薇安·奥斯瓦尔德(Vivian Oswald):《巴西外长在联合国气候大会辩论上强势亮相》("Ministra brasileira ganha destaque nos debates da COP - 21"),《环球时报》(*O Globo*),2015 年 12 月 12 日,oglobo.globo.com/sociedade/sustentabilidade/ministra-brasileira-ganha-destaque-nos-debates-da-cop - 21 - 18279195♯ixzz3vprgxuiF。

② 亚历克斯·帕什利(Alex Pashley):《巴西部长呼吁新兴经济体做出微弱气候承诺》("Brazil Minister Calls out Emerging Economies over Weak Climate Pledges"),2015 年 10 月 28 日,www. climatechangenews. com/2015/10/28/brazil-minister-calls-out-emerging-economies-over-weak-climate-pledges。

③ 格雷格·斯科鲁格斯(Greg Scruggs):《从零到英雄:拉丁美洲和加勒比地区在联合国气候大会上的起落》("From Zeros to Heroes: The Highs and Lows of Latin America and the Caribbean at COP 21"),北美拉丁美洲人代表大会(NACLA),2015 年 12 月 16 日,https://nacla.org/news/2015/12/15/zeros-heroes-highs-and-lows-latin-america-and-caribbean-cop - 21。

效,这是因为它在会谈之前就已与美国达成协议,而不是采取与南方国家建立同盟的战略。

巴西与全球互联网治理

全球气候变化治理辩论涉及各国之间的合作,以共同预防灾难为目的。与之相比,互联网治理辩论则聚焦于一个发展迅速的领域。从技术角度来看,这一领域的运作效果异常出色,但公共政策却无法完善解决随之而来的社会影响问题。互联网无疑已经超越了其早期先驱者最大胆的设想。鉴于它在全球经济发展、创新和通信方面的中心地位,互联网引起世界各国政府的关注不足为奇。这也使得互联网治理问题成为引起全球关注和争议的重要议题。

要了解巴西在互联网治理国际辩论中的作用,就需要先了解美国与全球网络的独特关系。国际关注的深度和广度取决于美国如何在互联网发展中充分发挥其基础作用。①互联网最早是美国国防部高级研究计划署的一个资助项目。该项目始于 20 世纪 60 年代末,意在允许各大学的计算机科学家在全国范围内实现研究网络互联。为实现网络互联和发展,他们需要使用一套通用的协议和原则。与随后开发的替代协议相比,20 世纪 80 年代的控制协议和互联网协议(通常称为 TCP / IP)得到优先广泛应用,这意味着全球互联网承袭了美国的治理模式。

尽管互联网具有显著的分散性特征,但它实际上也需要一个共同的集中

---

① 本章该部分取自哈罗德·特林库纳斯(Harold Trinkunas)和伊恩·华莱士(Ian Wallace)的报告选段:《全球互联网治理未来的融合:美国和巴西》(*Converging on the Future of Global Internet Governance:The United States and Brazil*),布鲁金斯学会出版社,2015 年 7 月。

式功能——互联网数字分配机构（IANA），以确保为连接互联网的每个设备分配唯一的地址。为保护互联网免受（外国）政府的干扰，克林顿政府于1998年将此功能授权给一家在加利福尼亚州注册成立的名为"互联网名称与数字地址分配机构"（ICANN）的私营企业。ICANN采用了与早期互联网一道发展起来的多方利益攸关者管理模式进行互联网治理，其利益攸关方包括各种学术机构、私营部门和民间团体。值得注意的是，在多方利益攸关者管理模式中，私营部门（拥有互联网大部分的基础设施）和民间团体的参与权优先于政府，后者被贬谪至顾问的角色，通过ICANN政府咨询委员会起到咨询的作用。[①]

互联网的起源和发展意味着，随着这项技术走向全球化，它自起源阶段所承袭的治理实践将被传播至其他国家，然而这一点却未受到普遍认可。多方利益攸关者管理模式和以美国为中心的治理机构（如ICANN）的结合招致了反对的声音。在2003年和2005年联合国召开的信息社会世界高峰会议（WSIS）上，出现了以巴西、印度、中国和俄罗斯为首的抗衡力量，主张实行多边治理模式。该治理模式将政府的作用置于私人行为者和民间团体行为者之上，因而受到全球民间团体、私营部门以及受其影响的美国政府的强烈怀疑。自信息社会世界高峰会议后，多方利益攸关者管理模式和多边治理模式的争论是全球互联网治理辩论中的主要论题。该争论掩盖了一个事实，即尽管互联网治理机制促成了全球网络的产生，但治理机制的发展速度已远远超过了互联网政策标准制定以及网络问题最佳解决方案等问题的全球性进展速度。目前，互联网发展面临垃圾邮件、网络犯罪、隐私、数字融合、电子商务和网络安全等多种问题。[②]

---

① 丹尼尔·W.德雷斯纳（Daniel W.Drezner）：《互联网的全球治理：让国家回归介入》（"The Global Governance of the Internet：Bringing the State Back In"），《政治科学季刊》，2004年第119卷第3期，第477—498页。

② 特林库纳斯、华莱士：《全球互联网治理未来的融合》，第3页。

　　长期以来,巴西一直在全球互联网治理中扮演着重要的角色(从各方面来说)。互联网治理综合了巴西国家政策三方面的关注焦点:实现技术发展、谋求有影响力的国际地位、制约美国在全球秩序中的统治地位。由于互联网对创新、生产力和国际交流有着重要影响,因此它是一项对国家相对权力具有全球影响的重大技术革命。鉴于其长久以来的强国抱负及在科学领域追赶强国发展的历史,巴西自然热衷于确保自己能全面参与这场互联网革命。[①]此外,巴西一直关注管理互联网发展的治理安排是否恰当,因为这些安排主要集中于美国之手,特别是借助 ICANN 的作用。对于巴西人来说,这又敲响了一记警钟:一个关键的国际治理空间再一次建立在国家间不平等的基础之上。[②]所以巴西常常与对当前全球互联网治理结构持批评态度的国家和地区保持同一立场,其中包括俄罗斯和中国,有时也可能是欧洲和印度。[③]因此,巴西对全球互联网治理的期望与其秉持的全球治理信念一致,即只有所有国家在形成国际决议时具有平等地位和平等发言权,全球治理才能实现最佳运作。

　　巴西在互联网治理领域久负盛誉,尽管其缘由在国内与国外截然不同。巴西很早就开始参与互联网发展,首先是在 20 世纪 80 年代建立了一个全国的大学网络,然后通过支持现代互联网的 TCP / IP 协议在 1991 年与全球网络实现联网。此后,巴西的互联网用户数量稳步增长,其 Facebook 账户数量居世界第二。巴西国内网络中的互联网交换点数量也是全球第二(其中各种私人网络与交换数据互连),仅次于美国。与美国相似,巴西的互联网服务被定义为增值服务,仅受国家最低限度的监管,这就确保了私人互联网部门的

---

① 特林库纳斯、华莱士:《全球互联网治理未来的融合》,第 16 页。

② 巴西联邦共和国对外关系部科学与技术部门主管本尼狄克特·范塞卡·费列(Benedicto Fonseca Filho)大使于 2014 年 8 月 26 日在巴西利亚接受哈罗德·特林库纳斯和伊恩·华莱士的采访。

③ 巴西国家通讯管理局国际事务处主管杰弗逊·弗埃德·纳斯弗(Jeferson Fued Nacif)于 2014 年 8 月 26 日在巴西利亚接受哈罗德·特林库纳斯和伊恩·华莱士的采访。

发展充满活力。其国内互联网指导委员会,即 1994 年成立的巴西互联网管理委员会(CGI.br),是一种公私合作的伙伴关系,其互联网技术运营采用了多方利益攸关者管理模式。由于 CGI.br 也是国家互联网注册商,通过收取用户费用保持相对充足的资金,因此可以进行广泛的公开宣传和研究活动。它与 ICANN 以及有关互联网治理问题的全球民间团体运动组织一直保持着长期而密切的关系。[①]巴西对互联网公共政策问题的关注处于世界前沿,而这种关注来源于 20 世纪 90 年代末巴西社会对如何处理网络犯罪、隐私、网络中立、数字访问、垃圾邮件等问题的辩论。这场辩论最终产生了一个高度协商的正式程序——巴西司法部和巴西民间团体组织之间的合作——制定了一部被称为“巴西互联网民权架构”的互联网民权法。这一法律框架为解决与互联网相关的许多公共政策问题提供了一个连贯的模式。[②]

　　巴西的互联网治理外交政策以多边主义和联合国体系为重点,这与其国内治理的安排及倾向性差距甚远。在 1998 年明尼阿波利斯国际电信联盟(简称“国际电联”)全权代表大会之后,巴西开始参与有关全球互联网治理的辩论,该大会呼吁召开信息社会世界峰会。[③] 巴西强烈批评美国主导的互联网技术运作治理模式,其中包括美国公司 ICANN 分配地址功能的集权化。但巴西也关注互联网公共政策的新兴问题,如互联网上的数字访问和社会包容性问题。在 2003 年信息社会世界峰会的筹备阶段,巴西与印度和南非两个大型新兴民主国家合作,确立了旨在缩小“数字鸿沟”的互联网治理立场。这种做法与巴西在应对全球气候变化时与其他新兴国家合作的策略相似。

---

① 迭戈·卡纳巴罗(Diego Canabarro):《全球互联网的治理、技术、权力与发展》("Governança global da Internet, tecnologia, poder e desenvolvimento"),博士论文,南大河州联邦大学,2014 年。

② 丹尼尔·阿诺多(Daniel Arnaudo):《巴西的互联网管理新兴路线图》(*Brazil's Emerging Road Map for Internet Governance*),华盛顿大学,2014 年。

③ 巴西国家通讯管理局执行主席办公室顾问丹尼尔·布兰道·卡瓦尔康蒂(Daniel Brandao Cavalcanti)2014 年 8 月 26 日在巴西利亚接受哈罗德·特林库纳斯和伊恩·华莱士的采访访谈。

在 2003 年信息社会世界峰会上,巴西就联合国机构即将实施的技术运营治理和互联网公共政策提出了多边方案。以其国内采取多方利益攸关者管理模式的治理机构 CGI.br 为榜样,巴西特别提出建立一个全球互联网治理协调论坛,以取代 ICANN 在互联网技术运营治理中的作用。虽然该提议未获得通过,但经过修改后最终为全球互联网生态系统中的主要多方利益攸关者管理机构互联网治理论坛(IGF)的建立奠定了基础。IGF 定期召开会议,讨论与互联网公共政策有关的问题。但令巴西感到挫败的是,该论坛尚未达成一致的成果。① 然而,巴西外交官乐于接受互联网治理工作组和信息社会世界峰会成果文件中关于“加强合作”和政府对互联网公共政策问题负责的说法,并将之视为扩大多边机构在互联网治理中作用的切入点。

由于巴西在信息社会世界峰会上所做的外交努力,观察家们将巴西与其他批评多方利益攸关者管理模式的国家相提并论,如俄罗斯和中国。然而,巴西对该模式批评的基础与俄罗斯和中国截然不同。这两个威权主义国家提倡“主权至上”的立场,即国家有权对互联网进行自上而下的控制。② 与之相反,巴西更加关注 ICANN 与美国商务部持续不断的联系,并且根据其外交传统,巴西赞成采取在它看来更民主的多边方案。③我们可以通过巴西外交官埃弗顿·卢塞罗(Ellton Lucero)在 2008 年的一番话来了解巴西对全球互联网治理的政策倾向:“我们要么选择与无政府的机构进行合作,如 IETF、W3C 和 NRO,要么选择所有政府都参与的机构,如 ITU、UNESCO。但是,我们应该避免由单一政府主导的模式,如 ICANN。”④

---

① 汉尼斯·埃伯特(Hannes Ebert)、蒂姆·毛雷尔(Tim Maurer):《竞争性网络空间和崛起的新兴力量》(“Contested Cyberspace and Rising Powers”),《第三世界季刊》,2013 年第 34 卷第 6 期,第 1062—1063 页。

② 弥尔顿·穆勒(Milton Mueller):《网络与国家:互联网治理的国际政治》(*Networks and States: The Global Politics of Internet Governance*),麻省理工学院出版社,2010 年,第 69 页。

③ 纳斯弗的访谈。

④ 穆勒:《网络与国家》,第 246 页。

尽管追求的目标不同,但巴西在主要的互联网治理论坛上继续与俄罗斯和中国保持合作,例如 1998 年的国际电联会议和 2012 年的国际电信世界大会(WCIT)。在 2012 年的国际电信世界大会上,巴西作为主要参与者之一,与俄罗斯和中国一道与主要强国在互联网治理问题上分庭抗争。这些新兴大国主张国际电联在互联网政策领域中应发挥更大的作用,这与美国和欧洲国家的倾向存在明显冲突。2012 年召开的国际电信世界大会旨在修订《国际电信规则》(ITR),该规则是为了协调全球电信而制定的条约。在国际电信世界大会上,多边主义者为增强国际电联的作用而进行的最有力尝试遭到断然拒绝,最后形成的行动方案对后 WSIS 时期的现状影响不大。然而,其中一些辩论比经验丰富的国际电联(曾经以协商共识的方式工作)所习惯的辩论更具争议性。很明显,除最威权主义的国家外,也有其他国家支持在美国及其支持者看来会损害全球互联网的立场。美国和其他 54 个国家(包括来自欧盟的国家和日本)拒绝签署新的《国际电信规则》;相反,包括金砖国家和许多发展中国家在内的 89 个国家则同意签署该文件,这标志着基于共识的谈判方式宣告失败。[①] 此外,巴西再次采取了领导发展中国家并与新兴大国保持一致以影响全球治理的策略。但在此情况下,巴西再次陷入困境:美国将互联网治理与全球自由议程联系在一起,因而不愿意在此问题上冒险,以防受到敌对的威权主义力量的影响。巴西选择与俄罗斯和中国立场一致,从而将自己置于与美国及其盟友对峙的立场,切断了彼此之间的纽带。

巴西的互联网外交政策遭遇现实

2013 年夏季,曾供职于美国国家安全局的承包商爱德华·斯诺登披露

---

① 弥尔顿·穆勒(Milton Mueller):《国际电联恐惧症:世界信息大会缘何受阻?》("ITU Phobia: Why WCIT Was Derailed"),《因特网治理项目》(博客),2012 年 12 月 18 日,www.internetgovernance.org/2012/12/18/itu-phobia-why-wcit-was-derailed。

了美国通过互联网进行全球间谍活动的爆炸性新闻。此次事件的后果之一是全球互联网治理辩论中的僵局被打破。巴西成为打破这一僵局的核心,这不仅是因为其总统迪尔玛·罗塞夫本人遭到监听,也因为该国对该事件的初始反应极其激烈,对美国的间谍行为持公开否定的态度——威胁将采取行动保护其主权,如要求巴西本土产生的所有数据存储在巴西,而这很可能导致全球互联网的破裂。由于互联网是一种网络商品,任何阻碍信息自由流动或以其他方式威胁缩小网络规模的政策都可以被解释为破坏全球互联网公域的做法。2013 年 9 月,罗塞夫总统以非常典型的巴西外交政策方式对此事做出回应:她已同反对美国的新兴大国达成一致意见,拟采取行动谴责美国,并提倡通过联合国多边进程保护数字隐私权。为表达她对奥巴马政府的不满,罗塞夫取消了对华盛顿特区计划已久的国事访问。[①]彼时,罗塞夫正参与紧张的连任竞选,这一背景促使她必须采取行动应对互联网问题及美国国家安全局的间谍活动。

令人惊讶的是,在同一个月内罗塞夫政府就改变了行动方针,转而确立其在全球互联网治理方面坚持多方利益攸关者管理模式的立场。她对斯诺登事件的初步回应令 CGI.br 和 ICANN 的首席执行官法迪·切哈德十分警惕。特别是罗塞夫提出对互联网进一步实施多边的、以国家为中心的控制措施,这拉近了巴西与俄罗斯和中国所提倡的主权优先立场间的距离,而该措施被认为不可行。在罗塞夫于联合国大会年会致开幕辞的一个星期之前,CGI.br 曾与她会面,主张采取更符合该公司治理互联网观点的做法。[②]在此之前,CGI.br 已经花了几年时间与民间团体就一系列互联网治理原则进行了

---

① 特林库纳斯、华莱士:《全球互联网治理未来的融合》,第 25—26 页。

② 彼得·奈特(Peter Knight):《巴西的互联网:起源、战略、发展与治理》(*The Internet in Brazil: Origins, Strategy, Development and Governance*),印第安纳州布卢明顿(Bloomington):AuthorHouse,2014 年,第 103 页。

公开磋商。[①] 这些原则与全球民间团体中关于互联网问题的广泛认可的原则,包括有关 ICANN 及其领导力的原则相呼应。[②] 2013 年 9 月 24 日,罗塞夫总统在联合国发演说,其中让人印象最深的是她对美国国家安全局的监听行为及美国违反国际法行为的高声谴责。然而,她与 CGI.br 的会见也卓有成效,因为她在演说中呼吁通过五项原则,这些原则本质上是 CGI.br 所提倡的采取多方利益攸关者管理模式的简化版本。[③]

2013 年 10 月,当法迪·切哈德前往南美洲同一些全球互联网治理机构(包括 ICANN、国际互联网协会、国际互联网工程任务组[简称 IETF]和万维网联盟)见面时,法迪·切哈德专程前往巴西利亚与罗塞夫总统会面。在这次会议上,切哈德成功说服罗塞夫接受了两点:基于罗塞夫在联合国提出的一套原则,她应该倡议召开关于未来互联网治理的全球会议;且该会议应围绕多方利益攸关者模式的治理方案展开。[④] 此次会谈后,巴西宣布将于 2014年 4 月召开未来互联网管理全球利益攸关方多方会议,简称巴西会议(下文

---

① 《迪尔玛·罗塞夫将巴西互联网指导委员会的宗旨引入联合国》("Dilma Rousseff leva principios de governança da Internet do CGI.br a ONU"),巴西互联网指导委员会(*CGI.br*),2013 年 9 月 24 日。

② 圣保罗大学博士候选人克里斯蒂安·冈萨雷斯(Cristiana Gonzalez)2014 年 8 月 22 日在巴西圣保罗的访谈。巴西互联网指导委员会的宗旨,见文件 Resolugao CGI.br/RES/2009/003/P,2009 年。

③ 迪尔玛·罗塞夫:《巴西联邦共和国总统迪尔玛·罗塞夫阁下在第 68 届联合国大会一般性辩论开幕式上的发言》("Statement by H. E. Dilma Rousseff, President of the Federative Republic of Brazil, at the Opening of the General Debate of the 68th Session of the United Nations General Assembly"),纽约,2013 年 9 月 24 日。

④ 罗纳尔多·莱莫斯(Ronaldo Lemos):《走进巴西:全球多利益相关方会议与互联网治理的重新思考》("Enter Brazil: NETmundial and the Effort to Rethink Internet Governance"),见马克斯·库莫(Markus Kummer)等编:《高风险:巴西随笔与全球互联网的未来》(*Stakes Are High: Essays on Brazil and the Future of the Global Internet*),工作文件,宾夕法尼亚大学安纳伯格传播学院(Annenberg School for Communication),2014 年,第 30—34 页。

简称 NETmundial）。[1]

实际上，ICANN 的法迪·切哈德和 CGI.br 为罗塞夫总统提供了较好的选择。一方面，这有助于解决她在谋求连任时亟待处理的相关国内政治问题；另一方面，也有助于维护巴西在全球互联网自由领域的领导地位。对于一次重大的国际会议来说，NETmundial 的召开，时间上是创纪录的。[2]该会议于 2014 年 4 月 23 日至 24 日在圣保罗举行，汇集了 97 个国家和 1480 个利益相关者，其象征意义与其实质一样显著。巴西邀请美国共同主办这一活动，美国对此做出的积极回应表明，斯诺登事件之后两国关系出现些微缓和。然而，此次会议也让巴西饱受批评。这些批评意见有的来自民间团体，质疑来自不同行业代表的甄选过程；还有些来自外国政府，他们在全体会议期间被视作与非国家行为者处于"平等"地位，这令他们愤愤不平。[3]

NETmundial 的重要性在于它标志着巴西在描述其多边主义和多方利益攸关者主义立场时话语方式的转变。就其本质而言，罗塞夫将巴西与俄罗斯和中国对多方利益攸关者管理模式的批评区分开来，后者的批评是以主权为基础，保持国家控制的观点。相反，巴西明确表示，它对现行互联网技术运营

①　琼娜·瓦隆（Joana Varon）：《关于互联网治理未来的全球多方会议：是什么？从何处来的？将去向何方？》（"Conferencia Multisetorial Global sobre o Futuro da Governança da Internet: o que é? de onde veio? para onde vai?"），莫赛克咨询——巴西互联网观察站（*Mosaico—Observatorio da Internet no Brasil*），2013 年 11 月 28 日，observatoriodainternet.br/post/conferencia-multissetorial-global-sobre-o-futuro-da-governanca-da-internet-o-que-e-de-onde-veio-para-onde-vai。

②　巴西联邦科技创新部信息技术政策秘书维尔吉利奥·阿尔梅达（Virgilio Almeida）2014 年 8 月 21 日在巴西圣保罗接受哈罗德·特林库纳斯和伊恩·华莱士的采访访谈。

③　莎拉·梅尔斯·韦斯特（Sarah Myers West）：《互联网治理全球化：后斯诺登时代的网络空间协议谈判》（"Globalizing Internet Governance: Negotiating Cyberspace Agreements in the Post-Snowden Era"），第 42 届传播、信息和互联网政策研究会议（TPRC 42），南加州大学安纳伯格传播学院，2014 年，第 27 页，ssrn.com/abstract=2418762 or dx.doi.org/10.2139/ssrn.2418762；琼娜·瓦隆：《超越全球多利益相关方会议：全球互联网治理生态系统体制改进路线图》（"The NETmundial: An Innovative First Step on a Long Road"），宾夕法尼亚大学互联网政策观察站，2014 年，第 117 页，www.global.asc.upenn.edu/app/uploads/2014/08/BeyondNETmundial_FINAL.pdf。

全球治理体系的批评主要针对总部设在美国的机构 ICANN 对互联网数字分配机构(简称 IANA)的集权管理。明智的是,美国恰好在 NETmundial 召开一个月前表示拟中断 ICANN 与美国商务部的关系。事实上,负责监管美国商务部与 ICANN 的关系且位于美国商务部内的美国国家电信和信息管理局(简称 NTIA)曾于 2014 年明确要求 ICANN 召集"全球多利益攸关方",开发管理互联网数字分配机构的新型国际模式。① 巴西将这一做法理解为美国释放的明确信号,即美国愿意解决巴西在全球互联网技术治理制度中关心的主要问题。②

　　NETmundial 实现了罗塞夫政府期望达成的目标:巴西获得了在全球互联网治理方面的主导地位。③罗塞夫总统还试图强调(在大选那一年)对斯诺登事件的积极回应。然而 NETmundial 也突显了巴西的国内和国际互联网治理行为之间的差异。作为一家始终关注国内互联网治理的企业,CGI.br 在全球互联网治理中发挥了突出的作用。对于该企业来说,这意味着一种新的、存在潜在不安因素的方向。④对于放弃多边主义倾向的巴西外交部而言,全球互联网治理也是一个重要的领域,他们曾在该领域中占据了强有力的地位。NETmundial 也让巴西的传统外交伙伴感到不悦,其中有些国家对巴西立场的明显转变感到惊讶。不仅古巴和俄罗斯对 NETmundial 会议结果持预期的反对态度,甚至连印度也拒绝签署会议的最终文件(尽管印度后来在

---

① 国家电信和信息管理局(NTIA):《国家电信和信息管理局宣布有意转让关键互联网域名功能("NTIA Announces Intent to Transition Key Internet Domain Name Functions")》,新闻稿,2014 年 3 月 14 日,www. ntia. doc. gov/print/press-release/2014/ntia-announces-intent-transition-key-internet-domain-name-functions。

② 范塞卡·费列的访谈。

③ 同上。

④ 巴西联邦共和国司法部研究和市场监测总协调员丹尼洛·多内达(Danilo Doneda)2014 年 8 月 26 日在巴西利亚接受哈罗德·特林库纳斯和伊恩·华莱士的采访访谈。

2015 年转而支持多方利益攸关者管理模式）。[1]因此，巴西未来的全球互联网治理立场依然存在潜在的矛盾和不确定性。

　　在 NETmundial 会议之后，ICANN 和 CGI.br 从这一事件的成功看到了可利用的机会。[2] 2014 年 8 月，ICANN、CGI.br 和世界经济论坛（WEF）发起了"NETmundial 倡议"（多利益相关方倡议），重点关注复杂的互联网公共政策问题——例如言论自由、隐私和网络犯罪，并且与现有的处理互联网技术运营问题的机构，如互联网工程任务组（IETF）、万维网联盟（W3C）、区域互联网注册管理机构、根服务器运营商和 ICANN 一道开发和实施解决方案。许多发展中国家认为这些以技术为中心的实体无法解决政策问题，因此认为联合国体系才是互联网能力建设的唯一替代方案。虽然没有得到官方承认，但很显然目前的潜在议程是，将明确的多方利益攸关者管理模式延伸到其他许多公共政策问题领域。而在评论家们，包括许多政府看来，公共政策问题应该属于政府管辖的领域。

巴西影响全球互联网治理努力的成败

　　在互联网全球化的初始阶段，巴西就抱有影响全球互联网治理的愿望。在外交方面，巴西在关于全球互联网治理的一场早期辩论中发挥了关键作用，这场辩论促成了 1998 年 ICANN 的创立以及在联合国多边体系内召开信

---

[1]　莫妮卡·埃默特（Monika Ermert）：《全球多利益相关方互联网治理会议以"粗略共识"闭幕》（"NETmundial Internet Governance Meeting Closes with Less than 'Rough Consensus'"），《知识产权观察》（*Intellectual Property Watch*），2014 年 4 月 25 日，www.ip-watch.org/2014/04/25/netmundial-internet-governance-meeting-closes-with-less-than-rough-consensus。

[2]　全球互联网合作与治理机制小组（Panel on Global Internet Cooperation and Governance Mechanisms）：《建立高级工作组应对互联网治理的未来》（"High-Level Panel Organizes to Address Future of Internet Governance"），新闻稿，2013 年 11 月 17 日，http://internetgovernancepanel.org/news/high-level-panel-organizes-address-future-internet-governance，以及相关介绍，http://internetgovernancepanel.org/about。

息社会世界峰会的决定。在 2003 年和 2005 年的信息社会世界峰会上,巴西是当时全球互联网治理安排的主要批评者之一。在 2012 年的信息社会世界峰会上,巴西又是建立发展中国家和新兴大国联盟的重要成员,力图在国际电联范围内开辟更大的互联网治理空间。

与其国家实力的其他因素相比,巴西影响全球互联网治理的能力相对较强。巴西很早就接纳了互联网,其互联网先驱在全球互联网界享有盛名,并在互联网协会和 ICANN 等关键治理机构中担任重要角色。其国内互联网治理机构,如 CGI.br 和巴西互联网民权架构法(Marco Civil),被视为各国效仿的榜样。巴西拥有庞大的互联网用户群、发达的民间团体,以及一大批私人互联网服务提供商、媒体公司和内容提供商。很显然,巴西和巴西人在全球互联网治理辩论中是有能力的行动者,这一点也获得了其他国家的认同。

巴西在斯诺登事件之前试图影响全球互联网治理的战略是其强国崛起尝试的一部分。正如它在全球安全和经济治理领域的做法一样,巴西试图通过建立发展中国家联盟来影响多边进程。巴西还与金砖国家结盟,希望将治理核心从多方利益攸关者模式转向多边模式。在巴西的努力下,这一联盟得以扩大,而美国及其盟友在 2012 年的信息社会世界峰会上则处于防守地位,且最终成为一个少数群体。

但最终巴西在斯诺登事件之前的战略以失败告终,原因有三。首先,巴西将重点放在国家间层面,但实际上大多数互联网治理过程涉及的是非国家行为者。他们实际上控制着网络的基础设施,负责开发和实施网络协议以使所有网络能够作为一个全球性的整体实现运作。此外,巴西坚持强调国家主权在解决互联网治理问题方面的作用,这引起了私营部门和民间团体组织的警觉。这些组织已经先入为主地将国家参与视为威胁,因为现有的互联网治理机构继承了互联网的源头——美国西海岸的自由主义精神。

其次,这一战略的失败是因为巴西将其软实力限制在针对美国的范围内,而美国却是对互联网治理而言最重要的国家。由于美国是互联网的发起者,因此美国政府是真正具有决策权且能从根本上改变互联网治理的少数政府实体之一。克林顿政府决定在 1998 年通过创立 ICANN 以及(很少使用的)ICANN 和商务部的合同监督来保护互联网治理流程免受政府干扰。对于美国而言,其面临的主要限制是其他国家政府可能会采取行动破坏全球互联网的完整性,如俄罗斯、朝鲜和古巴等国家所采取的各种断网或审查行为。互联网作为一种网络商品,因用户数量增加而受益,所以美国并无意忽视他国意见,但它可以(并且确实)试图限制那些采取最具破坏性和威权主义政策的国家的影响。巴西在互联网治理辩论中选择与那些威权主义国家保持一致立场,因而否定了其国内互联网模式的软实力影响,此举也导致美国力图限制巴西对互联网治理的影响力,而非迎合其利益。

再次,巴西外交部以外的国内因素也在全球互联网治理中发挥了作用。这些非国家行为者包括 CGI.br、国内民间团体、私营部门、民间团体和 ICANN 等国际组织。他们积极参与了巴西国内及国外的多方利益攸关者的治理活动。他们本无意影响巴西的外交政策,但后来因自身利益受到潜在威胁,故决定采取行动。如斯诺登曝光监听事件之后,他们为罗塞夫总统最初反应所震惊,开始协同作战力图改变其心意。所以从本质上来说,巴西的外交政策不再是单一性的,而是双重性的:赞成多方利益攸关者模式的阵营战胜了外交部中持传统多边主义立场的阵营。

就对全球互联网治理制度的影响力而言,巴西支持多方利益攸关者管理模式的国际战略比其传统的多边主义战略更为成功。NETmundial 会议清楚地彰显了巴西对多方利益攸关者主义的拥护,同时也将其与以前的威权主义盟友——如俄罗斯和中国——分离开来。当美国在互联网问题上信誉受损时,巴西恰逢其时地展示了其国内民主体制及法律的吸引力。美国对巴西的转变进行了正确解读,试图迎合巴西推动多方利益攸关者管理模式国际化的意图,于是宣布终止 ICANN 与美国商务部的合同关系。作为回报,美国得到了巴西对全球多方利益攸关者治理模式的支持,印度随后也做出了类似声明。

　　在斯诺登事件之后,巴西之所以能取得成功,是因为它充分利用了其最重要的能力,即国内互联网制度的软实力,并利用它来获取全球互联网治理的关键参与者——美国和 ICANN——的支持。尽管 NETmundial 倡议的未来依旧不太明朗,但巴西与 ICANN 及世界经济论坛的合作表明了其长期以来的愿望,即在全球互联网治理方面发挥主导作用,而这一次巴西获得了公认互联网强国的默认和支持。

结　语

　　如本章所述,全球公域可能是一个尤其适合施展软实力的领域。虽然强国可能利用网络攻击对手或对特别严重的环境破坏者施以制裁,但强国们迄今为止还未曾使用过硬实力来影响这些全球公域国际制度的形成。由于所有国家都可以使用这些公域,所以制度形成的过程本质上具有附加性:各个国家不断为获得重要利益相关者的支持进行谈判,而剩余的"搭便车者"则对成功的解决方案制造一些无关痛痒的威胁。

　　巴西在参与制定全球公域制度方面具有几点优势。作为国际体系的人口和经济大国,它几乎可能成为任何一项全球公域中的主要利益相关者。它作为南方国家领导者的传统地位使其在多边进程中获得了众多支持票。当巴西的国内政策方案能够有效解决某个特定公域的悲剧时,其软实力就会得以加强。然而由于其海军力量和科技实力有限,因此这一点并不适用于全球公域的所有领域,例如公海和外太空领域。

　　巴西的气候变化和互联网治理战略最初有许多共同点:领导发展中国家联盟,与新兴大国的外交保持一致,以及重点关注多边机构和进程以寻求同现任强国公平竞争的机会。这一战略在气候变化方面效果更佳,巴西等大

国的累加效应对结果的成功至关重要。此外,各国就为避免灾难性气候变化
所需承担的总体成本展开了辩论。该辩论固然涉及科学因素,但其焦点却集
中在如何分担这些费用。尽管南北辩论中有意识形态的成分,巴西却选择在
双方之间发挥桥梁作用,而非仅仅指责现任强国。但是巴西最初在该进程中
取得的成功未能有效避免灾难性的气候变化。最终,美国退出《京都议定
书》,通过更多依赖国产天然气发电来实现温室气体的减排目标。由于受制
于对煤炭日益增加的依赖,欧洲的进程则相对较慢。这主要是因为俄罗斯吞
并克里米亚之后受到西方世界的制裁,因而进口俄罗斯供应的天然气存在问
题。直至 2015 年召开巴黎气候变化大会,巴西的战略才取得成功,其成功主
要源于强调与现任强国搭建沟通的桥梁,而非与金砖国家和南方国家结盟。

巴西的首选战略最初在全球互联网治理方面表现不佳。它无法将重点
转至国家占主导地位的多边进程。最终,由于无法得到拥有互联网数字分配
权的美国和 ICANN 的许可,巴西真正的选择只能是遵循基于多方利益攸关
者管理进程制定的协议以保持互联网的连接,否则就只能以高昂的代价脱离
或切断与全球互联网的联系。即便是拥有大量用户的中国,在对互联网内容
实施管理制度的同时,仍然选择遵循基于多方利益攸关者管理进程制定的协
议。由于 CGI.br、巴西互联网活动家和巴西私营部门的活跃表现,巴西在多
方利益攸关者管理进程中颇具代表性,但在 2013 年斯诺登事件之前,这些行
为者对巴西的外交政策并无影响。这意味着无论巴西外交官在多边体系中
的工作如何有效,他们并未对自己国内多方利益攸关者治理模式方面的软实
力加以充分利用。

此外,由于美国和互联网民间团体组织提倡发展互联网自由议程,且多
方利益攸关者进程的许多参与者均排斥政府对互联网的控制,因此巴西与威
权主义国家的联盟就造成了对其自身软实力的损毁。它使得巴西无法像在
全球气候变化谈判中一样顺利实施其桥梁战略。直至斯诺登事件之后,巴西
远离俄罗斯和中国,转而支持全球互联网自由议程和多方利益攸关者模式,

此时巴西才能够再次发挥桥梁作用。在巴西的成功努力下,美国对互联网数字分配机构关键功能的国际化予以支持,并将 ICANN 与美国商务部脱离开来。此外,巴西还提出了 NETmundial 倡议,试图影响互联网治理的未来,希望能按照自己"青睐的"多利益攸关方趋势发展。

这两个案例都强调了国内行为者和国内政策的重要性,其决定了巴西重构这些全球公域国际治理体制的软实力。20 世纪 90 年代以及 21 世纪头十年的后半期,巴西国内环境状况的改善为它在全球气候变化谈判中对其竞争者实施桥梁战略提供了重要的支持。斯诺登事件之后,巴西的互联网行动者在全球互联网治理中居于领导地位,成功地说服罗塞夫总统改变思路,巴西影响全球互联网治理的软实力随之得到加强。因此,尽管巴西整体模式的吸引力——经济成功、政府、文化和社会形式都是其软实力的重要组成部分,但巴西处理具体公域国内事务的能力,如环境和互联网等,也对其影响世界秩序的能力产生了作用。

第七章

崛起之路：巴西缘何失败又该何去何从

在罗塞夫总统的第二任期间,巴西迅速跌下神坛,形象尽毁,巴西人被这一猝不及防的变化弄得晕头转向。2015 年巴西经济陷入严重衰退,国际资本市场对巴西丧失信心,巴西的信贷评级随之被下调。社会包容和减贫进展停滞不前,甚至出现倒退。诸如巴西石油公司这样的大型国企曾经是巴西的骄傲,却被爆出其合约签订存在问题,接连卷入重大腐败丑闻,继而导致部分巨商被捕入狱,而包括国会领袖在内的政府高官也被牵连其中且遭指控。巴西因而爆发了大规模抗议活动,罗塞夫总统的民意支持率也降至个位数。2015 年 12 月,对罗塞夫总统的弹劾诉讼正式启动。

巴西的外交政策在罗塞夫的首届任期内已经开始收紧,在其第二任期内更是处处受挫。彼时,巴西的金砖伙伴国均面临各自国内经济制约因素日益增加的困境,因此其参与七国集团柔性平衡联盟的国际战略也备受压力。但相对而言,金砖国可能处于与巴西无关的边缘地带。因为除了国际社会对俄罗斯和中国近邻政策的忧虑,两国的国内经济疲软可能会使它们无力再开发自由国际秩序的替代性经济发展路径并提供融资。巴西所采取的累积获得发展中国家支持的战略收效甚微，即使在多边环境下也效果不佳。同时期，委内瑞拉的危机缓慢爆发，而巴西国内经济疲软也导致其国民对拉美国家间移民的敌意日益增加，甚至引发了对巴西是否能在本区域内发挥领导作用的疑问。[①]

巴西全球软实力的国内基础也同样面临风险。巴西作为发展中国家榜样的光环因其内部的经济和政治问题黯然失色。此外，暴力犯罪严重、与警察拘押和杀戮有关的侵犯人权行为，以及对以前军政府所犯暴行的无作为，都使巴西作为全球民主国家领先的名誉蒙受阴影。[②]由此，巴西自 1907 年《海牙公约》签订一个多世纪以来第四次与成为世界主要强国的梦想擦肩而过。

本书重点阐述了巴西渴望在国际秩序中实现崛起的愿望，它为实现这一目标所采取的战略，以及屡战屡败的原因。即使在国际条件有利的情况下，巴西一方面缺乏适当的力量，另一方面也无法充分利用现有的力量来实现最佳战略优势。而当国际条件不再有利且国内秩序崩塌时，巴西根本没有足够的全方位实力来实现其愿望并保持崛起进程。

但本书同时也是一本关于新兴国家的书，描述了它们为在全球秩序中谋求更大影响而付出努力的过程。巴西的种种崛起战略之间存在矛盾，但这并非个例，其他国家亦然。相反，这反映出国际体系中没有中央政府的现实，各个国家均在不断追求自身利益。最成功的政府对制度带来的制约因素有着

[①]　阿玛利亚·佩雷斯（Amalia Perez）：《今早，多米尼加共和国数十万人醒来后发现自己丧失国籍》("This Morning, Hundreds of Thousands in the Dominican Republic Woke up Stateless")，《半球事务委员会》(*Council on Hemispheric Affairs*)，2015 年 6 月 18 日，www.coha.org/this-morning-hundreds-of-thousands-woke-up-stateless；《委内瑞拉实施边界镇压，驱逐约 800 名哥伦比亚人》("Venezuela Deports Almost 800 Colombians in Border-Region Crackdown")，《卫报》，2015 年 8 月 24 日；编辑委员会：《如果委内瑞拉爆炸，它的邻国做好准备了吗？》("If Venezuela Implodes, Will Its Neighbors Be Ready?")，彭博新闻，2015 年 8 月 19 日，www.bloombergview.com/articles/2015 - 08 - 19/maduro-s-venezuela-veers-toward-a-humanitarian-crisis。

[②]　人权观察：《世界报道，2014：巴西》，www.hrw.org/world-report/2014/country-chapters/brazil。

清醒的认识,它们知道即使无法推翻这些制约,但至少可以在其框架内有所作为,通过一些边缘性的改变来提高其具体利益。但巴西却并不总是采取这种务实的做法,它往往以牺牲自己前期努力的代价来维护利益。

最终,本书表明,那些试图通过软实力而非硬实力实现崛起的国家前路漫漫。毕竟,有些国家尽管国内制度糟糕且外交政策不受欢迎,但只要有足够的硬实力,仍然具有国际影响力。俄罗斯就是一个很好的例子。通过软实力获得影响不仅仅是有效外交的问题,事实上巴西外交使团在国际上广受好评。相反,软实力指的是国内制度、政策和模式具有吸引力,从而使其在影响全球规则的谈判桌上占有一席之地。

为了得出有关巴西过往所做崛起尝试的结论,本章首先回顾了在过去一个世纪中巴西试图影响全球秩序的努力及结果,及其成功和大多数次失败的经验教训。接着本章展望了未来巴西再次尝试强国崛起的两种可能情形。尽管巴西迄今尚未实现拥有重要全球影响力的愿望,但从其人口规模、经济增长和文化影响力的趋势来看,巴西在不久的未来将会成为国际体系中的强国之一。针对巴西未来应采取何种路径以实现成功崛起的问题,本章提出了几点建议。本章最后反思了巴西的历史经验所带来的理论启示,这将有助于我们了解中等国家如何崛起为世界强国及其崛起进程对国际秩序会有何影响。

巴西屡次崛起尝试的启示

自 20 世纪初以来,巴西一直渴望成为在国际秩序中具有影响力的强国。在 1907 年的第二次海牙和平会议上,巴西是主张主权平等原则的主要发声国。在接下来的几年里,它试图用最先进的海军军舰装备来支持这一主张。

在"一战"和随后的凡尔赛条约谈判中，巴西试图影响国际秩序的重构，并希望以谋求国际联盟常任理事国席位的方式获取强国俱乐部的成员资格。同样，在"二战"结束之后，巴西一开始并未强求联合国安理会常任理事国的席位，但自从这扇希望之门一经罗斯福打开，瓦加斯（以及随后的巴西领导人）就开始不断争取国际社会对巴西强国地位的制度性认可。

尽管巴西渴望成为联合国安理会的少数常任理事国之一，但它一直以来都希望建立一个"主权平等"至上的国际制度。这也与巴西一贯提倡的国际秩序一致，即该秩序不需要强迫和收买成员国，而且包括强国在内的所有国家都自愿遵循同一套规则。从本质上讲，巴西更希望该秩序能够遵循第一章所述的四项基本原则：主权、主权平等、国际和平以及以市场为基础的全球经济。但是，它很乐于摒弃美国主张的基本神话及其自说自话的规范，因为这些都是为美国这个领先强国违反规则而逃避惩罚所提供的掩饰。这种做法将会导致产生"薄弱"的国际制度，所能提供的集体利益十分微薄，但这符合巴西在国际体系中拥有最大限度自主权的愿望，且可以将其参与的成本降至最低。

巴西也从来都不是一股革命力量，它从未像拿破仑时期的法国、纳粹德国或是苏联一样企图推翻现有秩序。但它追求的目标确实不仅限于改革现有的机制，也不仅止步于通过自身参与对现有机制进行微调以反映其上升的力量。它希望将主权平等的规范置于其他规范之上，从而对现行秩序基础神话的相对重要性进行修订。然而，由于主权平等的规范已经植于该体系中，所以巴西的做法实际上是一种相对温和的修订主义。巴西还试图对全球经济秩序的其他领域进行温和修订，但同样，这一行为也并不以推翻全球资本主义为目的，而是一种强调减少贫困、重视社会包容并且为发展中国家而非发达国家争取更多利益的社会民主变体。

罗伯特·基欧汉（Robert Keohane）曾经将维护现行国际秩序并提供公共

产品的核心国家集团定义为"K集团"。①巴西显然希望成为现行"K集团"的一部分,却不愿承担秩序维护的成本,抑或是为此发展所需的各种能力。历史上,现任强国对巴西的这一外交政策都洞若观火,因此几乎不太可能将其列入"K集团"。而且由于其能力的结构缺陷,巴西也无法迫使现任强国接纳它成为集团一员。

此外,巴西的地缘战略重要性在过去一个世纪中显著下降,这削弱了其对于国际安全领域和现任强国的重要性。在"一战"和"二战"期间,当时的海军和航空技术辐射的作战范围有限,故巴西因其疆域延伸至大西洋的地理特点成为盟军的加油基地。当时特定的冲突性全球特征使得巴西对时任强国具备一定的重要意义。因此,同盟国和轴心国都努力争取巴西对战事的支持与贡献(尽管贡献程度极其微弱)。20世纪70年代,巴西可能获得远程火箭和核武器力量的潜在威胁,以及进而获得的与国际安全息息相关的硬实力引起了美国的关注。但是,在其最近一次的崛起尝试中,巴西的民主领袖已经承诺放弃获取大规模毁灭性武器或在国际关系中使用武力胁迫手段。由于其所在的地区基本上处于和平状态,因此尽管巴西继续加大其武装力量投入,但它对国际安全的贡献能力相对有限。正如第四章所述,这使得现任强国可以轻易将巴西在安全领域的倾向性政策和贡献一笔勾销。

然而,通过观察该国在国际秩序中的其他领域——如涉及全球经济和全球公域方面的表现,我们发现,正如第五章和第六章所述,巴西影响国际制度的相对能力与其在每个特定领域日益增长的力量或重要性成正比。如果我们对本书所述的四个历史案例中巴西对全球经济的影响力加以比较——"一战"和国际联盟、"二战"和联合国、70年代的"巴西奇迹"和追求核电,以及卡多佐、达席尔瓦和罗塞夫的执政期,我们会发现,直到20世纪90年代末巴西

---

① 罗伯特·O.基欧汉(Robert O. Keohane):《霸权后时期:世界政治经济中的合作与不和》(*After Hegemony: Cooperation and Discord in the World Political Economy*),普林斯顿大学出版社,1984年。

本质上还是一个"规则接受者"，无论是两次世界大战期间与盟国的协同作战还是 20 世纪 70 年代与七十七国集团以及更广泛的南方世界的合作。正是 21 世纪初的商品经济繁荣使巴西一跃成为世界第七大经济体，排名甚至高于英国和俄罗斯，这貌似为巴西在经济领域中发挥关键作用提供了一个机遇。巴西相对轻松地度过了 2008 年全球金融危机，这提升了其信誉和软实力。现任强国认为应该将巴西纳入新的二十国集团（旨在取代八国集团成为讨论全球经济政策的最重要论坛）。然而，尽管初期大肆宣传，但二十国集团对世界经济复苏政策的影响微乎其微，复苏实际上基本是依靠美国的量化宽松政策和中国经济的持续繁荣。二十国集团也没有对欧洲解决欧元区内的危机产生较大影响。

巴西商品出口导向型的经济发展模式在全球需求高涨的时期取得成功，这让许多巴西人和一些外国分析家产生了不切实际的期望，他们认为巴西经济将持续增长。[①] 商品价格并未立即受到金融危机的影响，即使在危机之后，主要商品生产商似乎也仍拥有大量的剩余资源和国内购买力。本来商品出口商的需求有望帮助七国集团（俄罗斯退出后该集团改回了原来的名称）更快从全球金融危机中迅速恢复，但随着商品价格走低，巴西等商品出口依赖型经济体暴露出其固有的弱点，无法如预期那样扮演七国集团进口消费者的角色。作为一个经济规模虽大却不稳定的国家，巴西政府似乎无力成功掌舵其多样化的经济进程并使其国内经济具备竞争力。巴西无法激发主要经济国家对它的信心，这反过来也阻碍了其经济决策者在全球经济中发挥重要影响。

在贸易领域，巴西人罗伯托·阿泽维多（Roberto Azevedo）于 2013 年当选为世贸组织总干事。在阿泽维多当选之前，世贸组织已达成共识——该职位

---

① 梅根·麦克阿德（Megan McArdle）：《巴西经济奇迹背后的幻影》（"The Mirage behind Brazil's Economic Miracle"），彭博观点（*Bloomberg View*），2014 年 1 月 23 日，www.bloombergview.com/articles/2014 - 01 - 23/the-mirage-behind-brazil-s-economic-miracle。

的继任者应来自发展中国家。阿泽维多熟知内情的优势为他赢得了这一职位,这为巴西作为构架南北沟通桥梁的主张增加了砝码。然而,就其经济规模而言,巴西并非主要的贸易国家,而南北之间关于如何整合彼此贸易和发展议程的分歧使世贸组织陷入瘫痪。另一方面,在全球公域方面,巴西对亚马逊地区的主权使其与全球气候变化谈判息息相关,而它在全球互联网治理中发挥的主要作用体现了它在打破美国与俄罗斯及中国的僵局方面的重要性。当巴西具备适当的综合能力来解决全球性问题时,随着其能力的发展,它将能够对国际规则、规范和制度产生影响。

但是,无论是关于美国国会对国际货币基金组织(IMF)投票权调整的反对(该反对最近才终止),还是国际贸易谈判的主要场所从世贸组织转至跨太平洋伙伴关系(TTP)和跨大西洋贸易与投资伙伴关系(TTIP),巴西在国际秩序上要获取影响力,往往受制于其无法控制的情况。当它好不容易在强国谈判桌上占据一席之位时,却常常发现强国们早已转移了阵地,而它也无力阻止现任强国做出这一转变决定。

因此,巴西的国际战略产生了不同的结果,与其在本国所处地区——南美洲所取得的大体成功相比,其全球战略的成果颇为有限。在南美洲地区,巴西在很大程度上能够精心制定一个反映其愿望的区域制度,各国主权平等,注重地区发展和区域一体化,旨在促进社会包容、减少贫穷和稳定的文人政府治理。然而即使如此,随着委内瑞拉的内乱及其邻国紧张局势的增加,巴西和南美洲国家联盟(UNASUR)也面临着新的挑战。[1]

通过南美洲国家联盟(UNASUR)和南美防务委员会等地区性机构,巴西

---

[1]　丹尼尔·A.托瓦(Daniel A. Tovar):《哥伦比亚与委内瑞拉:海湾边境争端》("Colombia and Venezuela: The Border Dispute over the Gulf"),《半球事务委员会》(*Council on Hemispheric Affairs*),2015年8月13日,www.coha.org/colombia-and-venezuela-the-border-dispute-over-the-gulf;奥迪恩·以席玛尔(Odeen Ishmael):《圭亚那—委内瑞拉:1899仲裁决议的"争议"》("Guyana-Venezuela: The 'Controversy' over the Arbitral Award of 1899"),《半球事务委员会》,2015年9月11日,www.coha.org/guyana-venezuela-the-controversy-over-the-arbitral-award-of-1899。

在很大程度上排除了其唯一的区域竞争对手——美国的影响力。在现行的范式之内,南美诸国正竭力避免那些将引起现任强国注意的违反规范和破坏规则的做法,诸如核扩散、战争或恐怖主义等。因此,巴西可以大胆推行旨在实现崛起的国际战略,而无需担心所在区域内的安全问题。而其他新兴国家,如印度和土耳其,甚至是崛起的中国,都只能对这样的地缘战略地位艳羡不已。

巴西目前的国际战略基础是借助《巴西利亚共识》的吸引力获取在发展中国家中的领导地位,并借此与金砖国家联盟以实现共同努力进入强国议会的目标,但这一战略并没有给巴西带来其渴望的影响力。该战略存在五个本质缺陷,其中四个由巴西本身造成,而另一个则是超出其控制的背景因素。

巴西崛起战略的第一大缺陷是担任发展中国家领导者需要支付一定的成本,但巴西在很大程度上不愿意或没有能力提供必要的间接支付来巩固其领导者的地位。由于巴西的经济危机在 2014 年继续深化,且外交部的预算削减过半,因此即使是诸如在加勒比和非洲地区设置使馆,为巴西在多边进程中争取更多合作伙伴的温和做法,也被认为成本高昂。就算巴西成功地在强国间谋得一席之位,但由于它能提供的公共产品不足挂齿且无法对"搭便车者"实施惩罚,所以其青睐的方案也无法产生成功的政策成果。这是巴西的选择,该选择基于这样的观点,即各国自愿合作是因为合作适于己身,而不是出于诱惑或被强制参与合作。因此,巴西并未致力于发展和推行"保护中的责任"(RwP)以保持该概念对联合国成员的吸引力。同样,其多边主义的做法也不支持惩罚阻碍解决方案实现的"搭便车者"或国家,例如印度在世贸组织中就农业问题设置的障碍。

第二,正如目前的危机所示,《巴西利亚共识》的吸引力将会快速消失,因为其基础是薄弱的国内体制和仅在高度变化的国际商品市场形势下才具竞争力的经济体系。巴西的实力曾在 20 世纪 80 年代因其国内体制遭到破坏(军政府的失败和随之而来的经济危机),2015 年悲剧再次上演(巴西石油公司爆炸式的腐败丑闻和不断加剧的经济危机）。其国内体制和经济体系的弱点证明，巴西需要一个稳定且合法的政府、多元化和有竞争力的经济体系以及为其领导者地位支付短期成本的意愿。

巴西当代战略中的第三大缺陷，或许也是更重要的缺陷，在于它对现任强国——特别是美国——的态度。只有当现任强国同意（因为软实力无法强制）将巴西等新兴大国列入贵宾席时，它借助软实力崛起的路径才能取得成功。然而，巴西对主要强国的外交往往掩盖或减轻了其软实力。这并不仅仅是因为巴西对美国的违规做法持批评态度，或是因为它寻求对国际经济秩序的修订。有很多美国人对巴西在这些问题上的立场会报以同情。事实上，在所有新兴大国中，巴西和美国在国内政治和价值观方面最为相似。然而，由于巴西与金砖国家中的威权主义成员国——如中国和俄罗斯——在一系列问题上存在广泛而密切的合作，所以在现任民主强国看来，其软实力因此得以减弱。此外，巴西不愿对其金砖伙伴们的违规行为（如俄罗斯占领克里米亚）予以批评，这进一步使得巴西建立基于主权平等的全球秩序的主张受到质疑。

第四大缺陷源自于巴西对多边组织机构的偏好。巴西经常是好不容易在某组织机构中赢得一席之位后才发现“游戏”场地已经转移（例如世贸组织和气候变化机构）。这一结果并不仅仅是北方国家转移场地的问题。更重要的是，这是因为巴西在该领域内没有足够的实力迫使北方国家为此转变付出昂贵代价。例如，巴西在全球服务贸易和制成品贸易中无足轻重，在创新方面也处于边缘地位，因此美国、日本和西欧国家能够轻易将最重要的贸易审议转移至 TTP 和 TTIP 谈判（巴西均被排除在外）。尽管巴西一再强调有必要推动 WTO 谈判，但这些与 WTO 同为多边组织机构的条约涉及范围广泛，与前者相比更能产生全球性的影响，巴西却始终未能列席其中。

最后，还有一个巴西无力影响的背景因素，当该因素变化时，巴西的崛起前景就随之化为泡影。国际体系中的机遇与威胁千变万化，当巴西因缺乏软硬实力而无法执行其战略时，往往遭遇不利的变化（例如两次世界大战后和2015年）。然而，即使在这类情况下，巴西也不能逃避所有责任。如果巴西能在国际背景有利的条件下一跃位居高位，那么即使情况有变，现任强国也很难重新设计治理结构将其再排除在外。例如，尽管与首次提议建立联合国和七国集团时的情况相比，英国、法国和意大利这三国的相对实力大减，但前两国依然保留着联合国常任理事国席位，而后者仍然是七国集团的成员国。

由于软实力路径对其崛起具有重要意义，巴西在未来十年能否恢复并再次崛起在很大程度上取决于它是否愿意解决当前模式中的结构性政治和经济短板。这意味着要通过改善基础设施、教育和创新来重振旗鼓，发展经济。这也意味着要解决政府腐败和效率低下的问题，以避免不良政策选择和民众不满。

要恢复巴西的增长势头并尝试再次崛起，这两个方面的改革势在必行。但在展望未来的同时，显然也需要重新考虑战略问题。巴西在最近一次崛起尝试中所采用的战略并未奏效。基于巴西目前所陷僵局带来的启示，我们在下一节针对巴西可能采取的不同战略设想了两种情景。

情景一：巴西崛起之硬实力路径

引起现任强国注意的方法之一是发展强大的硬实力。但这一战略也有很多弊端：持续发展强大硬实力的大笔支出难以在政治上合法化；重新导致区域安全竞争；引起美国的敌意；巴西舆论也不支持军事化的外交政策。

2014年，巴西的国防花费大约为370亿美元（以2014年不变美元价值计算），在全世界国防预算榜上排名第十，领先于韩国，落后于德国。乍一看，巴西的国防支出水平相当可观，但其支出的80%都用于支付薪金和养老金（相比之下,在美国这一比例为 50%～60%),巴西战斗部队的战备情况自然不佳。①如果要将巴西的国防支出提高到与其全球经济排名相匹配的程度,巴西的国防支出将超过英国,每年的花费大约为 550 亿美元(以 2011 年不变美元价值计算),国防支出将增加 49%,或占国内生产总值的 2.1%。

当然,问题的关键在于该数字是否会转化为重要的硬实力。巴西没有必要在其边境投射力量,那么全球影响力就意味着要投资于更昂贵的空军、海军、太空和远程打击能力。要达到与力量投射能力有限的法国相当的支出水平,需要支出 650 亿美元,约占国内生产总值的 2.5%。如果将巴西归为与印度和韩国同级别的国家,将国内生产总值的 2.5%用于国防支出也并非全然不可能。然而,即便是其国防支出增加到这一水平,巴西的国防预算也只是美国的 1/9。②

但鉴于巴西国防工业状况不佳,技术基础依然有限,许多最先进的设备必须从国际渠道获得。这意味着必须获得美国的默许,因为美国可以通过《国际武器贸易条例》(ITAR)限制许多西方装备的出售。ITAR 允许美国对含有美国开发技术的特定类别军事设备的转让实施限制。几乎所有的西方国家都或多或少地使用美国开发的技术。如果巴西的防务支出急剧上升,美国必然会产生担忧。而巴西要避免美国可能设置的限制,可以转而向俄罗斯和中国购买武器。但这样的决定,加之其国防支出的上升,几乎肯定会引起西方国家不必要的负面关注。

巴西国防支出的大幅上涨也将引起其邻国的警惕,而且很可能破坏巴西外交政策战略在最近一次崛起尝试中的最大成就之一:避免南美洲的安全困境。其他南美诸国几乎肯定会因为此压力而增加本国国防支出,并与区域

---

① 哈罗德·特林昆纳斯(Harold Trinkunas):《巴西的崛起:寻求全球治理的影响力》(*Brazil's Rise: Seeking Influence on Global Governance*),布鲁金斯学会出版社,2014 年。

② 斯德歌尔摩国际和平研究所 2015 年度军事开支数据库,www.sipri.org/research/armaments/milex/milex_database。

外强国结成更密切的伙伴关系，以抵消巴西的上升势头。结果必然是引起现任强国对该地区的关注，而这恰恰是巴西一直努力避免的后果。

　　此外，没有证据表明巴西公众会支持如此高的国防支出水平。这不仅是因为巴西面临自 2014 年起经济衰退期间保证庞大社会支出的压力，而且最近对巴西舆论的研究表明，巴西民众支持在外交政策中使用军事力量的可能性远低于中国人。不到 50％ 的巴西人愿意考虑对一个开发核武器技术的国家发动进攻，哪怕该国具有侵略性且该军事行动已获得联合国授权。和中国人相比，巴西人对尚武精神和国际事务的兴趣要低得多。[1]这些情况显示，巴西实施硬实力外交政策战略的前景相当黯淡。

情景二：巴西崛起之国内模式路径

　　巴西的另一个战略选择是着力巩固用以支撑其软实力的国内模式。由于受到国际背景错综变化、战略选择不佳、能力不足或不当等因素的影响，巴西的崛起尝试经常停滞不前。但是，当巴西国内出现政治和经济崩盘，如其在 20 世纪 30 年代、50 年代和 80 年代曾经历的动荡，或是出现目前爆发的国内抗议活动，都会挫伤巴西的软实力，削弱其影响全球秩序的能力。

　　巴西在巩固民主、减少贫困和促进社会融合方面取得了长足的进步。[2]作为多种族和多民族的新兴民主国家之一，它在面临无数内部冲突的世界中

① 斯科特·德斯帕萨图（Scott Desposato）、埃里克·加兹克（Eric Gartzke）、克拉拉·苏翁（Clara Suong）：《民主和平有多民主？巴西和中国外交政策倾向的调查实验》（"How 'Democratic' is the Democratic Peace? A Survey Experiment of Foreign Policy Preferences in Brazil and China"），国际关系会议实验报告，普林斯顿大学，2014 年 5 月。
② 西奥多·皮康（Theodore Piccone）：《五大崛起民主国家与国际自由秩序的命运》（*Five Rising Democracies and the Fate of the International Liberal Order*），布鲁金斯学会出版社，2016 年。

树立了和平共处的榜样。然而,巴西存在着一系列严重问题,如政府效率低下、特权阶级膨胀、经济封闭、基础设施落后、教育质量差以及持续存在的制度腐败。在商品繁荣推动下的扩张周期中,水涨船高,政府财政收入的增加掩盖了许多罪恶。但当 2015 年和 2016 年全球经济局势变得不利时,巴西模式的缺陷变得异常明显,那些巴西渴望对之施加影响的国家也对此心知肚明。

与其追求国际议程的修订,巴西倒不如认真思考如何充分利用现有国际体系所提供的机会。以韩国为例。20 世纪 70 年代,韩国、墨西哥和巴西被视为同一水平的新兴工业化国家(NICs)。1980 年,按购买力平价(PPP)计算,巴西的人均国内生产总值是韩国的两倍,到 2010 年,该趋势出现逆转,韩国的人均国内生产总值(购买力平价)是巴西的两倍。[①]韩国现在被视作发达经济体,尽管它跟巴西一样曾面临许多问题:集权主义、不发达和贫穷。韩国能够利用其在现有国际秩序中的利基获得更高的生活水平、先进的技术和工业及巩固的民主制度,尽管它必须持续花费国内生产总值中的大笔资金用于国防以应对不太安全的地区局势。此外,韩国的软实力也在增长,该国通过其知名的电影、音乐和游戏产业在东亚地区产生了广泛的文化影响力。如果巴西也能采取同样的路径,其软实力必会无比强大,因为它身处一个和平区域,比韩国更具地缘优势。

另外,如果巴西抛开金砖国家集团中的威权主义国家而转与其他新兴民主国家(如印度和南非)结盟,或与德国和日本等先进民主国家结盟,其软实力将更有可能对现任民主强国产生影响,特别是美国。成立于 2003 年的印度巴西南非对话论坛(IBSA),就是向这个方向迈进的一项举措。但令人遗憾的是,该论坛被金砖国家集团蒙上阴影,在巴西外交战略方面体现尤其明显。此外,如果巴西能加大硬实力使用,成为提供高水平专业维和部队的领先国

---

① 国际货币基金组织,世界经济展望数据库(World Economic Outlook Database),2015 年 4 月 15 日,www.imf.org/external/pubs/ft/weo/2015/01/weodata/weoselgr.aspx。

家,那么它在国际安全领域的影响力也将远胜当前。或者,若巴西能向发展中国家展示有吸引力的国内模式,其软实力影响也将非常可观。

事实上,这一战略的许多要素都曾出现在巴西最新的崛起尝试中,但要么是未得到充分利用,像印度巴西南非对话论坛;要么是未尽全力就半途而废,如四国集团(争取入常的德国、日本、印度和巴西四国)。但是在过去35年内,巴西在经济和体制上表现与韩国相当,这样的巴西应该具备充分的信念和信誉来推行这些政策。而且它也有资源来承担争取全球影响力的代价。

对于巴西而言,尝试扭转劣势并从过去的失误中吸取教训犹未晚矣。它可以更好地利用自身在国际秩序中的地位,抓住机遇,增强其国内能力,从而提高其外向软实力。它也可以与其他新兴民主大国结盟,以最大限度地发挥其对现任民主强国的软实力。通过这种方式,巴西可能像韩国一样实现崛起,鉴于其较大的经济和人口潜力,它很可能会跃至更高的地位。

政策建议

尽管有前面四次失败的经历,巴西未来仍有可能崛起成为强国。其(国土)规模、经济和人口都构成了巴西未来跻身强国之列的潜在助力。考虑到其地缘政治局势,巴西主要依靠软实力的战略无疑是非常明智的。但其崛起需要巴西关注一些国内的基本因素,并重新考虑某些已成为阻力的外交政策信仰。

1. 高度重视软实力的国内基础。巴西具有很强的软实力潜力,但屡遭国内危机破坏。如果巴西能够巩固其在减贫和社会融合方面取得的巨大成就,同时实现经济多样化,增加技术和制造业方面的竞争力,加强法制,那么巴西将会拥有更多的国内成功案例，从而作为其日益增长的国际软实力的典范向世人展示。

2. 充分融入全球经济。巴西仍然是最封闭的大型经济体之一。这不仅有碍其经济增长和竞争潜力，这也使得巴西可以弹指间被排除在关于全球经济治理的主要强国辩论之外。虽然巴西可以在二十国集团或世贸组织中发挥领导作用，但是对现任强国来说，将决策场所转至 TPP 或 TTIP 或是重返七国集团的成本相对较低。但如果巴西能够高度融入全球价值链并且在全球资本流动中处于中心地位，那么现任强国就很难将其排除在规则重构的进程之外。

3. 加倍推进自由主义和民主化。巴西与金砖国家集团中的威权主义成员国的联系使其软实力遭到破坏。相反，联合国中的印度巴西南非对话论坛和四国集团均是与巴西具有相同价值观的新兴国家联盟，它们对巴西最为重视的自由主义国际秩序要素贡献良多，同时也在积极寻求巴西渴望施行的国际秩序改革和修订。对于巴西来说，在政治上与俄罗斯等国保持距离将有助于提升其软实力。

4. 着力提升硬实力并以此作为软实力的支撑。巴西对联合国维和行动的贡献是宝贵且重要的，这向南北集团展示了巴西利用硬实力来提升其软实力的能力。尽管指挥联合国维和部队（如海地的行动）需承担一些代价，但这些代价是其在未来影响国际秩序规则的部分筹码。

5. 重点关注外交结果而非仅是过程。巴西在影响多边进程以迎合自身利益方面有过成功的经验，但它在世贸组织以及第 21 届联合国气候变化大会前的联合国全球气候变化公约谈判中的经验表明，没有产生可行的解决方案和积极成果的胜利毫无意义。在没有产生积极改变的情况下，其他强国会选择退出，转向其他场所进行贸易和其他政策（如适应而不是减轻全球气候变化）相关的谈判并将巴西拒之门外，这将不利于巴西的长远利益。

6. 积极承担发挥全球领导作用所应支付的成本。巴西一贯支持基于主权平等的国际体系,在该体系中,各国均享有话语权且公共产品的成本较低,因为可供分享的公共产品数量匮乏。但对于美国等承担维护国际自由秩序责任的主要现任强国来说,该政策并不具有吸引力,其反应自然是将巴西排除在规则重构之外。而一个愿意承担成本的巴西则更有可能获得其他强国对其强国合法地位的认可。强国地位的获得不仅依靠该国经济和军事指标的变化,还需要得到其他强国的承认,即认可该新兴大国在维护国际秩序中发挥着有效的作用。

国际关系和全球秩序的启示

本书着眼于新兴大国以及它们作为重构全球治理体系行动者的日益增长的作用。我们分析了一个国家如何通过软实力战略努力在国际秩序的关键治理领域——安全、经济和全球公域获得一席之地的过程。我们提供的证据表明,巴西在过去十年间所取得的所谓影响力实际上处于边缘地位且转瞬即逝,这主要是因为巴西的国内决策对其能力造成了影响,而且它所采取的错误战略也为其追求全球影响力制造了障碍。那么巴西在当代国际关系和全球秩序方面的经验能给我们带来什么启示呢?

我们可以看到,在国际关系中,即便有些国家倡导多边主义和主权平等,但对它们而言相对地位也很重要。身份对巴西来说很重要,这里的身份指的是地位、利益以及巴西作为一个大国在世界舞台上追求崛起的历史认同。由于巴西不接受为美国偏离国际秩序原则追求全球公共物品提供合法化理由的基础神话,因此仅对某些国际治理结构进行改革对它而言并不足以满足其愿望。这意味着巴西将继续成为令某些政府、外交官和学术界棘手的对象,他们希望巴西在全球治理方面采取合作的态度,且只能通过"负责任"的行为进行合作,这不仅意味着要为公共产品做出贡献,还要接受现任强国能够以维护国际秩序为名采取单边行动的事实。在某些情况下,容忍现任强国的这种行为符合每一个人的利益,但这并非意味着承认该行为合法。

那么巴西崛起的再次失败带给我们的启示是什么? 由于美国似乎缺乏维护和强行实施自由国际秩序的能力和意愿,因此关于全球秩序面临挑战的讨论十分普遍。对于某些分析人士来说,他们希望看到自由秩序在北方国家以外地区恢复合法性且实现国际秩序向自由秩序的"软过渡",而实现这种过渡的重要因素是将巴西、印度和南非等民主、自由的南方国家纳入领导层,而不是扮演它们习惯性的旁观者角色。以软实力战略为基础的新兴大国不可能是革命派——它们太容易受到强国的碾压和吞并。这意味着将诸如巴西和南非这样的国家纳入全球领导集团对于像美国这样的现任强国来说相对威胁较小。国内的政治制度和价值观十分重要。对于当代国际秩序的全球治理而言,国内是否实行民主和自由主义制度才是关键。

国际体系还有空间接纳新成员,以韩国的崛起为例。然而,韩国不认同自己属于南方世界的身份,它面临着复杂的地缘政治背景,许多南方国家错误地认为这是它们取得成功的原因所在。如果巴西崛起并采取适当的政策,在贸易和金融这些活跃领域中扮演事实上而不是口头上的重要参与者,那么其意见自然也会受到重视。当然,如果巴西能够恢复国内秩序,增强其制造业和技术领域的竞争力,并更全面地融入全球价值链,这些看法也将有所改观。如此一来,其国家利益将与那些在制造业、服务业和金融行业具备国际竞争力的国家更为一致。巴西融入国际秩序不仅有利于巴西,而且为自由主义的全球治理提供了合法性。巴西的失败让人们认为,自由主义全球秩序看似不利于南方国家发展,并使全球秩序的演变更加复杂化。

巴西未能有效反对主要强国行使单边行为权利的基本神话,这反映了全球秩序过渡的另一个负面启示。很难有证据证明,有任何一个国家接受美国有权以利于国际秩序为由进行单边行动的合法性。不过,许多国家都认为反对美国这种行为的代价大于可能的益处。例如，印度和韩国所在区域都面临不安全因素，所以这两国不太可能反对美国认为必要的"正当"军事行为。然而，大部分南方国家所处区域相对安全，所以更易受到美国单边行动的潜在威胁。印度和韩国不会为迎合南方国家而修订美国的这一基本神话。但巴西所处的地区相对比较安全，因而可以这样做。

巴西试图改变，但因其从未完全崛起，所以无力实现真正的变革。在安全和军事领域，巴西曾因提出"保护中的责任"（RwP）备受关注，可后来却放弃了抗争。它也没能修订或限制美国货币和利率政策的单边主义，其部分原因是美元在巴西经济中一直发挥重要作用。在全球公域层面，尽管巴西在互联网治理方面取得了一些成功，但它在气候变化领域的失败却可能是其最大的后遗症。尽管巴西在提出全球气候变化治理议程（例如里约会议）方面发挥了领导作用，但我们目前看到的却是以最不常见的分母战略作为衡量成功的指标，即各国只是同意就如何适应气候变化提供定期报告。"适应变化"战略在组织、技术、经济和金融方面都有利于北方国家发挥优势，而对于在体制、政治和经济上都存在缺陷的南方国家来说，却不得不与气候变化带来的负面影响苦苦抗争。

巴西经验给我们带来的另一个启示是软实力与崛起的相关性。从冷战结束后的全球环境到叙利亚内战再到 2014 年俄罗斯攫取克里米亚，各国可能通过硬实力或软实力成功实现崛起。印度代表的是硬实力/地缘政治重要性路线，而巴西代表的是争取国际秩序领导地位的软实力路径。然而，正如约瑟夫·奈所述，就软实力而言，国际环境十分重要。[1]当前国际治理结构的种种失败，如阿拉伯之春后果的形成，叙利亚的政权更替以及俄罗斯在格鲁吉亚和乌克兰的军事干预，使得我们认为我们正在步入一个以硬实力为主导

---

① 小约瑟夫·S.奈（Joseph S. Nye Jr.）：《美国国家利益与全球公共物品》（"The American National Interest and Global Public Goods"），《国际事务》，2002 年第 78 卷第 2 期，第 233—244 页。

（公开的军事力量、威慑战略和经济制裁）的时代。

自由国际秩序正处于一个过渡时期。随着一些国家不断发展并崛起成为世界舞台上的重要角色，这一秩序也必将经历不可避免的调整。重构国际秩序的规则以适应巴西、印度、印度尼西亚和南非等新兴民主国家的利益最终将使该秩序得以加强。虽然这样的转型可能不足以让美国重新考虑单边主义的做法是否明智，但在这一国际秩序中，发达民主国家和新兴民主国家将形成统一战线，通力合作。而在现行的国际秩序中，正在崛起的威权主义国家对美国的领导地位提出挑战，其他新兴民主国家则因为该秩序与自己的未来无利益关系而袖手旁观。相较之下，前一种国际秩序的前景显然更加光明。

鸣

谢

    本书的研究项目由加利福尼亚大学圣地亚哥分校和海军研究院的"军事—工业—科学复合体及新兴国家的崛起——概念、理论和方法论的贡献及巴西之案例"项目基金提供部分资助。该项目的资金来源为美国密涅瓦(Minerva)国防部研究计划署。在此特别鸣谢美国密涅瓦国防部研究计划署项目管理人 Erin Fitzgerald，Elisa Jayne Bienenstock 和 Lisa Troyer，感谢他们多年来对我们的支持！

    本书的研究及撰写也得到了布鲁金斯学会 Charles W. Robinson Chair 基金和外交政策主管战略计划基金的资助。布鲁金斯学会认为，为研究者提供资助的价值在于其研究的高品质、独立性和影响力，因此所有捐助者所资助的活动均致力于这一目标，学者的分析及建议也不取决于任何捐助行为。

    布鲁金斯学会为戴维·马拉斯提供了客座学者的办公场地，与哈罗德·特林库纳斯一起合作。加利福尼亚大学圣地亚哥分校的伊比利亚和美洲研究中心也为巴西兴起的研究和讨论提供了研究基地和研究团队的会议场所。

    我们还要向我们的同事们，包括 Nelson Altamirano，Anne Clunan，Scott Desposato，Eugenio Diniz，Patrice Franko，Frank McCann 和 James Clay Moltz 致以感谢！感谢他们为密涅瓦研究计划项目所做出的贡献！此外，布鲁金斯

学会的同事们,包括 Richard Feinberg,Vanda Felbab-Brown,Bruce Jones,Michael O'Hanlon,Ted Piccone 和 Thomas Wright,都对本书的撰写提供了宝贵的意见和鼓励,他们关于巴西试图崛起成为世界强国的相关问题的真知灼见启发了我们的思考。

我们还要向为我们的研究付出辛勤努力并给予大力支持的助手们致以我们最深沉的谢意和钦佩!感谢 Dania Alvarez,Jaime Arrendondo Sanchez,Tito B. Carvalho,Maria Beatriz Coelho,Rodrigo da Costa Serran,Alessandra Ael Da Silva,Antonio de Moura Silva,Molly Emily Hamilton,Paula Christine Jacobson,Andrew J. Janusz,Emily J. Miller,Stan N. Oklobdzija,Antonio Philipe D. Pereira,Anna Prusa 和 Marianne Silva Batista。还要感谢 Katherine Elgin 协助我们完成终稿的审稿工作!

最后,我们还要感谢匿名同行评审专家们对本书手稿的仔细阅读和深刻见解!正是他们的批评使得我们的终稿更加完善。本书中的观点和任何错误完全由作者本人负责。